上海百乐之门

黄石——著

文汇出版社

走出咖啡馆，微风拂面，隐隐约约有跑马厅传过来马粪味道，上海就是羼杂，再加一点倒马桶味道，一点外国赤佬洋屁味道，就灵了。张保罗是闻过洋屁的，电车上，只有外国人才放得出这种洋葱加起司发酵出来的恶臭。

代　序

陈　村

  人与人太熟悉，写起来就难了，应该从哪说起？我十几岁就认识黄石，再过几年都半个世纪了。我叫他石兄，他叫我小弟。黄石祖籍广东，生在上海，认识我时在公交公司上班。他上的是预备班，每天凌晨起床去公司报到，哪条线路缺人就派到哪里，在终点站拉铃或上车卖票。要是都不缺人，他上午就高高兴兴回家了。有天，他大脑发昏，让一辆空空的公交车停在我家旁的马路上，在楼下大叫，要我上车跟他去玩玩。车到终点站后投入营运，黄石卖票，卖完跟我说两句路边的房子，就像他看画喜欢指点美妙之处。

  那一阵我们有个小小的沙龙，我们五六个人差不多每天见面，聊天之余，有时骑车去一个叫华新社的地方在黄浦江游泳，或者坐小火车去金山海滨，都是野景，江水和海水都黄黄的。运气好的时候，会借到外国文学，《约翰·克利斯朵夫》《安娜·卡列尼娜》《草叶集选》和莎士比亚的剧本，会看到西洋画的印刷品，达芬奇、米开朗基罗、伦勃朗还有列宾等，会听到巴赫、莫扎特、贝多芬、柴可夫斯基、圣桑等人的音乐。黄石聪明，看过的画能记住，听过的曲子能哼唱还会弹一点点钢琴，看完电影念叨"兴高采烈的小松树啊，大雪染白了你的睫毛"。那时外头在革命，黄石无师自通地在家学画，从石膏像画起，有时骑着自行车背着画夹去苏州河边或虹桥路写生。父母是老报人，那时下放到了南京的9424工地，外婆故世后，黄石要看住家里的房子等待他们回归。我们去考大学时，他还在公交公司。以后，他进了一间文艺报馆当记者，再以后，他去北美留学，天寒地冻，实在太寂寞弄得心力交瘁半途逃回。他到一个建造豪宅的房产公司当艺术总监。他懂各种装饰材料，有好的审美，这工作很相宜。

后来，孩子慢慢长大，我们渐渐老了。黄石有上海男人听太太话的美德，家庭美满，与世无争。在大家以为他就这样了的时候，黄石忽然用彩色铅笔画起了绘本。他画了一只猫和一个小女孩。白猫咪噜在外滩的故事很受好评。接着，他画《最美的上海》，当年在公交车窗外急速倒退的马路和几十幢房子被他一一定格。这书可以流传下去，成为上海余音绕梁的一个动人旋律。

除了当记者时写稿，黄石很少写文字，写必精彩。他信手乱写的《陈泓传》被我弄到一本小刊上发表，读过的人无不嘿嘿一乐。几十年前，他写过一个电影文学剧本《门与窗》，读过的人极少，似乎暗示他日后去造房子。他曾是弄堂网的活跃居民，自号"三姐夫"，在那里开窗般地画四格漫画，发噱的笨人故事，他写下上海江苏路285弄的往事和其他故事。弄堂网现已关门，留下的最著名的传说是老爷叔金宇澄在那里悄悄写《繁花》。

就这样，我们接近黄石的小说了。他的经历跟他的作品匹配成功。之前可视为他的准备期，他用一生来体验这座城市，积攒了说不清道不明的情愫，写它，纪念它。

上海这座伟大的城市，应该有一万部作品来表述。它永远有未被发现的精彩，未被记录的传奇。对黄石这个走不出上海的人来说，这城市就是他唯一的据点了，这里的人是他唯一熟悉的人群。由他写来，故事和人物很有质感，有根据，而不是披着一张风花雪月月份牌的毛皮。不夜城中，跟百乐门舞厅相对的是冰冷的收尸，有了这两极，上海的位置有了重心，不会被台风吹去。这个设置，非常难得。

人们本来只知道王安忆一直在写上海。近年，上海的老头子们忽然像交作业似的也写起了长篇。金宇澄的《繁花》之外，有吴亮的《朝霞》等。再不写可能就迟了。六十多年过去了，在这里成长，结婚，生育，衰老，送走前辈甚至是平辈、后辈，爷叔们有话要说。他们写大都市，而不是中国文学中更多的乡镇。他们写住了一辈子而不是道听途说的都市。我喜欢这样的说法：为一篇小说准备了一生。父辈凋零，朋友星散，当年的小伙伴忽然飞来又忽然飞走。我们聚餐，我们谈起20岁的故事，谈起父辈祖辈的故事，许多往事成了传说。传说如果不被记录将会飘散。按我的私见，不懂上海话很难写这城市，仅仅懂上海话也未必能写这城市。它成全过你，怜惜过你，伤害过你，冷落过你，唾弃过你，你为它抓狂，它根本不在乎你，你将一切看在眼里，这就成了，可以写了。

黄石就是这样的一个目击者，他从285弄出发，从邻居们从张爱玲的弟弟，从马路对面弄堂的傅雷先生出发，空车开向外滩，然后一站站停靠。他将时间推到了1938年，那个纷乱、喧腾的年代，去记录更多的更杂的人。电车穿城而过，上车的是构成上海居民的学生、工人、店员、巡捕、保安、经理、舞女、流氓、外国人，加上收尸人，在他笔下，他们活动起来，成为一出大戏。有的人逃了，有的人病了，有的人死了。有哭声，笑声和枪声。有欲望和泯灭。

有件事可以放心，死在上海，总会被人收走的。

等我知道有这部作品的时候，黄石差不多已经写完了，他发我电子文本，我在电脑上读完。这小说原名《收尸》，怕过于惊悚吓着看官便改了个温和的标题。学生在城里游走，巡捕在巡逻，电车装载客人，收尸车去拉死尸，而烟厂正给活人生产香烟，女工和舞女都有满腹的苦衷。沿南京路西行，静安寺右转，霓虹灯亮起来，有爵士钢琴声处，是这城市的另一拨人类。

  黄石停下，将这些人组织起来，安排角色。上海的街面有一种像女人正痛经但不动声色的本事。要走进去，看见城市的霉点。读罢有点儿痛心，上海是一个我们不知拿它怎么办的城市，我们写再多的人还有更多的人，写再多的街道和弄堂还是不能将它解脱，我们写再多的房子，之外有更多的房子。无法将上海写透，我们能做的是站在百年沧桑的地基上，背靠化石般的外滩，看看黄浦江和苏州河。开埠以来，许多人站在这里看过。无论天际线如何变动，河水如何变色，太阳和月亮照常升起。沿着黄浦江顺流而下，前面是吴淞口，是东海，是太平洋。走出长江口，世界就展开了。黄石没走出去，小说的主人公也没走出去，但黄石的后代告别了这座城市。上海成了他的来处。

  写完小说，黄石回到悠闲的节奏，他有闲心去教小孩子画画，让他们临摹大师的作品，他这种异想天开的教学法，效果立竿见影。黄石的老母亲健康，那个被我们叫老崔的美丽太太几十年来主持家政。国外有朋友来时，我们一起吃顿饭。现在住得远了，很少见面，但日日在网上碰头，还是只有几个人的小沙龙。

  黄石嘱我为他的小说写几个字，我就拉杂写了这些。将书打开，里面的人物就会自己走出来，告诉你，1938年发生在上海的生离死别，生活在上海的好人坏人。这个故事，像没有洗衣机的年代，晾到弄堂里的汗衫长裤，在竹竿上滴水。逆光下，那么老的故事，还那么新鲜。

2019年12月24日

第一章

1

阿六今天去接一具女尸。

去年打仗,日本人占了大半个上海。共和新路北头至今一片肃杀。中山路接口上,沙包堆叠,一人多高。东洋哨兵,压低帽檐,枪管上刺刀雪亮,发了蛮劲,撑开罗圈腿,面朝沙包,连戳带挑,仿佛戳到人身上,黄沙顺裂口泻落。一听有动静,哨兵扭过头来,看到阿六的收尸车,马甲上"联义山庄"几个字,哨兵努了努板牙嘴,算是放行了。

汗渍堵住屁股某个毛孔,阿六坐板疮发作,原先蚊子块大小疖子,鼓成了奶头,脓头硬块,抵住坐垫,痛极,只能一个脚发力,船型尸箱越加摇晃。

过了铁路,就是市区,东面,火车站一带瓦砾遍地,断壁残垣,电线杆七歪八欠。废墟零零落落窗口,像瞎子剜了眼球,黑洞洞,深不可测。上海人看到阿六的脚踏车,那种右侧加一个轮子,驮着尸箱的怪物,觉得晦气,仿佛闻到尸身阴浊气味,会戳霉头。阿六心里明白,自己的面孔,半边在阳间,半边在阴间,实在难看。收尸这桩事体,无所谓自尊,人人会死,总要人收作。只是陈阿香常常用"赤佬手摸过死人,不要碰我"来搪塞,让阿六勃勃兴致突然中断。陈阿香要的是戒指,就算戒指刚刚从死人手上褪下来,阿香也不在乎。

阿香的房间板壁太薄,满幅歪歪斜斜美丽牌香烟广告画,更显出阿香胸前皮肤白亮。每次上床,阿六都不敢用太大的力,阿香不在乎邻居听到，情欲勃发的时候，她的体味也更加浓烈，混合着包烟女工特有的烟草气息，让阿六迷醉。

接尸单地址是爱文义路（北京西路）。天气燠热，上海七月，没有一丝风，柏油马路亮得冒烟，烈日炙烤，融化成软泥。店铺冷冷清清，一排排半掩半开，或钉上防护木栅栏。临时插星条旗、米字旗的，表示外资背景，中立。阿六过恒丰桥，守桥东洋兵让阿六打开尸箱，看看空无一物，催促赶紧走。南堍公共租界喔喀兵热得没了精神，眼皮也没抬，go、go叫几声，阿六顺着桥坡俯冲，沿卡德路（石门二路），转眼进入爱文义路。在靠近戈登路（江宁路）的转角上，到了。

一栋隐藏弄堂深处的大宅，夹竹桃开满白花，挤占不大的天井。"来了，来了。"弄堂里几个人低声招呼，喉音怯怯。阿六压下刹把，车子停妥，仿佛等了很久，阎罗王信使终于出场，有人引阿六进屋，出示租界巡捕房开具的死亡证明，阿六上楼接尸。按照行规，阿六是不问丧家死亡原因的，阿六也不开口。香红木大床，前床板靠近脚跟，左右两根蜡烛，荧荧暗动，好让魂魄西行，不至于迷失。烛光里卧室更加阴冷，模模糊糊，七八个人围坐在床边。阿六轻轻揭开覆在尸身上床单，一张轮廓分明的脸，一个可以做电影明星的年轻女子，阿六暗暗吃惊，每年和上千具尸首打交道，阿六自称是"观阴菩萨"，像这样好看的女人还是第一次看见。外人眼里，就是漂浮溪水里的莪菲丽亚。女人死了好几天了，脸上泛出一层浅黄尸蜡，本地人有停尸七日习俗。天气太热，应该会缩短时间。阿六细看，女人颈部有由紫转青的尸斑，牙关紧咬，阿六倒吸了一口气，移动尸身，一屋子人一下哭出声来，嘤嘤的哭声不大，却是和声四起，这在意料之中。阿六轻轻托起尸身，下楼梯，弄堂里的人躲得远，目光直勾勾射过来，阿六将女子放入尸箱，搭上锁扣。合盖动作一定要快，稍一迟疑，丧家扒住尸箱不让合盖的事情经常发生。阿六接到一个小纸包，是赚死人钞票

　　阿六轻轻揭开覆在尸身上床单,一张轮廓分明的脸,一个可以做电影明星的年轻女子,阿六暗暗吃惊,每年和上千具尸首打交道,阿六自称是"观阴菩萨",像这样好看的女人还是第一次看见。

的辛苦钱，通常是两元法币。打仗了，样样物事涨价，煤球都涨到两元一担，即使如此，两元也足以对付阿六一个月伙食。

去年主战场在北郊，联义山庄毗邻边缘，一半被日本人炸平，好端端陵墓变为荒冢，停柩所还在，棺木叠套，整整齐齐。殓尸的雷光头和阿六算是洪门兄弟，说好的，有黄货，对半分。虽然"拷黄鱼"联义山庄明令禁止，眼下兵荒马乱，手下的人还是乘机做些小动作。戒指、耳环、脚链、运道好，死人身上摸出过"小黄鱼"。

年轻女子被抬上尸床，阿六站立一旁，眼看雷光头解开尸衣，揭掉最后一层，匀称的乳房、下体稀疏的毛，小腹微微隆起，噢，是个年轻孕妇。看着雷光头将丧家送来的新衣服一件件给女子套上，阿六有点不耐烦："黄货有吗？""妈的，自己看！"雷光头头也不抬，一叠替换衣服扔在阿六手里，阿六横叼香烟，翻捏每一个可能藏着戒指、金饰的口袋。没有。阿六有点丧气了，翻转衣服，在束腰的插袋里，摸到一张小纸片，阿六想随手扔掉，又被细细的字迹吸引，展开，那是女人笔迹：

　　廖夷生，看到此信，我已经走了，你只要快活，不要孩子，我把孩子也带走了。与谁执手，与谁偕老，那是你的事。文娟。

穿电车公司的制服，4423号卖票小薛还算有点人样。熬夜者的标准脸型，腮帮塌落，眼白里有血丝。电车从薛华立路（建国中路）开出，铁轨雪亮，钢铁摩擦，低音浑浊，绿皮车厢沿吕班路（重庆南路）缓缓移动。小薛一个哈欠连一个哈欠，昨晚手气不好不坏，一手臭牌，力挽江山于既倒之时，小薛还略略有些得意，弄"沙蟹"就是弄机诈，天门一手两头顺，照理拼死押一把大的，小薛缩了，否则通吃，想起来懊恼。魂在赌桌，票板几次滑落，每每着地之前，小薛像有神示，顺势捞回。"买票了，买票了。"嗓子发干，叫了几句，小薛干脆倚车窗打瞌睡。车停劳神父路站（合肥路），"大帽花"（电车公司查票，因大盖帽上标志突出，被员工谑称大帽花）庞莱跳上踏步，小薛像被人敲头，醒了一半，法国查票，大鼻头庞莱，卖票视若瘟生，老板用大鼻头，专门对付中国人，票款上稍有差池，一张"卵泡凸"（对 report 的俚称，即职工违规报告）就卷铺盖走人。

庞莱被多次告诫，中国人是贼，卖票的没有一个不是揩油高手。法租界巡捕房的华捕，没有一个不包娼包赌，前几天报纸还爆出退休华捕要挟舞女的丑闻。庞莱当然明白，顶头上司不会直接面对这群黄猴子，盯紧中国人这种事情，只有自己。

大鼻头接过小薛递过来的票板，例行公事，按号查票，乘客不多，也多亏小薛神志尚未恢复，来不及在票款上做手脚，车停霞飞路（淮海路），一无所获，"大帽花"跳下去。

今天有些异样，家家店铺都挂出青天白日旗，贝勒路口（黄陂南路）蓝蓝照相馆和菲力蛋糕店之间，有人拉开中国职业妇女俱乐部横幅募捐，小薛想起来了，今朝是七七事变一周年，看看沿街有没有熟人，没有。花花绿绿街景移动，电车靠站，有乘客上车，慌忙叫道："吓煞人了，一早就掼炸弹。"乘客忙问："啥地方？啥地方？""公共租界阿拉白斯脱路！（曲阜路）""死人吗？""东洋兵没死，掼炸弹中国人，被东洋人开枪打死了。"车厢里有人叹息。墨绿色铁甲汽车，紧贴电车，硬顶上来，一窗之隔，黑洞洞炮眼，几乎戳到小薛眼睛，车头法国兵，面颊刮得发青，安南兵背靠铁甲车壁，手持步枪，凹眼宽鼻，一面孔凶相。警笛声传来，小薛回过头去，巡捕动手驱赶募捐女子，旗袍扯开，女人一边捂胸一边抱紧募捐箱，电车继续移动，只看到推搡人影。

八仙桥，法国巡捕伸手，示意停车，司机老姜叮了一声车铃，拉紧手刹。东西南北向的车子全部拦下来，一车乘客伸长头颈朝前张望，几辆黄包车，插进空当，挡住路轨。黄包车上，瘫坐肥胖外国女人，心不在焉看手表，车夫摘下草礼帽当扇子，冒出一句苏北话："勒妈妈，么得路走。"电车左侧，马路对过大楼，四四方方砖红色，是基督教青年会，警车团团包围，海军蓝警察制服特别显眼，白手套加警棍，驱赶围观市民。小薛事后晓得，一帮大学生，青年会三楼搞素食聚餐会，纪念七七一周年。一支烟工夫，交通恢复，黄包车跑到了电车前面，老姜不耐烦了，狠狠踏脚铃，一连串铛铛铛铛。转眼就是法大马路（金陵东路），靠站，小薛按习惯，拔出L形门匙，对准锁眼，插入，一别，懒洋洋拉开铁栅车门，今朝不晓得是晕了还是呆了，小薛根本没有听到老姜发出的信号，骑楼立柱后面，"大帽花"出现，两步跳上车，小薛的心一记抽紧，完了。

整车十几个乘客收了钞票，没有票子，另外五六个人，发的是废票，也就是拾回来用过的票子，小薛从头凉到脚跟。老早和司机约定，老姜一发信号，小薛立即撕票给乘客。吃电车饭的人人晓得，电车四组轮子，只有一组轮子为法国老板赚钞票，其他的，统统不晓得流到了啥人袋袋里。小薛被活捉，票款舞弊的"卵泡凸"肯定是逃不脱，开除，弄得不好，还要吃官司。

上来的"大帽花"不是庞莱，是华人查票，绰号"豁嘴"的张保罗。张保罗下巴高抬，嘴角一条刀痕，嵌进肉里，远看像小囡流涎，小薛早就听说，此人因为破相，对人特别狠，有几个卖票被"豁嘴"吃过"卵泡凸"，停生意。小薛毕恭毕敬，票板递到"豁嘴"手里，厚厚一叠钞票，紧贴票板底下，神不知鬼不觉。

小薛只有这个一招，抛出最后救生圈。

陈阿香是锡包间出名"雌老虎"，华成烟厂，"拿摩温"拿阿香也没办法。一次,邻座香烟灰掸落阿香身上,阴丹士林罩衫烫出绿豆大小的洞,一点招呼不打,(包烟女工个个有烟瘾,上班,满台子烟山烟海,拿来随便抽)阿香顺手就是一记耳光,被打的女人也不甘示弱,扯头发,拉衣服,骂陈阿香是"骚货、烂污皮",陈阿香哪里肯落下风,撕掉对方上衣一角,扯住奶子,引得切丝间的男工们噢噢叫。这件事甚至传到了老板陈楚湘耳朵里,按华成烟厂规矩,打相打,立即开除,有人传陈阿香是陈楚湘的远房亲戚,所以对阿香眼开眼闭。"十三点,瞎咋呼也看看人头,老板是我亲戚,我还在此地包香烟?"

陈阿香有本事,手势极快,闭眼一抓20支,左手食指轻抵,锡纸、外壳乘势一合,香烟整齐排列,上下7支紧夹当中6支,两寸封条收口,几秒钟,挺挺刮刮,一包美丽牌掼上台面。账房间经常传出声音,阿香归入月结的长工,日结的短工还是计件的件工,三千名包烟女工中,阿香总归第一。美丽牌、金鼠牌卖得好,阿香收入可观,阿香不要男人养。烟厂上上下下传说,阿香跟好几个男人轧过姘头,眼面前相好是切丝间的长乱。

"长乱,老户头来喽!"切丝间的男工看到陈阿香走过来,一道起哄。"小赤佬,嘴巴清爽点。"陈阿香板起面孔,啪一记头挞,正巧拍落帽子。有人放下切刀,趁机在阿香屁股上捏一把,"死开,下作棺材!"阿香摇三摆四,到长乱面前,长乱也不抬头,一大把抽筋烟叶,塞进切机喇叭口,头发上沾了稀稀落落烟丝,十只手指头涂满烟油,像一大串南京肉肠。阿香倚过去,轻声说:"哎,夜里来吗?""来做啥?""做啥?还装不晓得啊,跟我装胡样。"阿香手指头戳到长乱面孔上。"我哪里晓得。"长乱装出很无辜的样子,心里明白,这个女人,越是不睬,越来劲。"长乱放刁,"阿香继续用手指戳,"外头有花头了是吗?本事大了是吗?""我没有本事,人家有本事送金戒指。""只瘪三!"阿香咬牙切齿。

"阿香,阿香,拿摩温叫!"锡包间有人叫。

"敢不来,哼,看好。"陈阿香抛下一句。

就在此时,轰,轰!远处有低沉的声音传来,起先都以为是夏天阵头雨前闷雷,鞭炮样噼噼啪啪的声音接踵而至,而后,更猛烈的爆炸……房屋摇晃,挖心挖肺闷响,夹杂金属划破空气尖锐的啸叫……"打仗了!"整个华成烟厂一下乱成一锅粥,女工有的躲入桌子底下,有的奔出大门,马路上传来逃命的尖叫,有人顶翻了桌面,无数支香烟,腾向空中,如瀑布滚落,锡包间瞬间像落满白雪。油毛毡顶棚有碎片震落下来,突然,随着乓的一声巨响,火苗从靠近切丝间一侧蹿出,眼看火焰舔上了屋顶,瞬间浓烟滚滚,阿香分不清东南西北,呛得无法呼吸,像喉咙被掐住,越掐越紧,血涌到头上,要窒息了。烟雾里有男人手臂撸过来,夹紧了阿香,往大门口跑,阿香浑身发软,跑了几百步,扶着马路电线杆子,大口喘气,才看清是长乱。

"东洋乌龟开火了。"长乱粗气直喘。

"哪能办?"阿香头发蓬乱,浑身发抖,六神无主。

"往租界跑,快!"

"啊呀!我皮夹子还在车间里。"阿香眼前的工厂已经燃起大火,黑烟冲天。

"还想着钞票,命也没有了,快跑!"

大连湾路汇山路(大连路霍山路)上全是人,扶老携幼没命往西跑,爆炸声远远近近,有人倒下,前面是百老汇路(大名路),看到高鼻头英国卫兵了,铁丝网路障挪在路边,人流像潮水,涌过外白渡桥,长乱和阿香顺着潮水时沉时浮,家具、皮箱、竹篮、鸡鸭、棉花胎,如水银泻地,在外滩的石筑大楼前奔涌……

陈楚湘头痛的,远不是一个女工犯规的事情。八一三,华成烟厂周围机枪哒哒哒哒,子弹像雨点一样,不晓得啥方向打过来,司机驾驶雪佛莱，送陈老板回愚园路涌泉坊，吓得陈楚湘脚发软，下车跨不开脚步。襄理打电话讲，虹口大连湾路厂房，烧得一塌糊涂，厂门口美丽牌香烟广告牌子，熏得墨墨黑，美女变非洲人，根本无法开工。工人闹，已经发了解雇金、救济费，"不要让工人讲我没有良心，上海滩像我这样，讲情分的老板，啥地方去寻啊。"陈楚湘立定涌泉坊陈家花园客厅，窗口外头大草坪，月季花新蕾开始萌发。手下又打来电话，延平路收容工人的临时棚屋，工人赖账不走，讲好三个月，已经逾期，拖到今天。

"真搞煞人！一个个当我大好佬，钞票天上落下来啊？"

"噢，老板的意思是……"

"慈联救济会哪能搞的，每个月，光开销就要五千法币，当初我就不同意放延平路，讲是申园旧址，哪里还有申园腔调，跑狗场变垃圾场，老早赌跑狗，花样经勿勿少，从上到下做手脚，规矩人不去这种地方。好了，不讲了。这样，长工再发一个月工资解雇金。"

"短工和件工呢？"

"不是合同上讲好没有的嘛，我又不会印钞票。算我大出送，每人追加十元，到此为止。"

"有几个闹得凶，怕是不答应，老板。"

"啥人？"

"切丝间长乱。"

长乱？切丝间几百号人，陈楚湘想不起来，长乱是啥人。

"老板，工部局传话讲，慈联会背后，有共产党。"

"是吗？我陈某做生意赚钞票，跟政治不搭界，上海滩的共产党我看见过，又不是红眼睛绿眉毛，老早共产党讲，要华成烟厂组织工会，来谈事体的女学生漂漂亮亮，我问小姐，工会做啥，小姐讲，工会教工人识字，我讲好，好，我出钞票买课本，让工人识字总比赌铜钿寻野鸡好,我看,共产党也一样要做生意嘛。"

阿六边咬大饼油条,边踏收尸车,阿六真叫喜欢。全世界的饭,没有苏北人烘的大饼、余的油条好吃。阿六吃这行饭,假使跟定丧家心情过日子,一辈子哭哭啼啼,没有一天开心。阿六脸上笑肌,因为职业有所退化,阿六的好心情在脚上,踏起收尸车,两腋生风,假使不是这身黑马甲,人家还以为是大公司跑街先生。今朝"普善山庄"发起,上海所有"山庄"去南市难民区收尸。这几年,阿六啥样的死人没有接过,公济医院(第一人民医院)难产的女叫花子,礼查饭店(浦江饭店)总统套房内中枪的豪客,龙华刑场打爆头的学生共产党,还有黄浦江上的浮尸,泡烂的死尸豆腐渣,一戳一个洞,阿六顺手就可以挪死人安安稳稳抬上收尸车,尽管臭气熏天,血肉模糊,阿六手势清爽,一托、二搂、三抱,收拾得妥妥帖帖。时间还早,阿六顺道去大兴街停柩所抽支烟。老远就闻到一股生漆味道,大癞疤带几个徒弟做棺材上漆生意。借厝的厚木棺材码放高脚长凳上,足有四五十具。

"人死了,还要搞啥花头。"阿六感慨道,"眼睛一闭,鬼晓得穷啰富啰爱啰恨啰,大癞疤天天做来做去,真叫作孽,死人做给活人看。"

大癞疤一直抱怨,棺材上漆,招不到徒弟,只招了个跷脚。棺材里睏死人,周围居民传来传去,讲阴魂会跑出来,捉个替身,宁肯绕路,也不肯从大癞疤门口走过。

小儿麻痹症徒弟,摇摇晃晃,一歇,买来黄酒、猪头肉,高脚长凳上摊开油纸,大癞疤和阿六对饮。

"看看这只楠木棺材,上了廿道漆,还不够,客人要上三十六道。"眼看跷脚徒弟棺材上下绕纱布,来来回回,一圈又一圈,绕紧了,隔手涂生漆,生漆蜂蜜色,刷上米色纱布,跷脚捏紧漆刷,一瘸一拐,一副吃力样子,生漆涂不均匀,一道道挂下来,大癞疤的喉咙响起来,

"喔哟喂，讲了多少遍，少蘸多刷，晓得吧，死样子，蚀死老本喽！勒妈，不要嫌贬鬃漆生活，东洋人来，要死人，东洋人不来，也要死人。不死人，拉块有饭吃啊！"阿六问："里厢睏啥人啊？""一个老太婆，听讲有钞票，儿子开钱庄的。正宗金丝楠木棺材，现在出钞票也不一定买得着，有钞票人家藏了几十年的老货，这种人家，年纪稍稍上去一点，就准备好后事，哪里像穷光蛋，死了也不晓得棺材在哪里，芦席一卷，一头天，一头地，埋了算数。"

有钱人希望肉身不腐，一道道生漆隔断了空气，就像埃及木乃伊，大癫疤不晓得埃及，上了生漆的棺材，放个几十年，死人不腐烂，大癫疤是晓得的。

酒精开始微微起了作用，大癫疤面孔泛红，说："勒妈，一只棺材，六块棺材板，里厢窍开多啊，要讲卖棺材，上海滩最最有名的，曹家渡三官堂桥永寿寿材店，大木桥天宫寿材店，我十二岁从苏北到上海学生意，就是天宫，白天帮老板娘领小囡倒马桶，夜里就睡在棺材里，大热天，棺材里阴笃笃，睡了舒服。有大客户来买棺材，老板叫伙计揭开棺材板看木质，客户一看，有个死人在里面，大吃一惊，当场尖叫起来，一笔大生意逃脱了，啥死人啊，就是我在棺材里睡懒觉，勒妈，老板抄起鸡毛掸子抽我几十下，头上屁股上大腿上全是血印子，痛了几天几夜。后来伤口流黄水，老板娘一把香灰，抹上血口子，总算结了疤。"大癫疤边说边摇头，阿六接口说："大癫疤算好的，我学生意辰光，跟着师傅收死人，我怕得不得了，死人硬邦邦直挺挺，嘴巴合不拢的，两只门牙露出嘴巴外头，每天夜里睏觉，眼面前全部是死人面孔，醒来冷汗一身。一次到闸北湖州会馆收死人，收的一个死人全身发青，老吓人的，第二天不对了，我全身肿起来，皮肤发青，从脚跟开始到头顶，眼睛肿得看不见，话也不会讲，师傅讲我中尸毒了，没救了，就等我断气，我阿哥急了，叫了大师来还魂，大师作法，又让我吞了大师九制还魂丹,过了三天,肿退了,我活过来了,册那,啥九制还魂丹,后来才晓得,就是香灰捏成的小药丸,骗钞票的,还是我命大。讲起来也奇怪,从这趟一路过来,啥尸毒、鬼整蛊,跟我不搭界。"阿六继续说道:"这辈子鬼没有碰到,妖精倒是碰到了,上礼拜到南阳桥收尸,一幢房子屋顶塌下来,压死床上一对夫妻,两个人赤膊赤屁股,床上做事体,压得结结实实,掰也掰不开,册那,啥人晓得,根本不是夫妻,一对轧姘头,两家人家原配跑过来吵啊,差一点打起来,要叫巡捕房,我车子等了两个钟头,晦气噢。"大癞疤说:"噢哟,中头彩,不谈了,正好应了这句话,一张床,两个人,散散心,试试看,焐心勿焐心,落勿起,吃不消,扒勿开,叫救命,实在难为情。哇哈哈哈……"阿六和大癞疤讪笑,又喝酒,阿六说:"普善山庄,还是虞洽卿黄金荣杜月笙出钞票,买薄皮棺材,弄定穷人丧葬,总算有个收殓,否则,饿死的、病死的、投河的、上吊的,这点穷鬼,魂灵头没有一个落脚。"跷脚过来给师傅斟酒,"小赤佬,没看见吧,去年大世界门口掼炸弹,死人交交关,柏油马路上人肉疙瘩、骨头渣渣,救火会水龙头冲了两天两夜,还没有冲干净。普善拿出多少薄皮棺材晓得吧?"大癞疤伸出两个手指,自问自答,"两千副。龙门路死人堆得像山一样,血水流出来,滴滴答答流到阴沟里,血血红啊。"

　　大癞疤用粘着生漆的手指,拎起一块猪头肉放进嘴里,头上的癞疤微微发红,又把油腻腻的手按在阿六肩上,"兄弟,算是一道吃死人饭,吃到今朝,老婆也讨不着,就算讨着老婆,养了儿子,也跳不出这条道,儿子还是吃死人饭,帮阎罗王张罗,坟墩头边捧饭碗,棺材板上叹人生,不过我也看穿了,一人一条命,不管去阴间十殿,让轮转王定生死,还是堕入十八层地狱,火山血池不得超生,在阳间,有钞票人白相啥,我也要白相,吃大菜、跑堂子、燕子窝、跑马厅,我做啥不白相。阿六比我活络,今朝东家明朝西家,外快铜钿不少,今朝黄鱼挎着吗？""挎啥黄鱼，今朝南市难民区收死人，交关是从虹口闸北逃过来的，老老小小，听讲死不少人。"阿六抿了一口。大癞疤说："勒妈，每人每天发六两米，排队人交交关，法国神父老实，哪里晓得这点人排了又排。不是难民的，也轧在里厢。哪能发得过来哦。"大癞疤直摇头。

"南市老城厢有多少难民啊？"

"有人讲八万，有人讲十万，十万只老鼠就吓坏人了，不要讲十万难民。"

"听讲租界进不来？"

"巡捕房在敏体尼荫路（西藏南路）修了铁栅栏，进进出出要通行证。"

"哎，作孽噢。"

2

吕班路将法商电车公司一分为二，东面是停车场，铁轨平行分叉出十几道，每天晚上电车停满。西面是写字楼和法籍职员的联排别墅。东面停车场旁边，孤零零一栋大洋房，是法国大班办公室，大班很少来，诸事就落在副督戈思默的手里。电车公司信奉一句话：车开得出去，钱收得进来，便属诸事顺遂。电车撞到人，架空线断电，属于买彩票中奖，万分之一的概率，即使中彩，也无需戈思默出面，自有专业部门衔接。此刻，戈思默正坐在雕花扶手椅上，这几天一种愁绪袭上心头，让他对东方充满失望。在来中国之前，戈思默在巴黎电车公司做过一年，这个毕业于蒙彼利埃综合理工大学的学子，学业平平，却单单对诗感兴趣，这不奇怪，法国独多这种半吊子诗人。戈思默拿起笔，想了想，在便签上写下"城市弥漫着忧郁的气息，我却开足马力……"

稽查员大鼻子庞莱被袭,袭击的地点就在电车公司一墙之隔的康悌路(建国东路),手段完全超出戈思默的想象,先是麻袋套头,接着用路轨撬棒击打,看得出是电车公司内部人员所为,庞莱呼叫,凶手四散,巡捕房例行公事,取走了麻袋撬棒,至今没有结论。同为法国人,庞莱也真够倒霉。未来上海之前,戈思默对东方的想象来自卢梭和孟德斯鸠,那里是诗的国度,人人宽衣大袖,彬彬有礼,但眼前的现实却是战争、死亡、极端贫困,从上至下的腐败,肮脏和混乱,日本人凶残,看来不会停下脚步,上海,除了法租界和英美控制的公共租界,已经完全无政府状态……欧洲传来德国和奥地利合并的消息,德国人的威胁,不是傻瓜都能感觉到,苏俄的车轮也开始碾压。而在这里,法租界捕房已经明确告知,铜匠中混有共产党,或者共产党的外围人员。戈思默倾向社会民主主义,对于俄式共产主义,他认为太过颟顸,缺乏诗意。

白俄女秘书法语还算流利,轻声询问要不要咖啡,戈思默摆了摆手,女秘书浑圆臀部,适合无聊时刻眼神游走,高跟鞋削尖,每一步都像在给地毯钉钉子,淡淡雀斑,厚嘴唇,唇膏红得出了边界,仿佛昭示天下,昨晚厮混,一早出门仓促潦草,心不在焉。戈思默看来,上海真的无法再待下去,原本,周末还可以约几个美女,去丽娃丽妲河钓鱼、野餐。或者,更刺激的,去西郊罗别根别墅,搞一场疯狂无遮舞会。现在,那里都成了日本人地盘。写字台前的相框里,戈思默被四个穿连体泳衣的金发美女簇拥着,美女们露出雪白的牙齿,为什么一起哈哈大笑,他想不起来了,最左侧的女子由于跳跃,头发蓬松,脸有一点点模糊,俄罗斯女子娜莎,现在成了自己的秘书。照片是大鼻子庞莱拍摄的,庞莱在照片底下留过一行字 C'est la vie(这就是生活)。噢,丽娃丽妲,藏着多少风流韵事。美女丛中,戈思默也在笑,笑容灿烂，他有着不错的肌肉，高耸紧绷的额头闪着光。

按法国人脾气，戈思默从来不去打听和自己睡觉女人的底细，今天心血来潮，戈思默一手兜住娜莎臀部最肥满的部分："娜莎，昨天晚上在哪里过夜？"

娜莎挡开他的手："凭什么要告诉你？"

"你就坦白，上海勾搭了几个男人？"

"除了法国娘娘腔男人，还有谁？"

"别说谎话，你那么漂亮，想上床的，怕有一打吧。"

娜莎头也不回："下流。"

戈思默："俄罗斯女人都说自己是 Aristocrate（贵族），真的么？"

戈思默乘势把娜莎搂过来，让她坐在腿上。

娜莎点着他的鼻子："法国人最坏，就会拖女人下水。"

"说，你到底是不是？"

"你问了多少遍了，还要我说什么，好吧，最后一次告诉你，小乖乖，不是。"娜莎揪住戈思默的领带，"我爸爸只是高尔察克手下的军需官，他们被布尔什维克打败了，我们一家从鄂木斯克跑到海参崴，再从海参崴跑到哈尔滨，后来日本人开始赶俄罗斯人，我们才到上海。西伯利亚铁路，让布尔什维克炸了，所有的人都靠两条腿走路，几天几夜，每天看到死人，都是冻死的，我们前前后后那几家人都死了，那时候我七岁。"

"所以你的腿特别漂亮。"戈思默讪笑着，手滑到裙子底下。

啪，娜莎拍了戈思默一巴掌，"停。"戈思默还要摸，娜莎几乎叫起来："停，停！"

戈思默嘻笑："都说拉都路（襄阳南路）上，那家叫伯爵夫人府邸的妓院，花几个美金就能够玩俄罗斯小姐了，还可以吃俄国大菜。"

"那你就去吧，去脏兮兮臭烘烘的地方，和伯爵小姐共度春宵吧，反正你有的是钱。"娜莎想站起来,戈思默搂得更紧了:"骚娘们。""你真烦!"戈思默面前肉感女人,激起了男人的欲望,戈思默一把将娜莎按在沙发上……

仓皇一阵,戈思默周身松懈,思路从香喷喷肉体上飘移开来,去年战事虽然停歇了,上海依旧是一个炸药包,引信在日本人手里,想什么时候点,就什么时候点,戈思默照娜莎屁股,狠捏一把:"日本人进入租界,只是时间问题。以后就等日本人操你!"娜莎发髻凌乱:"那怎么办,日本人来,我算什么,无国籍人员,护照都没有,那天俄侨协会的人说,两万上海俄罗斯人,没地方去,你还可以回法国。"戈思默说:"回法国?欧洲乱成这样,希特勒上台五年了,德国能够放过法国?上海就等着日本人来吧,等着他们在伯爵夫人府邸白吃白嫖,用刺刀顶着你,还要你脱光衣服。"娜莎吃惊:"噢,不会吧,那太可怕了。"娜莎打了一个冷颤,她不敢想,捂紧戈思默脑袋。

有人敲门,戈思默放开娜莎,中国司机在门外提醒,去广慈医院(瑞金医院)看望留医的庞莱,是时候了。娜莎整理衣裙,扭着臀走开,又返过身,问有什么需要安排,戈思默摆了摆手,开了门随司机一起下楼。走廊里靠墙有一架钢琴,偶尔唱诗用的,不知为什么琴盖打开,戈思默走过,十个手指径直按下去,轰的一声,把自己吓了一跳,他觉得这样才过瘾,要结束自己的浑噩状态,他干脆琴凳也不拉开,一个脚猛踩踏板,两只手移动,结结巴巴的肖邦,革命练习曲的开头,一下子乒乒乓乓,音符在柚木壁板间来回震荡。戈思默栗色头发挂在额前,衬衣角从皮带里蹦了出来,他合着节奏扭动着,像驯服动物,又像做伏在娜莎身上的体操,他就这样反反复复,一遍一遍。娜莎探出头来,扶着楼梯栏杆,一脸惊讶,不知道发生了什么,以为有人打翻了重物,又以为有人突然拧开了无线电。

广慈医院离开电车公司不远,法租界方圆几公里,间隔适度的街区，中法两种文字的路牌和店招，整齐的法国梧桐，现在在戈思默眼里都是伤感的风景，对于远东这块土地，法国人是按照自己母国的要求来规划的，马路的宽窄，电线杆和行道树的间隔，供水供电，公共交通，下水道距离，所谓海外范本，大可吹嘘一阵，现在看来，不过是支离破碎的图画。

戈思默去主治医师那里了解庞莱的伤情，幸好击打的撬棒并未击碎颅骨，撕破一大片头皮，落在右肩上。看着庞莱打满纱布的脑袋，只露出硕大的红鼻子，有几分滑稽，戈思默想安慰几句，又找不到合适的话，放下手中粉红色康乃馨和荷兰百合扎成的花束，就在病床边呆坐。法国护士过来量体温，庞莱睁开眼睛，"好些了吗？庞莱。"戈思默问。庞莱恨恨地回答："迟早收拾这些黄猴子。""知道是谁干的吗？""就是票款舞弊的那几个家伙。""能说出具体是谁？""不能。""法律需要具体的人。""法律？上海有法律吗？为什么我们对低等种族套用我们的法律，巡捕房是干什么的，应该把票款舞弊的嫌疑人都抓起来。""好了，庞莱，巡捕房管不了票款舞弊，法律是有边界的。""我这一下算什么？黄猴子给所有稽查员的恫吓，堂堂法商电车公司就只能认了？""对不起，庞莱，你安静一下。"戈思默知道这个来自外省的大鼻子，某些时刻容易激动，他的激动也是情有可原，适当把话题引向别处，对一个伤口正在愈合的人有好处。"我们想想开心的事情吧，庞莱，比如，旅游，公司会安排你很长的假期，你可以坐船去西贡，在印度支那某个有椰子树的小岛上晒太阳，想想那些漂亮的热带女郎吧。""要是撬棒敲碎了我的脑壳，你们会送我一只漂亮的棺材。""不不，你看你现在恢复得多好，公司还会给你一大笔赔偿金，我想你不会拒绝。""上帝保佑，还好我活着。否则就成了丧葬费。""何必这么悲观，我们会为你的健康归来庆祝。""庆祝？让我像狗一样重新盯着那些黄猴子？""先别想这些，你是有尊严的法兰西绅士。""那让我想什么?""想一想你口袋里一下子装不了那么多钱,应该请我喝酒了,庞莱,别喝马尿一样的葡萄酒吧,喝俄国人的伏特加,就是拉都路上那家伯爵夫人府邸的伏特加。""好啊,戈思默,你心思不在酒上,惦记着那几个俄国姑娘吧?"戈思默突然想起来:"对了,那个俄国姑娘说要过生日了,该送她什么东西好呢?一个镶钻石的别针?""哈哈哈哈!Petit con!(粗口)"庞莱大笑,笑得伤口都痛起来,"戈思默,你真是个童男子,姑娘的生日你也相信?她一年要过好几次生日呢!"

天色转暗,酷热未消,知了叫得急切,仿佛高温挤压,这些可怜鸣虫声嘶力竭。长乱从延平路收容所出来,肚子已经咕咕叫。收容所一天两餐,下午四点,第二餐算结束,还有人围拢饭乌龟,争抢锅底饭糍,常常会为一点点饭米絮相打。长乱顺小沙渡路(西康路)往北,过了劳勃生路(长寿路),前面就是药水弄,工人阶级居住区,板房和滚地龙,拥挤,仅够插足的泥路,腥臭从下水道腾上来,合着苏州河飘来的酸腐气味,让人头晕。长乱熟悉这些气息,长乱的感知体系中,是激发肉欲的前奏,是和女人纠缠的香氛。路灯昏暗,"一元随便"的招牌,底下女人站立,还有拖鼻涕一丝不挂的小孩,胡琴的讨饭调时断时续。长乱在迷宫般的岔道和断头路里弯来弯去,最后在板房前停下,敲了三下,长乱记住"神三鬼四"的古训,门开了,长乱一把将人抱住,热烘烘的嘴凑上去,平时对方应该是顺从的,手还会掏过来,今天不对,对方扭身,要从长乱怀里挣脱,长乱越加抱紧,能感觉到肥满的肉,终于,女人叫了起来:"做啥啦,神经病啊!"长乱的手从女人腰上滑下来,这时候才看清屋里不是一个人,油灯旁还坐一个男人,阿香归拢凌乱的头发,一边"死浮尸,腊棺材"开骂。三个人,在烛光里,都只有半张脸,另外半张隐没在昏暗中。来人脸白白,自我介绍是慈联会的,长乱才想起,收容所见过这个人,那时戴蓝色袖章，上面有个白色十字，经常在一帮人面前指手画脚。阿香去冲茶，暖水瓶里一点点开水，烫了茶杯。白脸开始说了许多名词：帝国主义、列强、日本军阀、苏台德、劳工阶级……天热，气氛有些冷场，白脸掏出手帕擦汗，感觉也累了，觉得再宣讲没有什么意思，两个烟厂工人还需要扫盲。

白脸要出色地完成任务，于是单刀直入："烟厂停工，收容所关门，看看，哪能办？"

"去吵！老板要负责的。"陈阿香尖叫起来。"生意忙起来，天天加班，花好稻好，现在，一脚踢了，太便当了！"长乱闷头想，要讲退路，只好退回黎里老家，回到湿漉漉的小镇，破败霉变的气息笼罩，粉墙黛瓦只存在文人诗文里，弄几块薄地，水路将四乡联通，又互相隔绝。当年到上海，还是借了乡里人的钞票，现在就一事无成回去？长乱已经嗅到大都市的气息，尝到了一点点滋味，看到了一层之隔的纸醉金迷，上海就像一个荡妇，讨厌她的骚，又逃不脱她的嗲。阿香还有地方去，反正老家在浦东，再落拓也有爹娘罩着。

白脸盯紧长乱，是因为长乱在苏浙工人居多的烟厂，有一个出众的身体，符合白脸对于劳工阶级的想象，白脸对最新社会科学的论述，深信不疑，眼看长乱出头露面，跟着工人代表，和邪恶的资产阶级抗争，让人感到一种强大的力量，这力量汇聚起来，足以推翻一个阶级，白脸并不晓得，长乱插进工人代表当中，一半是附和，一半是看机会，有时是喊口号壮胆，长乱的嗓门，和左翼电影里的形象如出一辙，这就够了，至于和厂方律师谈判、和居间的宁波同乡会协调，长乱还没有这个口才和思路，这都无关紧要。其实，当代表们所有的要求都不了了之，长乱不过比普通工人早几分钟晓得结果而已。

"没有想过其他出路？"白脸盯着长乱问。长乱不出声，停顿一歇，说："听说慈联会在浙江北路开了三家工厂，招失业工人？""没错，做草编麻袋,想去?"长乱又不说话。

"现在日本人侵略中国,要把日本人赶出去,没有想过去当兵?"

长乱还是不出声,经验在前,多少有些警觉,前几年,鼓动烟厂罢工的人,也是这样滔滔不绝,真正罢工了,巡捕房出动,鼓动的人一个也不见了。

"去哪里当兵?"

"苏北。"白脸相信可以争取到一个工人阶级。

"不去!要去自己去。"阿香在烛光阴影里抢白,"东洋人有机关枪,长乱去送死啊!宁可上海吃官司,也不要去吃花生米,没看到啊,大场一堆堆死人,当兵的一个一个没手没脚,没有骷髅头,死了都不得全尸。"

"大姐,要打日本人,牺牲总是难免的,只要我们坚持。"

阿香没有到过大场,战场收尸,把断肢头颅拼起来,是同乡阿六陆陆续续讲起的。说起中国士兵的惨状,阿六上床的欲望消失殆尽,去年很长一段时间,阿六经常无法勃起,即使能够,也往往半途而废。那些壕沟里无法分辨的肢体、到处黏连的尸块、被捅穿的躯干、钝器插入眼眶的血骷髅、溅开的脑浆,刺刀挑开的肚子,暗红色血块凝结的一盘盘肚肠,还有下身炸得不见踪影的女兵,在阿六的描述下变得历历在目,阿香几个晚上都被可怕的景象包围,奇怪的是,阿六怎么有本事将它描述出来,把浦东乡下小女人,吓得发抖。阿六还告诉阿香,东洋人收尸有专门的东洋棺材,几千只东洋棺材黄浦江装船运回日本。中国军队已经全部退出上海,中国士兵的尸体,是几个寺庙僧人和山庄出面,就地掩埋。阿香真的怕,本能的一点小蛮横,在血淋淋战争面前彻底溃败,不可以让长乱去当兵,阿六也不可以去。

"大哥听到过新四军吗?"白脸问。

长乱没有回答,对着阿香问:"有吃的吗?"

"有,有,还有半镬子泡饭,火油炉子上热一热。"阿香忙碌,"有一块腐乳,加一点点麻油,过过泡饭。"

呼噜呼噜,半镬泡饭就见底了,长乱手背擦嘴,沉默了一阵,说:"苏北,东洋人不会让外乡人去的,长江里有插膏药旗的炮艇,沿江到处有岗哨。"

"只要愿意去,可以搞到回乡证,慈联会有办法。"

"到了苏北,我去寻啥人?"

"不用担心,到时候有人会联系的。"

"假使去,尺寸要谈清爽,不谈尺寸,去做啥。"

阿香急了:"长乱昏头了,现在兵荒马乱,跑到苏北去做啥?东南西北一个人也不认识,长乱一句苏北话也不会讲,不怕东洋人一枪打死,死了也没有人收尸的。"

白脸有点不耐烦了:"大姐,话不能这么讲,大敌当前,我们要同仇敌忾,如果大家都害怕,中国就要被日本帝国主义灭亡了。去苏北,只要大哥愿意,后面的事情,慈联会都可以安排好的。"

阿香心里恼火,原本白脸说好,想见一见请愿的工人,解决眼前吃用开销,没有想到,要拉人到苏北去。阿香正要发作,板壁后面的灯亮了,壁缝透过来好几道光线,有女人男人的说话声,低低的,是调情,女人吃吃吃地笑,娇嗲声调:"不要急呀,急啥啦,总归是侬的,我又不会逃脱的……"接着窸窸窣窣的声音,再接着是女人的喘息,嗯嗯啊啊的呻吟……

阿香晓得,隔壁女人在做生意,看看身边的两个男人,显然都知道了板壁后面的事情,大家都闭了嘴,声音反而更清晰,像猫打架似的喉音,板壁有节奏的碰撞,阿香觉得男人们此时的表情都有点怪,白脸是惊讶,长乱是歪笑,故意忍着。

3

今年春天雨水多，院子里夹竹桃乘势分出成倍枝丫，树冠上白花花一片。上海一般不大的院子，也就是天井，一棵树就撑满，留不下一点空隙。文娟小时候，夹竹桃也就一人高，爸爸拍照片，徕卡1型相机，35毫米镜头，文娟抱紧洋娃娃，侧脸傻笑，蓬蓬裙像糖果纸一样，把小身体包裹，地上只有几点白色落花。如今夹竹桃探到二楼窗台了，残花如急雨铺满天井。上海的黄昏来得突然，太阳移到房子后面，天就暗下来，对过的砖墙，夕阳投射，一片橙红，用不了多长时间，眼看转为深红，转为紫，转为青灰，房间里，香红木大衣柜、香红木五斗橱的线条，跟着模糊起来，暮气循窗而入，文娟抱住洋娃娃的照片，挂在墙上，镶暗金镜框，无端的笑，因为傻而生动，爱的包裹中，表情有点做作，即使做作，也是天然，1928年的照片，不知不觉，十年就过去了。

文娟坐在靠窗的单人沙发上，入梅以后，张妈就在沙发上铺好台湾篾席，蹭在腿上，一股阴凉。冰糖莲心银耳羹，沈大成绿豆糕，张妈早晾在茶几一角。文娟不动，让自己落在暮色里，坠在越积越浓的黑暗中。面对自己童年的傻笑，文娟不止一次觉得，塌鼻子，还有耳朵后面两个夸张的蝴蝶结，加重了那一层傻，亲戚朋友们一个个轮番讲，拍得真好，拍得真好，亲戚朋友也一样傻。啥人告诉我，为啥亲戚们那么傻，是配合着一起来的么？只有文娟知道相框后面的秘密。六个金属小扣打开，三夹板后面，揭开衬纸，是裸体的文娟，黑白照片，放大在细腻的绸纹纸上，照片是在大夏大学（华东师大）文体馆顶层阁楼里拍摄的，阳光透过老虎窗，在文娟身体留下耀眼的光斑，锋利的明暗分割线，越过锁骨，漫过乳晕，向下滑行，起伏里带着不安,伶仃的肉体,像一具纤细的大理石雕塑,近乎透明的皮肤,淡青色的血管,流动着温热的血,这才是真实的文娟,真实到刺眼,文娟自己都不忍直视。按快门的是廖夷生,禄莱双镜头相机,60毫米镜头,127矮克发胶卷。那一天,丽娃丽坦一带静得出奇,粉蝶不厌其烦在草丛上端昏飞,暮春校园,时间凝固在平和的氛围中。廖夷生要交作业,需要十张"唯美艺术照",文娟当模特儿,摇首弄姿一个下午,双手抱膝,下巴磕在膝盖上,或者,十指扣在脑后,扬起脖子,或者,草帽遮住半张脸,仅露出嘴唇和下巴,电影明星惯用的动作,教科书一般,一个个重复一遍,文娟能够感觉到镜头后面廖夷生热烈的眼睛,直到太阳偏西,才想起文体馆空旷大厅,同样适合禄莱相机的发挥。廖夷生换了胶卷,以连发快枪的速度,记录文娟一笑一颦。顺着楼梯,两个年轻人一边拍摄,一边拾级而上,没想到,顶楼储藏室门居然开着,阳光从老虎窗落下来,形成四个明亮的方格,给一堆断腿桌椅,打上了舞台灯光一样的瑰丽影调。廖夷生轻声说:"把衣服脱了吧。""会有人来吗?""应该不会。""我有点怕。""拍吧,也许这是最好的机会了。"廖夷生退到门边,端着相机,屏了呼吸,看文娟解开胸前扣子,文娟说:"别看,看了我会紧张。""不要紧张,紧张了皮肤会告诉镜头。""我不行,还是紧张,鸡皮疙瘩也起来了。"文娟的手微微颤抖,在最后一个扣子上停下来,廖夷生说:"等一等。"说完放下相机,飞快跑下楼去,文娟重新披起外衣,蜷缩墙角一侧,她怕了,一个人在这空荡荡大房子里,霉潮气味开始钻进鼻子,隐隐的,有木头开裂的声音,好像过了很长时间,只听得楼梯蹬蹬蹬响,廖夷生搬来一架手摇唱机,还有一叠唱片,"听这个,有音乐就不会紧张了。"廖夷生给唱机上发条,狠狠抓住摇把,粗暴得像捆绑一个坏人,转手从封套里拿出唱片,借着日光,嘴贴近,吹去浮灰,换唱针,三个手指捏住唱头,唱片旋转,唱针轻降,入轨,马思涅的《沉思》,乐声缓缓,像

　　文娟脱去了最后贴身内衣,廖夷生面对一片耀眼白光,四个光的方格,在雪白身体上投射出奇异光带,腋窝光滑,膝盖小巧,似精心雕琢,上身嵌入骼骨部分,流畅不带一点赘物。

巨幕垂下，包围住年轻人，除了小提琴，还有音槽摩擦的沙沙声，阁楼安静，每一个声音都被放大，沙沙声像汽车压过柏油路面，文娟脱去了最后贴身内衣，廖夷生面对一片耀眼白光，四个光的方格，在雪白身体上投射出奇异光带，腋窝光滑，膝盖小巧，似精心雕琢，上身嵌入骷骨部分，流畅不带一点赘物，小提琴声自说自话延续，廖夷生靠在门上，嘴微张，呆看好几分钟，说不清此时的感觉，是惊叹还是惋惜，这是夷生一辈子看到的最完美的图像，最无法形容的艺术品，夷生甚至忘记了功课，禄莱相机就放在一侧地板上。后来，廖夷生和文娟有很多这样的机会，在丽娃丽坦，在误入藕花深处的小木船上，夷生拍下文娟很多裸体，这些照片，足可以参加全世界最苛刻的摄影展，水的滑腻，木纹的粗粝，肢体的光洁，光线的迷蒙，矮克发精细影调，把这些元素还原得丝丝入扣，文娟手肘的特写，淡淡绒毛，在逆光镜头里生机勃勃，廖夷生尤其偏爱让文娟头发遮住面颊，乱发蓬松，眼睛藏在密密发丝后面，五官隐去，肉体成了主角，带着含蓄的，难以形容的表情。只要没有意外，图像记录似乎永远不会终结。廖夷生总是巧妙避开文娟小腹下那片阴影，理由是，在作品里，没有，就是纯洁，有，就是亵渎。

沪上最大的英文报纸《字林西报》刊登广告，英国企鹅出版社计划出版一本 *Human* 的大型画册，向全世界征集作品，廖夷生从文娟的照片内选出五张，用蜡纸打包，通过北四川路邮务总局寄往伦敦，此后一直没有回音，后来得知，编辑收到稿件，无论如何不相信这是中国人拍摄的。

张妈又一次上楼，说大小姐该吃晚饭了，文娟不动，房间四角都是暗色，只有路灯在天花板上投下怪怪的阴影，一块墙皮蜕裂，拉长的影子像一把手枪，或像一只蜥蜴，有沪语的叫卖声传来"香炒玉白果，香是香来糯是糯"，拖长的尾音从弄堂口一直传到弄堂尾。

和廖夷生在一起，很多时候，也是在黑漆漆房间里，一盏血红色的灯，冰醋酸味道浓烈，洗印照片的暗房，搁板架上，标写外文的瓶瓶罐罐，廖夷生调药水，米吐尔，几奴尼，硼砂，量杯精确到毫升，温度计插在药水里，等待水温逐渐冷却的时间，就是两人接吻的时间。天热，没有冰块，温度下降缓慢，水银柱下不来，廖夷生说："是上帝容我有更多时间来爱你。"于是接吻，接到快要气绝。重复一遍又一遍。冰醋酸的味道钻进文娟的鼻孔里，耳朵里，头发和衣领里，也钻进两人的唇舌之间。四周的白墙已经没有任何空隙，全部贴满文娟的照片，很多只是一个局部，半张脸，一侧如沙丘般的乳房，单个茫然的眼睛，交叉的手指，平坦的小腹，肱桡肌的连接处，腰背部的肉涡，每一个细节都放大了，等着人的赞叹。偶尔，文娟会说"真难看"，但是并不阻止廖夷生继续把照片冲洗出来。白色搪瓷盆，照相纸在药水作用下发力，瞳孔和头发最深的部分，最先显现，接着是鼻翼和下巴的暗部，嘴角，面颊，一张完整照片就像电影的淡入淡出，越来越清晰……这时候，廖夷生慢慢将文娟放倒在工作台上，把脸埋在两座沙丘之间，他的身体开始进入她的身体，她的乳头硌着他的手心，两个年轻的身体，已经顾不得药水里影调越来越深的照相纸，黑白世界中哲理化的肉体暂且放在一边，年轻鲜活的生命，需要灵和肉的暴风骤雨，在冰醋酸浓烈的气味中，完成爱的礼仪。她顺从他的摆布，她觉得自己漂浮在药水里，肉体变成扁平的一页纸，变成单色的，布满极细颗粒的水族，随爱的撞击，逐渐加深，深得和墨一样。

张妈的脚步又一次踏上楼梯："大小姐，太太都已经吃完了，小姐下来吧。"吃这个，吃那个，还能说点别的什么吗，文娟心里想，她只是轻轻说："我不吃了。""大小姐，灯也不开，还以为大小姐睡了呢，先生临走特别关照，让小姐吃晚饭，还要多吃点。"张妈说着，走进文娟的房间，随手打开灯，文娟觉得刺眼，伸手捂眼睛，张妈叹了口气，

"太太胃气痛,我烧了泡饭让太太先吃,痛得这副样子,我也是第一次看见,来呀,吃饭,小菜要冷了,呀,大小姐哭了?"

光滑的殓妆台上,一具肥阔的广东女人尸身,乳房像口袋,撇向两边。丧家送来衣物,整整齐齐,二十几个纸盒,看得出,不少刚刚从先施公司买来,缠绕粉色丝带,平整切贴,尚未打开。一口厚重楠木棺材,停放殓妆台左侧,散发阴沉气息。联义山庄,原本就是旅沪广东人的坟场,做生意广东人出手阔绰,沪上为人所知。

雷光头一套对襟排纽香云纱,光头越显亮堂,四个助手两男两女分立两旁。丧家十几个人,一律黑衣黑裤,神情凝重。男助手打开第一个纸盒,拿出一套贴身内衣,雷光头接过,开始低声吟唱:哎呀咦,一重衣,夹纱夹绵一重衣,黄泉路上避风雨。转手女助手给尸身套上内衣。雷光头的嗓音像从地底下传来,带着沉郁的共鸣,助手跟着吟唱:避风雨……避风雨……丝带抽开,华丽套装一件一件,盒子里缓缓取出,雷光头的调门也越加婉转凄切,哎呀咦,二重衣,夹绢夹绉二重衣,彼岸花开血滴滴,血滴滴……血滴滴……哎呀咦,三重衣,夹绸夹纺三重衣,奈何桥上诉别离,诉别离……诉别离……骨肉至亲都不见,落寞唯有乌夜啼……客人中女眷开始抽泣,雷光头每一次接过衣物,就有一次停顿,短暂静谧里,充满忧伤。哎呀咦,四重衣,夹丝夹麻四重衣,忘川河东魂魄西,魂魄西啊魂魄西……前路茫茫归何处,避祸趋吉尚可期……哎呀咦,五重衣,夹绒夹羽五重衣,汤前细听孟婆语……孟婆语……喜乐忧患皆了断,无欲无求迎太虚……助手跟唱,增加了旋律的飘忽迷离,伴随灵魂出窍,渐渐远去。哎呀咦,六重衣,夹锦夹缎六重衣,修行为善鬼不欺,鬼不欺啊鬼不欺……雷光头完全沉浸在庄严的仪式里,慢慢提升出丹田之气,和四个助手低声唱道:哎呀咦,七重衣,夹金夹银七重衣,三十三日上天梯,上天梯啊上天梯……宝殿灵霄拜玉皇，往生无需御笔批，地府阴司轮回转，重赴阳间再更衣。啊，咦……

阿六佩服，雷光头作法，也是联义山庄节目，这地方太过死寂，每次"唱山歌"，雷光头可以唱出不同的花样经，连哭带唱，说不清是绍兴戏还是本滩的调调，从天上到地下，从人间到鬼狱，上穷碧落，下达幽冥。阿六也听出名堂，雷光头总喜欢在金啊银啊后面达到高潮，至于唱词是不是合乎音律，没有人会追究，反正听的人觉得唱过了就好。眼看助手和一众男工，托起广东女人尸身，放入棺木，锦帛丝绢，眼花缭乱，黑沉沉棺材板覆位，乒乒乓乓一阵敲打，六寸长棺材钉一根根钉入，一边钉，一边叫着："躲钉噢，躲钉噢。"合盖的楠木棺材像宇宙黑洞，深不可测，又聚集着巨大能量，是驶往阴间的豪华客舱。伴随着丧家哭声，装殓完毕。雷光头原地不动，敛气收声，活活一个洞悉阴阳两界的使者，呆立很长时间。收尸工毛腊子过来，拍拍雷光头说："阿哥啊，只听到自家唱，没听到人家哭嘛。"几分钟，雷光头要慢慢恢复，毛腊子偏要打搅，阿六闻声，推一把毛腊子："啥意思啊？"毛腊子嘻嘻一笑："本地人讲起来，老太太死，看得出名堂，女儿哭，是珍珠落地，儿子哭，是黄牛叹气，媳妇哭，是黄鼠狼哭鸡，女婿哭，是猢狲出把戏。阿哥又哭又唱，是啥？""毛腊子，就欢喜闲话瞎讲，嘴巴赛过屁眼。"毛腊子做怪脸，无趣走开。雷光头转过身，眼望阿六，几分疲倦，像是长篇吟唱减了元气，说："来过一个年轻人，要看文娟棺木。""哦？"阿六想起来，一张字迹娟秀的纸，还在自己外衣口袋里。"没有让看？""没有，我问，是文娟啥人，讲不出来，含含糊糊，就讲是一个朋友，我就没让看。""市区来一次不容易的，日本人还查得紧，看就是了，也就是看看棺木。""不来事吧，坏了联义山庄规矩。""没有讲啥辰光再来？""没有，家伙开着小汽车过来，差一点撞到收尸车上。""人长啥样子？""白面孔，尖下巴，说话阴笃笃，还打听选墓,我讲,选穴事情要问襄理,这家伙讲,问过了,我就没理睬。良言难劝寻死鬼,慈悲不渡自绝人,自杀小姑娘跟这个男的,有啥花头吧。"雷光头摇着发亮的脑袋,大口喝浓茶,香云纱外衣,茶水溅落,像鼻涕虫爬过留下涎迹。阿六手伸入口袋,纸卷还在,一看,边角已经磨出短絮,汗渍斑斑点点,字迹模糊。

先是轮胎碾压煤渣路,一串咕吱咕吱响,接下来喇叭声,脏兮兮英国奥斯汀轿车,从山庄甬道驶入庭院,车头克罗米面罩一大片擦痕,像相打扯破面孔。"阿六,看,又来了。"雷光头说。车在殓尸房门口刹停,跳下一个短打,拱手抱拳,说:"各位兄弟,帮帮忙,我家少爷意思,还是要麻烦各位,有一件东西想放落文娟小姐棺木旁边。"雷光头没好气:"啥少爷不少爷,不是走了嘛,眼睛一霎又来了。"来人站立不动,依然抱拳作揖。阿六说:"啥东西啊?先拿来看看。"那人打开车后盖,搬出一块板状物,麻将台大小,绒布覆盖。雷光头说:"册那,出花头,自己不来,叫个手下人。"来人答道:"少爷吃了回票,实在没面子,叫我做司机的,再跑一趟。""少爷派头大,还有司机。""没,没,我帮老爷开车。"阿六说:"废话少讲,看看。"来人将板状物斜倚于车身,慢慢揭开绒布,一张年轻女子黑白照片,撑满整块木板,阿六看出来,就是文娟。大家没了声音。文娟一双黑漆漆眼睛,任何角度都像在试探观者,嘴唇肉褶,细密眉毛,一丝一丝,清清爽爽,摸得到,数得清。阿六心里咯噔一下,接手那么多死人,这样好看的女子,好看的照片,还是第一次,活灵活现,就像可以从照片里走出来。雷光头呆呆立在一旁,看得出神。几个殓尸房小工围过来,点点戳戳。阿六手肘顶顶雷光头:"就放落吧?"雷光头点点头,叫了小工,一起抬相架。来人又抱拳作揖:"兄弟上路,没有叫我做难人。"顺手口袋里掏出纸包,"一点老酒铜钿,意思意思。"阿六推却,还是收下。后面传来雷光头吆喝:"册那,文娟棺木,放到哪里啦!"又有人叫:"叫个屁啊,移到借厝间木架上。""哪里有啊!""逼养的,眼睛张张大!"来人回身对阿六说:"老古话讲,行得春风有夏雨,下趟有用得着兄弟的地方,招呼一声。""好说,好说。我想问一句,东家儿子是做啥的?""东家做橡胶生意,儿子是拍照的。""哦,怪不得。"奥斯汀飞快离去。

4

永安公司新到美国黄金苹果每打八元。奶油太妃糖每磅四角八分。亚尔培路(陕西南路)逸园跑狗场,每天下午二时半开赛。宁波路新光大戏院,公映美国华纳新片《蜡像馆之谜》。跑马厅下午一时十五分起开赛,头奖二十一万元。派克路(黄河路)卡尔登剧场,麒麟童携《四进士》登台。大陆游泳场冰淇淋竞食比赛,征选手四十名。金城大戏院上演胡蝶电影《胭脂泪》。静安寺路(南京西路)维也纳花园舞厅全新装修六时开放。荣记大世界门票二角,买一送一。百乐门、国际、璇宫舞厅依旧夜夜笙歌。霞飞路喜乐迈法式大餐,大同酒家广式大菜,南京路新雅粤菜,各种食府百花齐放,食客盈门。去年坚守四行仓库孤军,困于公共租界胶州路限制行动。浦东杨思镇维持会长张尚义被毙,两妾诉讼,争夺价值五千法币别克轿车。1938年的上海,一面是千疮百孔尚未收拾的战场,七十万难民涌入租界,一面是灯红酒绿纸醉金迷的洋场,只隔开两公里,看到的是截然不同的世界。

豁嘴张保罗一句话没讲,当场拿票板跟底下钞票退还给小薛,小薛如冰水淋头,一动不动,好日子结束了。人家讲,海关是金饭碗,银行是银饭碗,电车公司是铁饭碗,小薛想到每个月49.5法币的薪水(1938年一块法币能买五十斤米),每年十三个月工资和冬春两套粗呢制服,全部就此终结,一张"卵泡凸"所有福利统统揩脱。进电车公司第一年,小薛急性盲肠炎发作,送金神父路(瑞金二路)广慈医院,开刀医生是法国人,护士是法国修女,小薛二十一岁生日,正好住院,修女嬷嬷送来蛋糕,还拍手唱歌,嬷嬷淡棕色头发,蓝灰色眼睛,头颈后面皮肤雪雪白,胸口胀鼓鼓两坨,看得小薛目不转睛。进手术间前头半个钟头,嬷嬷拿来剃刀肥皂水,捉牢小薛剃毛。小薛讲给工友听,引起一片讥嘲,哪能让外国女人捏牢要紧地方,那个地方一定是立起来了。小薛从来没有睏过雪白干净的床,又软又有弹性,每天早上吃牛奶,还有奶油和面包。医院里的一个礼拜,开了小薛一趟洋荤,糊里糊涂,享受欧洲左翼运动成果,法国老板照搬本国劳工政策,到海外,也做得一板一眼。小薛想起报考电车公司,卖弄过几句法语,骂人粗话,总是学得最快。他想笑,笑不出来。揩油的票款,自己拿不了多少,司机老姜要一份,被开除的卖票、望风的辛苦费,也算一份,把持职业介绍的流氓,要拿走一份,还有本公司的华人"大帽花",一尊尊菩萨要烧香。

小薛差点撞到黄包车上,大同酒家门口,冰淇淋,每客一角,买一送一,小薛喜欢冰淇淋,只是,今天没有胃口,舌苔发苦,精神萎靡。每天来来回回很多遍的霞飞路,依然风气柔暖,旗袍飘飞,女人粉白手臂和腿,前后晃动,法国人、犹太人、罗宋人开的店铺,一家紧贴一家,店招一律中西双语,西语从左到右,中文从右到左。电车铛铛铛从身边经过,美丽牌香烟"有美皆备,无丽不臻",广告随车身移动,昨天还是自己职业一部分,今天已全然陌生。

小薛觉得奇怪,"大帽花"豁嘴张保罗约见面,不是电车公司写字间,约了霞飞路DDS咖啡馆,豁嘴阴势,出啥鬼主意捉弄人,讲不定,狠狠敲一笔。小薛换了一身干净衣服,出门前,木梳蘸清水拨弄了几下头发,做卖票最会看人,衣衫是看人第一指标。

张保罗坐在DDS咖啡馆火车座偏暗处,能够看到霞飞路上走动的人流，街对面巴黎大戏院，放映新华公司新近拍摄的《雷雨》，广告牌上，陈燕燕大头照，细眼弯眉，唇红齿白。张保罗看到小薛绕过有轨电车尾部，从马路对面斜穿过来，个子不高，精瘦，十足小伙计模样。没有人看出张保罗的微笑，咖啡味道弥散，夹杂烟的淡青色，还有墙上模糊不清的油画，使 DDS 咖啡馆显得既洋派又伤感。小薛推开玻璃门，从阳光直晒的户外，一头走进昏暗的 DDS，有几秒时间，眼睛里只有几个光点，一直到豁嘴张保罗招呼，小薛才看清，豁嘴今天换了一套行头，淡米色派力司夏装，上衣口袋露出一截紫绛红手帕，头发精光滴滑，像专门蒲咖啡馆的艺术家，完全没有了平时的铁板面孔。"来来来，过来坐，过来坐。"豁嘴一招手，白围裙女侍者趋前，轻声问："两位先生想要啥？""小薛咖啡吃吧？""从来没有碰过。""要么来一杯 milk shake 好了，我要一杯哥伦比亚。"小薛是来领受炒鱿鱼的，只要豁嘴一开口，饭碗敲脱，结束。看着眼前拘谨的小薛，豁嘴先开口了："小薛，明朝照常上班，轮到做头班车是吧，头班车吃力，今朝夜到早点睏，早点休息。"豁嘴有意轻描淡写，豁嘴看着眼前小薛的脸，想起另一张脸，小薛的脸和另外一张脸重合了。

眼前满杯 milk shake，满杯晶莹乳白泡沫，麦管斜插，牛奶果汁混合，泛出香气。小薛怀疑豁嘴在放花板，他没有注意到，张保罗正和座位对面的人暗使眼色，对方点了点头，转身离去。豁嘴开口了："没有想到小薛不吃咖啡。""不吃。""不吃好啊，新派东西，也就是噱头，现在的人，就是欢喜白相噱头，小薛实惠。"小薛没有回答。豁嘴继续说："小薛住在啥地方？""亚尔培路到底潘家木桥。""哦，电车公司上班不远的，走走也就是十来分钟，好，好。"豁嘴又问："结婚了吧？""没。""女朋友总应该有了罗。""没。""呀，电车公司卖票，女朋友没有，讲给啥人听不会相信的。""真没。""我像小薛这个年纪，女朋友轧了好几个了。"小薛像过堂，能不回答的就不响。"听讲小薛考电车公司,法文考了第一名?""是,四年前,敏体尼荫路中法学堂读过书,法文晓得一点点。""看不出,小薛还是中法学堂毕业。""屋里没钞票,学堂不收学费的。""屋里还有啥人啊?""爹爹姆妈。""两老身体好吗?""好的。""爹爹做啥生意?""做秤,就是在铁木秤杆上刻字打洞。""小薛平常白相点啥?"小薛心想,通宵打牌,赌钱,总不至于招供。豁嘴又问:"欢喜跳舞吧?啊有去跳舞厅白相?""没。""哎,看来要我带小薛出道了。"小薛不响。一阵香水味道飘来,豁嘴抿一口咖啡:"听讲丽都花园吧?""爱文义路,麦特赫司脱路(泰兴路)?""对了,就是上海滩地产大王程谨轩私人花园,跳舞厅漂亮,新来菲律宾乐队,上海滩年纪轻欢喜轧闹猛,去白相,讲不定还好轧个女朋友。"豁嘴微微一笑,一条腿一直抖,紫绛红手帕跟着一颤一颤。豁嘴像调查户口,小薛有点吃不准。豁嘴说:"现在上海乱啊,进进出出当心点。租界外头日本人,上海人稍微跑得远一点,东洋乌龟问三问四,刺刀戳到胸口头,天天打死人。上个礼拜,法租界外滩,我亲眼看到,日本人军车,轧死独轮车车夫,肚皮上轧过去,当场翘辫子,日本人横行霸道,老百姓日脚难过。所以我讲,租界外头少去,还是租界里厢太平。"豁嘴嗓音放得很轻,句句话显得实惠。"卵泡凸的事体……"小薛问。"小薛啊小薛,哪能又讲起卵泡凸,啥地方有卵泡凸。我倒想问一句,三点水,晓得吧?"小薛汉,奸字还没有说出口,张保罗食指放在豁嘴上,做了个别出声的表情。"晓得就可以。今朝没有啥要紧事体,就是关照小薛,明朝上班。下趟礼拜日,一道吃西餐,法商电车公司卖票,连得西餐也没有吃过,讲不过去吧。""卵泡凸到底哪能讲?"小薛还是心里没底,票款舞弊,电车公司头号罪孽。眼看小薛,心神不定,张保罗讪讪答道:"小薛这个人,真是粘滋疙瘩。我也不晓得啥个卵泡凸,小薛只管卖票,其他事体,一律跟小薛不搭界。"张保罗明白,需要继续安抚小薛:"全中国,最好,就是上海,上海最好，就是租界，外头打得一塌糊涂，租界太太平平，吃，白相，样样有。上海吃客，人人晓得，这家人家，葱头柠檬汁串烧羊肉最有名，听讲过吧？羊羔肉，南洋柠檬，塌塌酥，一进嘴巴，就滑到喉咙里。或者去斜对过罗威饭店，吃法国大菜，正宗法国厨师，我霞飞路上碰着过，鸭胡子，大块头，寻了个中国女人，养了两个夹种儿子。不瞒小薛，我就是欢喜吃，百合蒜泥煸蛤蜊，波尔多红酒焖子鸡，羊肉卷莱斯，还有生火腿，火腿切得像纸头一样习习薄……上趟碰着个乡下洋盘，哇哇叫，哪能给客人吃生肉，要老板出来讲讲清爽。服务生讲，菜谱上写得清清爽爽，乡下洋盘讲，看不懂外国字，服务生讲，中文看反面呀。少有的洋盘，真真牛吃蟹。"张保罗每说一个菜，抿嘴回味，中指轻轻一敲，正宗老饕腔调。小薛本来准备，最稳妥结果，领受一笔数额巨大的敲诈，这在同行中早有所闻，豁嘴的态度令人意外。小薛看到某处玻璃一道折光，正好反射到张保罗豁口，刀疤嵌入嘴角，像原木的一道暗纹。蛋糕上来了，黄澄澄，一股奶香，张保罗让小薛试一试DDS蛋糕。"不对不对，不可以嘴巴直接上。"张保罗："要这样，捏牢调羹，由里朝外，慢慢撇，舌头一搭，抿一口，不要马上咽下去，这就叫搭味道。"张保罗三只指头示范，拿捏调羹姿势，有点女腔，小指翘起："对了，不要让餐具碰出声音。"蛋糕安抚人心的甜滑，在小薛嘴里融化，味蕾开始恢复知觉，昏黄壁灯的氤氲中，豁嘴表情温和，语调轻柔，这场景，令人有点恍惚。最后，张保罗扶着小薛肩膀，推开DDS玻璃门，小薛吸了一大口霞飞路上混合着香水味道的空气，还能讲啥，小薛一直没有弄明白，今天自己算啥角色。

5

就在三天前，上海滩发生一起重大谋杀案，公共租界中央巡捕房官阶最高的华人督察长陆连奎被刺身亡。

　　此刻,老闸捕房内,刘正昌累瘫在沙发里,凝望天花板发呆,老吊扇黑乎乎叶子徐徐转动,重复咕噜噜噜声音,风也是热的。巡捕房灯火通明。刘正昌一眼看过去,部下一个个累得不想动了。今天陆连奎出殡,巡捕房所有能够出动的,全部去了,执绋游行浩浩荡荡,从胶州路万国殡仪馆出发,沿爱文义路到大世界,再转回出发点。闻人名流,加上一百五十部汽车尾随,场面巨大。这又有啥用呢,刘正昌想喝水。顶头上司陆连奎,上海滩一顿脚就地震的人,刚开车门就被人崩了,干净利落,职业杀手的做派。现在,案子就落在自己头上。报告刚刚送来,根据弹头检验,一把毛瑟快速手枪,一把三十二口径普通手枪,六枪射中陆,一枪射中车大,车夫命大,陆连奎当场毙命。地点离老闸捕房不远,广东路中央旅社门口。杀手胆子越来越大,已经搞到巡捕房门口了。

　　英籍巡官艾伦走过,看房门敞开,吹一声口哨,右手食指,门扇上轻敲几下。艾伦和刘正昌同一级别,办公室就在隔壁。租界警务处衔级顺序是,正、副督察长,正、副巡官与探长、巡长、探目、巡捕。尽管同级,西人说话,分量总比华人高出一点。

　　艾伦进来,摘下大盖帽,朝办公桌一送,一头淡棕色卷发散开。英人鼠相,艾伦也是,窄脸宽肩,鹰眼勾鼻,艾伦乘势往后一倒,也瘫坐沙发:"正昌,陆 Sir 死了。知道凶手是谁?"

　　刘正昌拿起空水杯:"天晓得,知道是谁,我就不会在这里发呆。"刘正昌觉得,与其起来倒水,还不如懒在沙发里。两个巡官,摊手摊脚仰卧,活像浑堂浴客,泡酥了筋骨。

　　艾伦:"有人说他得罪了日本人,是黄道会的人干的,干得真是漂亮。"

　　刘正昌:"也有人说,他和日本人勾搭,是军统的人干的。"

艾伦右手在扶手上敲打节奏，配合《德里小调》口哨："陆 Sir 了不起，在自己地盘里，生意做得很大，我看了，他有三家高级 Hotel，三家书场，一家舞厅还有一家公共游泳池，静安寺路大陆游泳池（新城），上个月刚刚开张，比伦敦的游泳池还漂亮。"

刘正昌："老家伙真会敛财，转手让他儿子出面经营。"

艾伦："这就对了。他是死在自己 Hotel 门口的，倒在汽车里，车上装了很多钱，一个 Big potato，死在自己的钱堆旁，你说，像不像一个寓言？圣经说，凡为自己积财，在神面前却不富足。"

刘正昌："不不，你没看报告？开枪的两个人，一个长衫，一个短打，没有拿走一个铜板，不像劫财的，老家伙还是开罪了什么势力。"

艾伦："唔，极有可能是政治谋杀。正昌，说点别的，我真不理解，在中国，葬礼非要搞得惊天动地，棺材要停放很长时间？尸体不会腐烂？不怕臭气熏天？这算不算亵渎尸体？"

刘正昌："鬼知道，总要择日安葬吧，英国人就没有择日安葬？"

艾伦："英国人有抬棺习俗，亲近的人抬，抬到墓地，你们中国人没有？"

刘正昌："这里叫扶灵，抬棺是下人的事情。"

艾伦转过脸来，神秘兮兮问："陆 Sir 中枪时，嘴里还叼着雪茄，你知道雪茄什么牌子？"

刘正昌："派头，老家伙嘴里雪茄没松口？"

艾伦："一截雪茄，古巴产朱丽叶 2 号，凡抽这种雪茄的人，都死得不明不白。"

刘正昌笑了："哦？别吓我，老家伙还送我一支。"

艾伦一本正经说："不是我信口开河，没看过福尔摩斯探案？我书柜上就有。"

刘正昌大笑："拜托，放过我，我还没活够哦。"

艾伦："很多人看中陆连奎的位子，都等不及了，候选华人督察长，其中有你吧。"

"怎么会有我，开玩笑，中央捕房文件，你看了？"刘正昌问。

艾伦说："这帮家伙，除了发文件，还能做什么。"

"报告！"机要值班员小山东进来，"新到文件。"刘正昌不起身，懒洋洋说了句："念。"

"上月罪案一千四百六十三宗，捕罪犯一千三百八十六名，毒贩一百二十七名。"

艾伦："你看，小小租界，犯罪率奇高。中央捕房像是打算盘的，杀人放火在老板手里变成一二三四。"

刘正昌："是啊，老板还要层层加码，陆连奎凶杀案列为第一要案。"

艾伦："不会有结果的，杀手早就躲到日本人地盘去了，不信，我们打赌。"

刘正昌了解，艾伦喜欢卖弄小 wise："艾伦，上次输掉的威士忌，还没给我呢。"

艾伦："输了吗？你输了吧。"艾伦继续吹口哨。两个人一时无话，风扇咕噜噜噜成了唯一的声音。

艾伦："正昌，Summer bank holiday 想邀请你太太和你，来我家 Party，来吧，就是远一点。"艾伦侧过头，看刘正昌一脸疲惫，说："警务处要我们像疯狗一样，每天盯着租界，盯住每一个角落，疯狗也有累的时候，也该休息，上海太乱了。"

刘正昌说："陆连奎不是他们要杀的第一个人吧？"

艾伦说："加尔各答警察局需要人手，我想过了，我是不是应该去加尔各答。"

"报告！"门外有人朗声叫道。两人端坐起来："进来。""报告啥啦,哦哟,艾伦先生,难得看见。"刘正昌老婆仲芳花枝招展,从年轻巡捕身后闪进来,一身纺绸大花旗袍,紧贴腰身,更显妩媚。艾伦一直觉得中国女人穿旗袍最漂亮,特别是仲芳一副好身材。刘正昌明显不高兴,以前就关照太太少来巡捕房,尤其是今天这种日子。

仲芳抽出右襟手绢,当扇子轻轻晃动,男人当道的巡捕房,有了香喷喷味道,两人不响,仲芳开口:"今朝大出丧,无线电里听到了,又是印度马差,又是工部局乐队,又是尼僧,花八仙,虎豹狮象,邮政局军乐队,公董局喇叭队,绍兴吹打,咪哩嘛啦,闹猛得不得了。上海滩真真难得看到,弄堂里老老小小,全部出来轧闹猛。正昌,艾伦,两个人跑去啥地方啦?"仲芳兴致很高,老公在这种场面里,也应该是出头露面的:"是跟牢大出丧走,还是乘车子?"

艾伦说:"我和正昌是跟着走。"

仲芳说:"哦哟,绕来绕去,吃力死了。"

刘正昌说:"此地是巡捕房,不是屋里。"

仲芳说:"滑稽吧,看看老公呀,巡捕房么,捉捉贼骨头,强盗,土匪,鸦片贩子,阿拉良家妇女,跟巡捕房不搭界,不是老公在此地,轿子抬我,我也不来的。"

艾伦说:"仲芳来,欢迎的。"仲芳笑起来,眼睛眯成细线,很迷人。

仲芳说:"本来要去大马路(南京东路)老介福,看看料作,一天到晚一身警服,也不晓得换一换。后来无线电里讲,大出丧要走南京路,我只好蹲在屋里。我怕看到棺材的。"

艾伦笑笑,说:"这里人不是说,棺材棺材,升官发财,发财好啊。"

刘正昌说:"好了好了,太太大人,先回去吧。"

仲芳不开心了:"现在,上班时间老早过了,讲几句话,有啥大惊小怪。"

艾伦喜欢看到仲芳,小巧玲珑,和西方大骨骼女人两种味道,皮肤光滑得像瓷器,既不是曲线毕露,又不是平板一块,一种叫旗袍的服装,左右开衩,忽闪忽闪,能看到一小截粉白的腿,那种遮遮掩掩,兰麝幽香,十足东方美学,洋种马学不来的。

"夜饭还没有吃吧,吃饭去,走呀。"仲芳对老公,半娇半嗔。刘正昌说:"好吧好吧,艾伦,一起去吧。"艾伦也不推辞,换了便服,三人一起,出老闸捕房大门,顺贵州路一转弯,几步就到南京路,孤岛风光,车水马龙,霓虹熏得夜空通亮,七重天像天幕上的巨人,四大公司橱窗,华灯璀璨,没有丝毫战争景象,迎面新雅粤菜馆,电珠闪闪,映出老饕一张张垂涎欲滴面孔,走进大堂,刘正昌关照跑堂,要楼上清净处,跑堂一口允诺,引上楼梯,艾伦眼前仲芳,顾长小腿,高跟鞋每一步,轻撩旗袍后摆,摇摇曳曳。菜是仲芳点的,新雅虾仁,葱油鸡,烟鲳鱼,为了照顾艾伦口味,仲芳点了蚝油牛肉。两个男人真是累了,喝了一点绍兴酒,脸红红的,闭口不讲话,仲芳埋怨,除了捕房的事,没有话好讲了,又不断夹菜给艾伦,艾伦觉得自己像被喂食的孩子,一种奇异的感觉涌上来。饭毕,捕房的汽车早在饭店门口等候,仲芳上车,艾伦在她腰上轻轻扶一把,仲芳回过头来嫣然一笑,这笑,融入艾伦心里。

长乱一手沙利文点心饼干,一手陆稿荐干煎带鱼酱门腔,哼唱刚刚学来小调,兴冲冲朝药水弄方向走。

阿飞阿飞good味,小裤脚管花衬衫,打起来电话三零三,高跟皮鞋三寸三,游泳池里摸头彩,一摸摸到十六彩,跳舞场里嘭嚓嘭嚓跳起来。

长乱高兴，今天这身打扮，要给阿香看看，黑布对襟短衫，三折腰黑色灯笼裤，裤脚管末端扎紧，黑色贡呢圆口布鞋，走几步，脚下生风。烟厂工人闹事，总算弄出名堂，大老板陈楚湘放软档，加发解雇费救济费，登报指定南京路中华劝工银行领钞票，钞票落袋，最最实惠。资本家是蜡烛，不点不亮，最好事体再弄大点，手段子再辣点，要老板好看，否则，陈楚湘肯轻轻松松割肉，钞票挪出来？两礼拜前，一帮锡包间大阿姐小阿姨去宁波路陈楚湘办公室请愿，保镖不问青红皂白，拳头对准女工身上，一顿乱揍，打得着打不着不说，这场面，新闻记者来劲，争相报道，华成烟厂一时成为焦点，陈楚湘压力巨大，此次放身段妥协，和打人事件多多少少有联系。陈阿香被小姐妹拉牢，去轧闹猛，人堆里东冲西冲，挤在陈楚湘办公室门口，哇啦哇啦乱叫，阿拉要工作！阿拉要饭吃！一遍一遍，就是这两句。阿香喉咙响，被推到前面，打人的时候，阿香逃得快，鞋子踏落一只，人散了还没有寻回来。此次工潮末了，长乱晓得，陈楚湘身上榨不出油水了，法院调停，劳资双方妥协，大家让步，打人算误会，老板钞票也拿出来了，华成烟厂和解雇的工人，从此再会。而我，长乱，后脚已经伸好了。正想着，转眼前面就是陈阿香的板房，大白天，门口蹲着个男人，等看清对方面孔，长乱叫起来："哎，收死人的，蹲在活人门口做啥？"

阿六头也不抬，笃笃定定，一口口呼香烟："嘴巴清爽点，讲话客气点，也不怕伤阴骘折阳寿。"

长乱嫉恨阿六，晓得阿六跟阿香睡觉，靠黄货引诱骚货："哈哈，收死人收成精，阿六哪一天收到鬼上身。"

阿六说："就怕有种人，毛没长齐，就装鬼样子。"

长乱感觉，阿六是讽刺自己这身新行头，说："看看这副瘪三腔，一辈子就做瘪三，做到死吧。"

阿六继续闷头抽烟:"啥人死了前头,还要问问阎罗王。"

长乱说:"收死人的,十个有八个中尸毒,翘辫子。"

阿六说:"满口饭好吃,满口话不要讲,哪一天我收长乱。"

"看看自己面孔,死人身上剥金戒指,不清不爽的东西,好意思拿出来。"长乱想挤开阿六进门,一看门上挂锁,只好退回阴凉地。

阿六说:"也不想想,拆香烟厂机器,偷铜件卖钞票,不清不爽铜钿,拿了也不怕烫手。"

长乱说:"一天到夜抱死人,夜里还想抱女人,胃口倒蛮好。"

阿六说:"女人欢喜啥人抱,轮不到长乱瞎操心。"

长乱说:"好的,阿六,这句话戳到我心里,我倒要看看,女人就在此地,是跟阿六还是跟我,今天就弄弄清爽。"

阿六说:"热大头昏,没有杜老板的本事,先有杜老板的脾气,我倒要看看长乱拿出啥手段。"

长乱说:"看我这身衣服不顺眼是吧,不瞒阿六,从上个礼拜开始,我就是吃打人这碗饭。"

阿六说:"国际饭店楼上吹喇叭,怕没有人听到,真动起手来,啥人输啥人赢还讲不定。"

长乱没想到阿六这么嚣张,不杀杀阿六锐气,在陈阿香面前,自己还算男人吗:"阿六的口气,一定要打啰?"长乱放下手里两大纸包食物,拉裤腰,卷袖管。

阿六没有发声,片刻,抬起头来说:"兄弟,风头上大家让一步,不要打。"

"当面认输啰,好,从今朝起,滚蛋,不要再碰陈阿香。"

阿六甩下烟蒂,起身,踏灭余火,说:"我只想问一句,长乱想哪能弄,讲!"

长乱脱下对襟短衫:"好!既然阿六愿意打,不要怪我拳头不饶人。"两人真的动手,一脚来一脚去,拳头左右开弓,小孩子拥过来看热闹,噢噢起哄,长乱手长脚长,占到几下便宜,阿六也不示弱,乘机撩到几下。阿六一拳过去,长乱鼻子一酸,满嘴的咸味,手一抹,一掌血,长乱开始发狠劲了,面孔肌肉横抽,屏足力气朝阿六撞过去,阿六啊一声后退,背脊倚牢电线杆,飞起一脚,长乱回身一闪,一脚踢中阿六下裆,阿六弯下身去,护住裆部,面露痛苦神色,长乱正要再加一脚,阿六挺身连出猛拳,记记击中长乱牙床骨,牙血鼻血,人中嘴角处糊成一片。长乱杀猪一般嚎叫,乱拳如雨点,两人扭成一团,翻滚着地,两包点心熟食来回碾压,油水渗出,沾满泥灰,已经看不出本来颜色。

突然有人拍手说:"好看好看。"两人一听,停了手,阿香出现,"再来过,再来过,"阿香叫道,"真有男人样子,打,跟我打呀!"长乱赶紧站起来,拍打裤子上浮尘,套上对襟短衫,一只手去撸嘴角血丝,阿六慢吞吞起身,坐在泥地上,一只手支住身体,一只手往口袋里寻烟,叼住,点上。围观小孩哄抢泥堆里面包酱肉,嘻嘻哈哈散去。阿香突然眼睛翻白,大叫起来:"死不脱,杀千刀,两只阴间逃出来的活鬼,要害煞人,现世报,现世报啊!"随即哭起来。两个男人不知所措,呆立一边,等女人哭累了,才从阿香大襟攀纽上取下钥匙,开门进屋,阿香哭得伤心,蓬头痴子模样,坐在床沿呜呜呜不断抽泣。好长时间,阿香才从口袋里掏出一叠厚纸,两人一看,牛皮纸信封,毛笔楷书,一看就是代写书信人的笔迹,浦东塘桥老家寄来,附三林塘南街康家彩礼清单。

　　阿香吾儿,近闻烟厂歇工,遣散人员,不知吾儿是否安好,单身女子,一人在外,为父为母牵挂于心。吾儿婚嫁事,近日康家催促甚急,一来康家二男康汝恒,酱园学徒师满,已能自立门

突然有人拍手说:"好看好看。"两人一听,停了手,阿香出现,"再来过,再来过,"阿香叫道,"真有男人样子,打,跟我打呀!"

户,望能早日成家立业。二来世道不稳,自去年战事肇启,浦东塘桥一带盗匪出没,家家不得安宁,维持会所派治安捐,数额甚大,一时无力应付,此外米价飙升,开支剧增,所有此类账目,皆由康家代为支付。昨日,康家遣其二男康汝恒送来彩礼,并送达其父母之手书,尽表早日完婚之意。阿香吾儿,女大当嫁,且父母日渐老迈,期盼速归,父,陈阿大,母陈王氏,字。结尾歪歪斜斜签名,两个红色手印。

附彩礼清单:九九赤金手镯一对,缅甸碧玉嵌宝戒指一只,足金锁骨链一条,足金耳坠两副,法兰绒丈二,印花洋布二丈六,英国产绒线六磅,皮箱一对,金龙牌热水瓶一对,乐口福两罐,自制南乳一瓮。

大家不出声,阿香大腿拍得啪啪响,说:"哪能办?哪能办啊?"长乱接口:"册那,打那个姓康的,打得只赤佬不敢再提结婚事体。"阿香骂道:"打个头啊,啥人付我家老爹老娘的柴米钱?是长乱?还是阿六?"长乱叫起来:"狗屁康格里,还不是阿香这个骚货,要这个男人,那个男人,天底下有这样好的事体,人家送彩礼,还不要阿香这个贱货。"阿香跳起来:"好个长乱,骂老娘,老娘今天就要拼命!"说完手指甲就往长乱脸上抓,长乱知道自己骂得出了格,想让着往后躲,碰翻了五斗柜上烛台,没想到阿香发了蛮劲,咬住了长乱左手腕,长乱揪住阿香头发,使劲拖,阿六一看不对,赶紧上前,大叫道:"放,放,大家放!"好不容易把两人隔开,阿香赖在地上,哭天抢地,五官都移了位,嘴里的声音,不像是人能发出的嘶叫,扭动中,阿香上衣缩到胸口,露出腰部一堆难看的赘肉。长乱闷在角落里,扼住左手腕,上面清清楚楚四个牙齿印子,还有血,长乱一边擦血,一边嘀咕:"今朝碰着鬼了,老子两度见红,看来要去玉佛寺烧香,算我倒霉,认识这只雌老虎,总有一天,要被这只雌老虎弄死。"良久,看两人都闹得没了力气,一个瘫在地上,一个倚在墙角,阿六开口了:"一分洋钿逼死英雄汉,阿香也不要再闹了,太太平平,回去嫁个男人。"阿香长乱两人没有了声音,一动不动。阿六说:"我也没东西好送,送一只戒指,"说着,掏出一只黄灿灿细小顶针戒,"讲清爽,这个不是死人身上褪下来,是我从吴淞路寄卖商店淘来。"阿香又呜呜抽泣起来:"我命苦噢,十一岁出来做包身工,人一点点大,手脚慢,拿摩温天天打,没人相帮,有人帮,就想要吃豆腐,女人真苦,有辰光想想,心一横,堂子里去做算了,男人啥道理只想做这桩事体?啊?讲呀!"两个男人呆在一边,阿香甩一把鼻涕:"我去玉佛寺烧香,算命先生说我是天煞孤星命啊,劫孤二煞同辰,克命刑夫,婚姻难就,晚年凄凉,六亲无缘,孤独终老,我还有啥活头,跳黄浦算了。"阿香眼泪鼻涕黏绕手指,扯过阿六的顶针戒,一手扔在地上。阿六忙不迭弯腰捡拾,眼看阿香语气渐平,一通蛮婆疯发好,说:"好了好了,哭过了,打过了,呒啥好讲了,日子还是要过的嘛。"三人静坐一个时辰,阿香起身,没事一样,乖乖去弄晚饭。

6

大热天,加上聚光灯照射,大木桥摄影棚里人人汗流浃背,照明工人脱得只剩下短裤汗衫,爬在灯架上的,等于蒸了一天桑拿,都盼着文鲁最后一声 Cut,大家收工回家。舞台中心,五个跳肚皮舞女孩,赤裸白晃晃肚皮和大腿,反反复复,一遍又一遍,跳得精疲力竭。这场戏,女鬼和白面小生,就在肚皮舞背景前纠缠,白面小生被女鬼勾引到阴间,情切切,意绵绵,不知道魂魄要被摄走。艺联电影公司本年度投资最大的片子,《阴间探艳记》正在赶工。一个月前,报纸就开始宣传，广告词早已拟就："牛头马面，千奇百怪，粉腿酥胸，千娇百媚，奈何桥，血污池，尖刀山，大油锅，轮回道，——活现眼前。"文鲁坐在帆布折椅上，一动不动，大声叫道，再来！五个女孩继续甩腿舞臀，女鬼扯住白面小生领带，正欲舌吻，停！文鲁大声责备，女主角表情不够骚，灯光偏离表演区，"风骚入骨，懂吗？就是浑身痒得不行，恨不得一口把对方咬住，含在嘴里！你这哪里是风骚，再来！"就这一下，胶片用去几百尺，文鲁还是板着面孔，文鲁坚信电影是导演的艺术，其他部门只有服从，35毫米摄影机在轨道车上，拉过来，又推回去，乘着摄影师换胶片盒，助理过来解释，文鲁一句话不说，导筒扔在地上，整个闹哄哄摄影棚，立刻鸦雀无声。

文大导演，艺联电影公司摇钱树，出名快枪手，最快三个礼拜一部片子，部部卖座，老板和文鲁说话，都带着三分笑脸，不知道为什么，文鲁近来心情不好，照理，公司新片大卖，票房飘红，《阴间探艳记》已经开拍第二部，小报记者紧盯艺联公司一举一动，娱乐版面多半是艺联公司花边新闻，白面小生，正是艺联力捧的新人，毫无疑问，文鲁执导费自然水涨船高，而且，也算是公司股东。仗还没有打的时候，上海一些电影公司转向，拍左倾电影，文鲁的意思，左倾只是潮流，潮流一过，娱乐还是大头。去年仗一打，大多数人都不看好电影公司的发展，可是怪了，电影业在孤岛上海出奇繁荣，人人今朝不知明朝，及时行乐，醉生梦死，钻进电影院，也算是一种解脱方式，古装片，鬼怪片风靡，这正合艺联公司胃口。

终于，文鲁一声Cut，熄灯的，卸妆的，关机的，一个个悄无声息散去。文鲁走到助理身边，说了一声："对不起，刚才失态了，年轻人原谅哦。"顺势拍了拍助理的肩膀，年轻人一时没缓过来，恭恭敬敬拿出工作台本，让文导签字。眼前的文鲁，眼睛红红，衬衫纽扣没扣齐，一点不像摄影棚独裁者样子，倒是有几分可怜巴巴。随即，公司小汽车送文鲁回家。

从大木桥到爱文义路，不过一刻钟时间，文鲁脑子里全部是女儿。文娟长大了，大到陌生了，再也不是父亲的天使。小辫子上扎蝴蝶结，喊着爸爸，伸出双手要抱的文娟，离文鲁远去。做父亲的无能为力，文鲁隐约觉得，一种更强悍的自然力量，在女儿身上开启，女儿是一只发情的小兽，父爱在文娟面前已经次要，文娟需要另外的男人，能够在心理和生理上强烈冲击的男人。文鲁在美国学的电影，所受的教育，当然给女儿足够的空间，文娟可以做自己喜欢的任何事情，只要不触及文鲁心中的禁区，性。文鲁也知道，这几乎是一厢情愿。在大夏大学，文娟是大导演和电影明星的女儿，文鲁太太拍过不少家庭伦理片，自从嫁给文鲁，就息影在家。文娟周围自然簇拥一堆男子，有个叫廖夷生的，文娟注意力全部偏过去，一个阴沉的男生，面孔的下半部突然收窄，一张螳螂脸，那天，文鲁听见廖夷生在客厅里，跟一群同学夸夸其谈，性是上帝给人类的恩物之类，令做父亲的非常反感，起初，文鲁觉得，廖夷生一群年轻人不过是一种表演，故作城府的姿态，文鲁这把年纪，一眼就能看穿。同学中，一个叫"班长"的，国字脸，话不多，倒有几分超过年龄的涵养。后来，文鲁感觉，女儿绝不是被廖夷生吸引这么简单，文娟和廖夷生之间，有一种关系，超出了同学的范畴，这一度让文鲁非常憎恶，文鲁也自省，这憎恶是否出于自私，是否过度，但是，当女儿把父亲放在一边，甚至公开撒谎，把去廖夷生那里，说成学校安排的田野考察，令文鲁一改温文尔雅，怒不可遏，文鲁喝令女儿必须和廖夷生断绝来往，要女儿交出廖夷生的所有信件，遭女儿拒绝，文鲁冲进厨房，拿来菜刀，要撬开女儿放信件的抽屉，这让文太太慌了神，连连叫道："娟啊，你不能让爸爸生气。"女佣张妈紧跟在文鲁身后，哆哆嗦嗦，想拦又不敢上前。文鲁狠狠抽了女儿耳光，女儿捂着脸，牙关紧咬，一声不响。邻居也听出了文家的响动。

文鲁在汽车里差一点要掉眼泪，自己至今拍摄的电影，全部是垃圾，只有女儿，才是自己最满意的作品，而现在，这个作品完全不受自己控制，完全走了形，强烈的失败感笼罩，文鲁觉得，女儿对自己，是成年人之间的绝交，是发了狠心，为了一个会讲高深词汇螳螂脸男人，父女走到这一步，文鲁不知道怎么办。车停在弄堂里，张妈听到汽车喇叭声，开了门，文太太一反常态，也站在门口，接过手提包，文鲁轻声问："女儿呢？""在自己房间里，一天没出来。"经过女儿房间，文鲁停下来，做父亲的，真想和女儿和解，回到过去，去抱抱，把女儿举过头顶，亲亲小脸蛋，为自己的鲁莽道歉，请求原谅。可是，女儿是一个成年人了，文娟继承了母亲的美丽，还有父亲的冷峻，女儿的世界被另外一个人占据，强烈排他，甚至不容父亲有半点逾越。文鲁从来没有像现在一样，觉得自己多余，颓丧的神色，张妈也能够看出来。

张妈准备的晚餐，都是文鲁喜欢的菜，油面筋塞肉，肉糜里拌了三分之一荸荠泥，清蒸鳜鱼，扁尖笋香菇冬瓜汤，香菇全摘了柄，香干炒水芹，文太太一直为他夹菜，询问电影拍摄事情，自从离开电影公司，文太太还是第一次问起，文鲁知道，多年夫妻，太太并不想了解什么，只是想扯开话题。

晚饭后，文鲁喜欢听电台爵士乐，随主持人漂亮的沪语，让自己松弛一下。今晚，连打开收音机的意愿都没有。夜已深，四邻归于寂静，洗漱完毕，文鲁靠在床上，台灯的淡黄色溢在床沿，太太换了睡衣，融入一片氤氲之中，文鲁的心软下来，思绪暗涌，举家去香港，带女儿离开上海，香港电影公司有朋友，去香港导戏也可以，凭自己的名气，应该没有问题。只要女儿离开螳螂脸，可以答应女儿的一切要求。

"阿鲁，我跟你说一件事，你看怎么办。"文太太看着文鲁愁眉不展的脸，先开了口。"什么事？"文鲁看出老婆眼中的不安。"娟儿，她怀孕了。"文鲁脑子嗡的一下，一片混乱，天哪，事情终于到这一步，文鲁瘫软下来，火冒三丈的力气都没有了，"谁？谁？""还会有谁，廖夷生。""我操！贱，贱啊！"文鲁破天荒从牙缝里捩出一句粗话，让文太太吓了一跳，要是螳螂脸在面前，文鲁会耳光拳头抡上去，打这个王八蛋，文鲁望着天花板，血涌上来，喉咙像火烧一样，如花似玉的女儿，就这么容易让人上手，到底哪里出了毛病，文鲁啊，怎么回事啊。

太太看着文鲁气喘吁吁的样子，说："总要想个办法，把孩子弄掉。""想什么办法，这个事情，弄得不好要死人的。"文太太说："能不能找蒲石路（长乐路）圣裔社医院的犹太人医生，犹太人可以的。"文鲁说："这件事情让小报记者知道，一家人就出大风头了，哎，怎么办呐，好端端的，就这样毁了。"文太太说："张妈说了，如果实在不行，把娟儿送到张妈老家乡下去，小囡生下来就送人。""糊涂啊，这事怎么能让张妈知道。""是啊，娟儿先告诉的张妈。"文鲁摇着头说："我管不了了，饶了我吧，我真的管不了了。"文鲁腾地站起，冲出卧室，文太太想拉睡袍没拉住，也跟着跑出来，文鲁跑到文娟门前，抡起双拳，要砸门，突然文鲁像一尊雕塑，凝固住，文太太跪倒在地，抱住自己丈夫小腿，文娟卧室的门如同一块碑，对冷热无感，对激愤的情绪没有一点反应，夫妻俩的动作让人想到舞台剧，文鲁内心剧痛，仿佛心脏连接主动脉的部分被撕裂，血液无规则溢满整个胸腔，如果拳头砸下去，文鲁的痛苦会减轻一点，可是没有，拳头悬在空中，妻子身体颤抖，颤抖连着文鲁的神经，眼泪挂在那张曾经艳丽的脸上，文太太想叫喊，又怕惊动房间里的女儿，文鲁彻底崩溃，如果手里有枪，文鲁会朝自己的太阳穴扣扳机。啪啦一声，文娟的房门开了，女儿穿着睡衣站在父母面前，假如门框换成画框，就是萨金特的肖像画。"哪能了?爸爸,姆妈做啥,起来呀。""囡囡……"文鲁嗫嚅,找不到合适的话,文太太起身,想驱前抱一下女儿,文娟后退半步,说:"既然晓得了,我也不瞒爸爸姆妈,我自己的事情,我会处理。"

电车轻轻摇晃,4423号卖票小薛觉得安稳,道路是恒定的,轨道确定方向,打弯、掉头,都在预设之中,难得岔道分轨——不是出轨,只需要路轨撬棒。自从豁嘴张保罗请小薛喝咖啡以后,小薛一点没有轻松,反而更加提心吊胆,小薛心里明白,饭碗是保住了,豁嘴的豁免是有代价的,不是钞票能够解决的问题,一定比钞票更复杂,小薛不是傻瓜,张保罗也不是菩萨,按法国人规章制度,张保罗包庇,就是共谋。

绿皮有轨电车在午后霞飞路上滑行,这难道不是一种奇迹?法国人在远东的租界,吸引了那么多来自世界各地的冒险家,流亡者,革命家,犹太人,罗宋瘪三,高丽复国分子,大家在一片小天地里厮混,你有你的法道,我有我的活路,你期待发财,我伺机暴动,你乱党密谋,我黑帮啸聚,这家是奶油可颂面包,隔壁是毛豆子炒咸菜,罗宋妓女传播淋病,第四国际支持者传播托洛茨基主义。

司机老姜今天好心情,叮叮当当打出一连串音乐节奏,法租界飘荡着令人愉悦的噪音,眼看贝勒路到站,陆续有人上车,一个穿旗袍女人由于下摆绷得太紧,迈不开腿,无法跨上踏步,两个白西装男人一左一右,几乎是把旗袍女托上电车,女人面孔涨得通红,找个空位坐下,白西装拿出大票给小薛,旋即坐在司机后座,一路看风景,小薛捏定车票和找头,递还给白西装,对方示意小薛留着,小薛眼睛一扫,就晓得这两个人不是普通乘客,银货两讫,清爽结束。电车公司经常会有陌生面孔,假扮乘客,抓卖票揩油。小薛猜对了一半,上来的两个人,今天就是专程来看小薛面孔,上海行动小组,通过地下成员张保罗推荐,寻到小薛，是为了下一个绝密行动。乘客拥挤，白西装胸袋里摸出照片，递给另一个白西装，照片上的人，跟小薛有着同一张面孔，颧骨高耸，吻部突出，一张雷公嘴，精瘦，小眼睛里藏着狡黠，世界上居然有如此相像的两个人，这正是特别行动小组苦苦寻找的演员。车厢是小薛地盘，上上落落乘客一举一动，逃不出小薛眼睛，霞飞路小偷要想车厢里下手，还要看小薛的面子，但是小薛无法看清，照片上有啥花头，几个人时不时对自己瞄上几眼，小薛不想去研究，没有人买票，小薛就整理票袋里零碎钞票，五分一角一张张展平，叠好，根据票面大小依次码放。捱到下班，票务间结清当日票款，转身离开电车公司吕班路大门，小薛才觉得今天乘客有点蹊跷，两个白西装一来一回，乘着电车绕了好几个圈子，手里照片收起又拿出来……

"Bonjour！"有人拦住了小薛，小薛猛一抬头，是豁嘴张保罗。"下班了？走走走，一道去见个朋友。"豁嘴嘴上说得客气，勾着小薛手臂却像挟持，一股香水味道，从制服纤维里渗出。小薛无法避让，一辆雷诺汽车从薛华立路绕过来，停在小薛身旁，豁嘴一把就把这个小个子按到车子后座，拉上车门，车子开得飞快，天暗下来，凭借对上海路况熟悉，小薛判定汽车是开往西区，在离开霞飞路之后转入哥伦比亚路（番禺路），又折入不知名的小路，在一幢西班牙风格的洋房前停下，豁嘴拉着小薛，进入门廊，刺鼻腐烂味道，没把小薛熏倒，黑咕隆咚，楼梯踏步在脚下发出崩裂声音，豁嘴像个有夜视功能的猫，紧夹小薛，小薛只觉得右上肢隐痛，血液被堵在内侧某个点上，痛得差一点叫出声来。豁嘴掆人这点小技巧，是在戴老板手下学会的。当年，怀着报效国家的愿望，张保罗在特训学校受训，想当一名特工，因为豁嘴，不符合特工"外貌无显著特征"要求，只能成为组织外围人员，日本人打进上海，根据戴老板布置，所有外围人员统统激活，张保罗又重新活跃起来。一道门缝透出橙色的光，才让人觉得，这栋霉变潮湿大房子，除了硬壳蟑螂，滑腻腻鼻涕虫，还有活物，张保罗推开门，小薛闻到汗液和香烟味道，再一看，稀稀落落几个人，有男人也有女人，一扭头，他不敢相信，两个白西装和穿紧身旗袍的女人就聚在门后，那个女人摆弄手提包里的东西，一支精致的手枪。小薛倒吸了一口气，脑子缺氧，所有感知都出了问题，直到酥麻右半身供血慢慢恢复，开始有知觉，小薛被领到相连的小间，一个戴金丝眼镜的人，绷着缺血的脸，还没等张保罗开口介绍，金丝眼镜当着小薛的面，张口训斥张保罗："为什么这个时候带陌生人过来？忘了行事条例？这么危险的事情，快赶出去！简直污搞……"张保罗有些尴尬，脸上肌肉收紧，嘴边的刀疤更显突出，忙说："听说行动提前到八月……"金丝眼镜立刻打断："好了，不要说了。现在不讨论时间，人呢？"随即把目光移到小薛脸上，透过镜片直盯着小薛好几秒钟，金丝眼镜后面，明显感觉到警惕和不信任，对方纤长手指，伸进抽屉，取出一张照片，随手放在裂口的皮沙发上，小薛大吃一惊，照片里的人居然是自己，天地良心，自己从来没有拍过这样的照片，照片信纸大小，只有遗像才有这样的尺寸，豁嘴这下害人了。金丝眼镜手指照片说："现在确实需要这个古董掮客，一个货真价实的旧货鬼。"又用手点着小薛，像指着一件物品，继续说："这个人，用用看，张保罗，不要忘记，从今天开始，前后只有一个月时间。"豁嘴想解释，金丝眼镜一把拉到角落里，轻声交头接耳，让小薛退回黑漆漆走廊里等候。小薛返身，走廊尽头有个雕花壁炉，烟道通向天花板，炉膛里塞满烧焦纸片和文件，透过一侧打碎的玻璃窗，小薛发现不远处一片黑乎乎龙柏，是墓园，小薛总算弄清房子大致方位，在东亚同文书院和中外公墓之间，离塘子泾只隔一条虹桥路。小薛退回到门边，听得出房间里男女埋头点钞票，钞票翻点，发出嚓嚓声，小薛熟悉。过一歇，豁嘴出来，一句话不说，拉紧小薛就走，车停门口，和来的时候一样，小薛和豁嘴坐在后排,车子开出不远,豁嘴从怀里拿出一叠钞票,抛向小薛,说:"这点,先拿好,从明朝开始,小薛就是古董掮客,古董一行水深啊,上家噱下家,内行噱外行,唐宋元明清,真真假假,瓶瓶罐罐,金银财宝,骗得着的骗,骗不着的窝空,吃进的做寿头。"豁嘴肩膀抽动,笑得怪异:"钞票够了吧,小薛,够你泡一百趟玻璃杯(勾搭妓女),从大世界泡到七重天,泡得小薛不晓得东南西北。哈哈哈。"小薛第一次听到豁嘴讪笑,笑得莫名其妙。

小薛捧牢一叠大额法币,不知所措,这是小薛自出娘胎,最不可思议的一趟。小薛赌铜钿,白相"沙蟹",看牌运,来钞票快,输钞票也快,总归是小来来。上海滩有句话:船无夜潮不行,人无横财不富。这叠钞票,可以抵小薛好几年收入,小薛眼热心动的。小薛担心,这种来路的钞票,弄得好,发财,弄得不好,命要搭上去,豁嘴和同伙鬼鬼祟祟,加上金丝眼镜老谋深算,不是善类。现在小薛要弄明白,自己是豁嘴手里啥筹码。小薛越想越不对,一夜无眠,第二天,小薛早班结束,到吕班路写字间,寻豁嘴,想弄清来龙去脉,问了好几个人,回答一样,张保罗没有进公司,小薛不晓得如何是好,鬼使神差,借了一辆脚踏车,顺着昨天晚上的路线,朝塘子泾中外公墓方向,一路踏过去,还没到哥伦比亚路,沿途已经一片荒凉,民居越来越少,再过去,就要出租界了,终于看到荒地里兀立的西班牙老洋房,偌大的屋顶,大半个塌陷,像被人打破脑壳,砖红色筒瓦落了一大半,露出肋骨般的椽子,花园荒芜,窗玻璃几乎没有一块完整,窗扇用铁丝缠绕,夜里看不清的细节,一样样直戳眼前。跳下车,小薛绕老房子,兜了两圈,半天,没有人进出,小薛尝试推开橡木大门,只听到吱呀一声,脚下十几只蟑螂四下乱窜,即刻无影无踪,躲避不及的一只,半个身体露出壁缝,椭圆形的壳,乌黑光亮,两根触须一动一动。小薛踏上楼梯,每一步紧跟着沉闷回响,霉潮气味和石灰呛人气味合在一起，只往鼻孔里钻，墙皮像苏式月饼，轻轻触碰，淅淅沥沥落下来，整个房子空空荡荡，老壁炉还在，炉膛里烧焦的纸片，吹落一地，没有一个人，也看不出有人来过的样子。

总算回到霞飞路，老远就看到福开森路（武康路）口船型的诺曼底公寓，沿街美发厅，白光溢出，蓝白红转灯，滴溜溜转，小薛缓过神，显然，豁嘴正在控制自己，豁嘴背后，有一股更大力量，操纵一幕戏剧，自己只是微不足道的一颗棋子，而棋子，每分每秒是可以舍弃的，不晓得哪一天，一支枪管对准后脑，讲不定就一命呜呼了，小薛背脊骨发冷。脚踏车顺着电车路一路往东，轮子好几次滑入电车轨道中，小薛差一点失去平衡。小薛抓紧龙头，使劲别出来。回到公司门口，已经过了十一点，电车营业结束，陆陆续续进场，吕班路上电车排队，像一栋栋移动的绿房子，从康悌路一直排到震旦大学。看门的老头叫住小薛，一个信封交到小薛手里。小薛连忙打开，借着灯光，只见纸上密密麻麻抄满字，小薛来不及看，最后的留言是：记住，青铜器，叫绿霉。书画，叫墨托。瓷器，叫光板。陶器，叫哑板。紫砂，叫红泥。杂件，叫零碎。象牙，叫蜡黄。氧化层，叫包浆。虫蛀，叫芝麻。不要找我。张。

7

仲芳关照佣人："王妈，今天夜饭有朋友来，小菜多准备点。""好的。太太，小菜价钱说涨就涨，鸡蛋卖到四角一斤了。"仲芳："涨也要买的。哎，这几天隔壁好像太平不少。"王妈："听张妈说，隔壁大小姐这两天毛病发得凶，床单扯得一条一条。""啥人大小姐？""就是文娟呀。""喔，这个小姑娘，我是看文娟长大的，老文气的呀，后来考进大夏大学，弄堂里碰着，眼神不一样了，定样样，定样样，嘴巴里不晓得念啥个经。""张妈讲,文娟出事体了,跟同学肚皮弄大了。""哦?一点看不出。文太太屋里包得紧的。"王妈说:"张妈偷偷跟我讲,最吓人的,文娟手里,搜出一瓶来沙尔。"仲芳:"喔唷,这东西不好碰,要死人的。""不讲了不讲了,我去买小菜了。"

刘正昌最近忙,顶头上司被杀,一直没有结案,今天一早,早饭还没有来得及吃,通知到工部局警务处开会去了,仲芳让王妈收了早饭。天热,隔夜饭菜吃不得,叫王妈倒掉,王妈就是舍不得,背着仲芳,送给菜场周围叫花子,其实仲芳心里清楚,对这种事体,也只当没看见。仲芳从培明女中毕业,银行里做过几年,行长儿子看中仲芳,仲芳却不喜欢,那个男的一对三角眼,老是在仲芳身上打转,让仲芳浑身起鸡皮疙瘩,女人就怕贼溜溜眼神缠住不放,像一只手东探西摸,如果不是这样,她有可能和那个男人走近的。后来,经人介绍,认识圣约翰大学毕业的刘正昌,那一年,刘正昌刚刚被公共租界警务处录用,做普通警员,凭着学校篮球队长的体格,加上破了租界里几桩大案,一路擢升,做到巡官。仲芳自从做了刘太太,再没去银行上班,就像多数小康之家的上海女人,做专职太太。仲芳今天请的客人,两个是培明女中同学,一个是刘正昌部下小山东的老婆珍珍。

时间还早,仲芳去白玫瑰做头,出门转戈登路,几分钟工夫就到静安寺路,夏日直挺挺阳光投射,平安大楼赭红色外墙,变成一块热腾腾酱汁肉,愈加蒸出暑气,沿街商店,看不出一点物资紧缺样子,犹太人卖瑞士手表,印度人卖珠宝,罗宋人老规矩,一板一眼卖裘皮大衣,仲芳暗笑,这季节哪能会有生意,一堆黄灿灿毛茸茸皮草,看看就觉得浑身燥热。家家橱窗擦得锃亮,绸布店新到秋装料作,英国产毛哔叽,人字呢,瀑布般从这头悬到那头,行人在大玻璃面前点点触触,仲芳眼睛一亮,橱窗里,木制模特儿,一款一步裙加中性小夹克,配上紧贴鬓脚卷发,十足好莱坞明星琼·克劳馥派头,还配意大利产赭石色小牛皮高跟皮鞋,真叫弹眼落睛。只一瞥,仲芳就收回眼神,外国女人身条跟中国女人不一样,腰高,腿细,碰到萝卜腿,这身衣裳就污掉了。仲芳不是不晓得分寸的女人,看过,心里走过一遍,也就结束了。

西摩路(陕西北路)西侧白玫瑰美发厅,一推门,一股香波味道透过来,"哟,刘太太来了,请请。"扬州师傅看到熟客,忙招呼,"刘太太长远没得来啦,今朝过来,是汰头还是做头啊?"雪雪白毛巾顺手递过来,"天热唻,揩一把。"仲芳不习惯用外头毛巾,尽管香水喷过,碍于面子,象征性在耳垂后面擦几下,上午客人不多,焗头的只有两三个人,店堂显得敞亮,两只吊扇呼呼呼殷勤转动,腋下凉风习习,细汗收尽。"我想烫一烫,做吸牢鬓脚式样,背后收拢。""嗯呐嗯呐,刘太太眼光好的,今年最摩登,美国电影明星式样,配刘太太鹅蛋脸,顶顶登样了。""不要大波浪。""晓得,你放心。"

心上的人儿啊,有笑的脸庞,心上的人儿,你不要悲伤……无线电里,周璇嗓音尖细,一句句重复着心上的人儿,像是小猫哀叫,又像是撒娇。每次做头,师傅两手一触到头皮,仲芳容易迷迷糊糊,好像要睡着,不晓得多少辰光,头发卷好,让仲芳换坐单人沙发,戴上焗帽,上海人说笑,焗帽像只倒扣马桶,白玫瑰马桶样子焗帽一长串,仲芳照规矩坐定,面孔上半部几乎完全遮住,头上热烘烘的,正好想心思。就一歇,美容院玻璃弹簧门推开,伴随嘈杂市声,进来一对男女,仲芳没留意,等走近,仲芳呆住了,是英国人艾伦和小山东老婆珍珍,艾伦便装,抄牢珍珍腰,不断和珍珍耳语,两人旁若无人,艾伦亲珍珍面孔,仲芳尴尬,面孔藏入焗帽,一只眼睛透过包头毛巾缝隙,靠镜子反射,瞄点余光。两人贴面,左右贴了好几下,艾伦转身,推门离去。仲芳先是惊讶,后来竟愠气腾升,说不清是不是嫉恨,原来艾伦跟这个女人有一手。

两个礼拜前 Summer bank holiday，艾伦请仲芳夫妇去吃饭，朋友来了不少，酒也吃了不少，楼梯转角阴影里，艾伦好几次搂紧仲芳，嘴贴到仲芳脸颊上，连声 You are my sweet heart，口气局促，弄得仲芳头颈痒兮兮的，仲芳想，大概外国人开放，再说有几分醉意，没有在意，后来艾伦眼睛火辣辣的，越抱越紧，手探过来，伸入仲芳右腋，在旗袍盘纽间滑入，一手兜住右侧乳房，仲芳半身酥麻，几乎瘫软下来，此时正好有人上下，仲芳一看苗头不对，轻轻推开艾伦，赶紧整理凌乱头发，回到正昌旁边，到 Party 结束，一直没有离开过。这件事体，没敢告诉自己老公。

仲芳脑子一阵乱，不知道如何避开珍珍，好像自己做了啥亏心事。直到师傅过来关了电门，收起焗帽，说："刘太太，可以了。"仲芳心一阵紧，压低了声音问："刚刚跟外国人一道进来的女人，没有走吧？""没有走，在汏头呢。""师傅，可以让我先回去吧？吃过中饭再来吹风，我不想碰到那个女人。""喔哟，刘太太，你的头发，跑出去不来事，讲难听点，人家当你疯子咪。这样吧，楼上有经理室，小是小了点，要么你先去休息下子？"仲芳兜牢围身布，头顶一大串发夹，闷呼呼小间里孵下来，弄得一脸丧气，幸好师傅叫一个女帮工，给仲芳拆发卷，梳头，陪仲芳说话，两个多钟头，总算没让仲芳闷死。

"呀，太太，哪能做头做到两点钟啊，中饭还没吃吧。"王妈看到女主人迟迟回来，急了。"点心小菜准备好了？""就缺蛋糕，凯司令三点钟新鲜货挪出来，太太，要一个大的蛋糕还是小的方块？""啥大的小的，哦，对对，小的小的，褾巧克力的那种，唉，真是头也大了。"仲芳一个下午不开心，总觉得莫名其妙被人擦了外快，占了便宜。

太阳西垂，暑气渐消，门铃响起来，仲芳开门，"仲芳！呀，漂亮得咪，还是老样子，一点没变。"三个女人搂成一团，来的是培明女中的两个老同学，再婚的林林和新婚的小牧。"快进来，快进来。"点心咖啡王妈端上来,三个女人围坐,嘻嘻哈哈讲张。门铃又响,王妈去开门,仲芳后悔了,今天脑子糊涂,让珍珍过来,珍珍和培明同学见过面的,也一起搓过麻将,原本想着三缺一,现在弄得百样无味。花园木门开了,珍珍一件橙黄地淡蓝碎花旗袍闪进来,也就是上午身上的,仲芳一脑子珍珍和艾伦贴面样子,珍珍这身打扮,让仲芳酸了眼睛,珍珍烫一个飞机式,前额头发翘得高,仲芳眼里,像乌鸦翅膀。寒暄落座,"这位姐姐真漂亮,哪里做的头发?""金门饭店下头华安美容院。""哟,听讲华安是上海最贵的美容院了。""姐姐的旗袍也漂亮的,哪里的师傅这样好的手工。""南京路朋街,做女装我最欢喜了。"仲芳冷冷插了一句:"做头白玫瑰也不错哦。""好是好,就是远了一点呀。""远一点有人送也是可以的。""哪里有人送,不像刘巡长,进进出出,有专车的。"仲芳想,容易上手的女人,多说无益。"吃蛋糕,凯司令巧克力蛋糕。"金边细瓷碟,四个女人端手上,镀银小调羹,轻轻一勺,巧克力末沾在珍珍唇边,拉出一条难看的咖啡色。小牧说:"仲芳,结婚快八年了吧,讲啥也要个baby。""我也想呀。"珍珍说:"去玉佛寺烧香求个签,讲不定就有了。""姐姐也相信这个。"林林接口说:"我是不信这一套的,啥菩萨保佑,请愿还愿,现在的和尚,全是邋遢和尚,人家讲了,哪个和尚不吃荤,鸡蛋鸭蛋囫囵吞,哪个和尚不喝酒,阿弥陀佛哪里有。"小牧说:"忘啦?三年级的时候,培明女中大胡子老师讲无神论,讲物质不灭,讲得摇头晃脑,还公开反对督导处搜女生宿舍私人物品,后来,讲大胡子老师左倾激进,辞退了。"仲芳:"最讨厌查宿舍的,月经纸也要看一遍。"小牧:"就是。"林林说:"哈哈,还记得吧,啥人看中体育老师的?还写了求爱信。""仲芳!"两个同学异口同声叫起来。仲芳哀求道:"十三点,这种老账还要翻出来。"林林头一别:"哎,乘刘先生走开,就是要让刘太太坍台。"小牧说:"听讲体育老师的哥哥死了,去年日本人轰炸,炸坍老师房子。"

大家没了声音。林林说:"现在沪西不能去,日本人瞎来来,曹家渡前前后后,公开卖鸦片,叫啥鸦片公卖,全是燕子窠,鸦片鬼荡来荡去,吓人噢。"珍珍接着说:"哪能下作哪能弄,想也想不到,昨天老公讲,大西路忆定盘路(延安西路江苏路)转弯角子,弄出一个剧场,招牌挂演出盘丝洞,其实就是女人剥光光跳舞。"林林说:"正经生意不做,全部是邪门歪道。"珍珍:"也有戆大男人会上钩。"小牧说:"我真吓,老公会到这种乌七八糟地方去。"仲芳安慰道:"小牧老公正宗正人君子,小牧担心啥?""男人的心猜不透的,就是钞票要管牢,让男人没有机会。"仲芳说:"女人豁边起来,不比男人推板。"说罢看了珍珍一眼,珍珍说:"是呀,我隔壁女人,姘头带到屋里,自己老公一脚踢了旁边,还要帮一对轧姘头烧饭。"小牧说:"天底下有这种女人,辣手,巡捕房不管?"珍珍:"管啥?除非弄出人性命。"小牧:"男人私房铜钿看不牢的,有钞票也不会讲,男人在外头包个小的,老婆蒙在鼓里的多了。"林林说:"不要再讲了好吧,钞票,轧姘头,讲来讲去就是这点。"仲芳抿了一口茶,轻声问林林:"现在的老公哪能啦,待林林不错吧。"林林说:"可以。""讲具体点。""比过去的老公好一点点,不会每天每夜来烦我。""啊呀,"仲芳笑着继续说,"先生是税务官吧?""嗯,现在怪了,税收也不晓得交了啥人手里,国民政府,日本人,还是上海市政公署,一笔糊涂账。"仲芳摇头,说:"既然难得见面,大家开开心心,就是这仗打起来,不晓得啥辰光太平。"林林说:"报纸上说,日本人已经打到武汉了,还记得培明音乐老师吧?去年八一三以后就失踪,听讲到武汉参加演剧队,宣传抗日了。"小牧:"弹钢琴的高个子吧?长脚老师,多少女生追长脚噢。"珍珍插话了:"上趟跟老公顶头上司,英国人一道吃饭,英国人讲了,仗再打下去,美国人英国人就要插手了。"仲芳说:"就是艾伦先生吧,珍珍啥辰光见的面。""哦,蛮长辰光了,三个礼拜前头吧。"仲芳心里咯一记,抬头笑嘻嘻说:"是不是打几圈麻将再吃饭?"珍珍:"等刘先生嘛。""正昌这几天回来晚,天天超过十点钟,不管正昌,女人家自己白相。"林林说:"上趟仲芳准备了一台子西菜,菲力牛排,法式牛尾汤,味道一点不输罗威饭店。"仲芳说:"王妈本事大,我带王妈吃过一趟罗威饭店,回来,王妈就自己弄出来了。"小牧说:"上海啥地方有仲芳这样的东家,带娘姨吃大菜。"仲芳:"也不是存心带,正昌姆妈过生日,老太太要王妈陪,就去了,总不见得让王妈立壁角。"林林:"有王妈这样的娘姨,仲芳运道好。"仲芳:"所以呀,今朝请大家尝尝王妈手艺。"林林:"今朝准备啥小菜?"仲芳:"各位猜猜看。"小牧:"仲芳欢喜卖关子。"仲芳:"王妈宁波人,我叫王妈今朝准备道地宁波菜,大汤黄鱼,冰糖甲鱼,咸菜炒墨鱼卷,墨鱼大烤,干煎带鱼,血蚶,苔条年糕,还有正宗宁波烤菜。"小牧:"喔唷,仲芳不要讲了,再讲,馋唾水要流出来了。"正巧王妈从厨房出来,一边用围身布擦手,一边轻声问仲芳:"几点钟开饭?"两个同学和珍珍不约而同说:"王妈,谢谢噢。"王妈笑笑。四个女人,打了几圈麻将,吃饭,王妈改良宁波菜,薄盐,入味,女人们喝了点绍兴酒,面颊绯红,叽叽喳喳,仲芳开口,是冲着珍珍说的:"外国男人,卖相就是好,身板厚笃笃,中国人比起来,就薄交关。"小牧说:"外国人好啥啦,一股怪味道,上下一身毛。"林林说:"有人讲,外国人床上力道大的。"女人们抿嘴笑。"林林试过了?""十三点。"珍珍说:"外国人礼数周到的,总归是女士优先,老公上司艾伦先生,正宗英国绅士。"仲芳瞄一眼珍珍说:"艾伦还是单身呀。"珍珍:"是呀,一个单身男人,每天衬衫领头雪雪白。"小牧:"阿姐欢喜这个外国人啦?"珍珍:"女人结了婚,就没啥好后悔了,我爹爹老早徐重道国药号做账房先生,也算小康之家,只怪爹爹死得早,弟弟还读小学,我姆妈催我早点嫁人,本家大伯伯做媒,后来嫁了个老公山东人,仲芳晓得,巡捕房上班,算是吃公家饭,结婚前头,也没有见过几次面,现在看看,人还算老实,就是山东人气味吃不消,一天没有大蒜大葱,要老公命了,讲难听点,放个屁也是一股大蒜味道。"两个同学笑得腰也直不起来。小牧说:"珍珍跟老公一道吃大蒜,就不会觉得尴尬了。"珍珍:"打死我也不吃的。"

8

长乱的右手是通关手,一百个人里,天生通关手,至多两三个,一条又深又红的掌纹,从拇指和食指之间,俗称虎口,直通到小指下端,这种手相,打人又重又痛。长乱曾经一巴掌下去,让一个拉牢女舞客讨钞票小瘪三,当场吐出两颗门牙。静安寺一带小瘪三,看到百乐门长乱出现,吓得没了踪影。

敲脱烟厂饭碗,长乱也算运道好,没多少辰光,就让同乡人介绍,到百乐门试工,百乐门经理郁克飞看长乱人高马大,当场拍板让长乱看场子,此后长乱一身黑衣黑裤,极司菲尔路(万航渡路)愚园路转角上,多了一个煞坯。百乐门舞厅,日日衣香鬓影,霓虹闪烁,出入豪华门厅,大多数是有头有脸人物,长乱的差事,安排舞客轿车,顺愚园路一直朝西停妥,碰到醉鬼流氓瘪三白粉鬼三只手,能吓的吓跑,不能吓的打跑,长乱自从吃了看场子这碗饭,自觉身价抬高,比起烟厂切丝工,钞票当然多出不少。郁克飞让手下告知长乱江湖规矩,样样可以碰,百乐门舞女不可以碰,样样人可以得罪,百乐门舞客不可以得罪。不是老板招呼,没有要紧情况,长乱活动区域,仅限于百乐门大堂和珠光熠熠豪华门檐之下,旋转楼梯以上,对于长乱,基本属于禁区。

身处花柳繁华地,富贵温柔乡,尽管只是走卒,未沾点滴芳泽,长乱还是得意,舞女艳丽旗袍脂粉香水,菲律宾乐队纵情恣意嘭嚓嚓

　　长乱也成了销金销魂之所一员,今天站在此地,头顶是光耀沪西的玻璃灯塔,所谓欲望沉沦,肉欲前奏之类文艺人说法,长乱不懂。有钞票赚,吓吓几个瘪三,也不算天良泯灭。

嚓，舞客珠光宝气故作优雅，对比烟厂女工粗鄙穿着大喉咙，天差地别，长乱也成了销金销魂之所一员，今天站在此地，头顶是光耀沪西的玻璃灯塔，所谓欲望沉沦，肉欲前奏之类文艺人说法，长乱不懂。有钞票赚，吓吓几个瘪三，也不算天良泯灭。

静安寺当然是上海好地方，1路2路有轨电车叮叮当当，就在百乐门大门口绕圈，顺铁轨转回外滩去，酒家商铺帆布遮阳篷撑开，如旗幡招展，一步之遥静安寺香火旺，檀香奇南香味道，借东南风送入长乱鼻翼，令人七窍顿开，长乱于是也有飘飘然的时候，甚至觉得，为了讨陈阿香欢喜，和阿六一道争抢，绝对是一件小家败气的事情。

一帮江北瘪三，在舞客轿车周围瞒天过海，顺手牵羊，自然逃不过长乱眼睛，上海滩有句话，钉头碰着铁头，也早有人暗算百乐门这个穿黑衣的大泼尸，几天前，长乱立在弧形上街沿，一颗弹弓飞出的石子，不偏不倚，正好射中长乱下身，痛得长乱几乎要趴在地上打滚，一众人影，朝地丰路（乌鲁木齐北路）救火会方向逃逸，为首的就是赤发的瘪三头头，长乱发了毒誓，哪一天抓住赤发鬼，打得他命根爆掉。

"长乱，来呀，帮我去对过乐村买一客鳝丝面，中饭也没吃，被拖车拉牢，跳到现在，肚皮饿煞了呀。""长乱，快快快，帮帮忙，高跟皮鞋，后跟松脱了，快点到田基浜，寻小皮匠帮我敲敲牢。"哆溜溜声音，从花枝招展跳舞女人嘴里吐出来，有点像乞求，有点像命令，长乱是乐于从命的，再加上舞女们会用粉拳在长乱胸口捶一下，或者用手背蹭一蹭长乱面颊，长乱就上足了发条，动力也就有了。

嘭咚嘭咚节奏，让亚洲第一乐府像一锅沸粥，楼上乐队演奏，长乱看不到，声音实实在在，顺耳蜗状旋转楼梯一路放送，洋琴鬼将钢琴敲得乒乒乓乓，萨克斯像纵欲女人，兴致忽起忽落，弦歌之下，长乱扣准节奏，脚上贡呢黑布鞋啪嗒啪嗒，紧跟强拍弱拍，一记记敲击精光滴滑磨石子地坪。歌女嗓音扭捏，唱功全在一个嗲字上，这是一个独吃嗲甜糯嫩的城市，嗲是核心。

香槟酒气满场飞，钗光鬓影幌来回，爵士乐声响，跳乱摆才够味，嘿！

那一声嘿，长乱扣得合分合秒，如果长乱哪一天有机会搂住柳腰，就是一记伦巴定格。

你这样乱摆我怎样随，你这样美貌我这样醉，爵士乐声响，跳乱摆才够味，嘿！

鼓点密集，长乱吹起了口哨，勾肩搭背，进进退退，步也徘徊，爱也徘徊，你这样对我媚眼乱飞，害得我今晚不得安睡，他们跳乱摆我也会，跳得比他更够味，爵士乐声响，对对在满场飞，嘿！

噼噼啪啪，掌声，换曲子，三步，长乱稔熟，摇摇曳曳，如香风飘过。突然，楼上传来女人尖叫，桌椅碰响，乐队没了声音，喇叭像放屁，拖了段尾音，然后是男女舞客噢噢叫声，跟班从楼梯跑下来，大声叫："长乱，长乱，快快！""啥？""戆大，领班喊！""做啥？""上来！""我不可以上楼的。""长乱脑子有毛病啊，老板叫！"长乱三步并着两步跑上二楼，只见乐手呆坐高脚凳上，歇了吹奏，舞女们退到舞池一侧，花旗袍像被人踩过，挤成一堆。舞池边上，拥了大堆人，有人叫："长乱快过来呀！"长乱拨开人群，一个黄毛外国水手，趴手趴脚，瘫倒地毯上，酒气刺鼻，呕吐物喷满一身，长满黄毛手臂，压牢身边舞女，倒在一侧，旗袍上黏嗒嗒黄蜡蜡，喷了一长条，一直连到头发上。受了惊吓，舞女嘤嘤哭泣。"快扛出去，扛出去！"领班叫道，长乱上前，扯起黄毛肩膀，黄毛起先还要挣扎，嘴巴里咕噜咕噜浑浊不清，长乱两手抄到黄毛腋下，拖死尸一样，勾紧黄毛，拖出舞池。牵扯触动，黄毛脑袋左右摇晃，嘴巴里一股黄水喷出，溅落弹簧地板，舞女们哇一声叫起来，烂醉中黄毛浑然不觉，下楼梯，双脚后跟蹭蹭蹭敲击台阶，长乱一路拖，出大门，扔破麻袋架势，把黄毛扔在隔壁百乐商场暗绰绰墙角里，转身返回，又觉两手黏连浊臭，自来水冲洗，指甲缝嵌满脏泥。

楼上乐队恢复吹奏，乐曲依旧，三拍，嘭嚓嚓，嘭嚓嚓，萨克斯独自低语，又轻佻，又放纵，又油滑，长乱第一次觉得，外国人，有时也是一泡烂污。

第二天上午，长乱照例来百乐门，铁栅栏未升起，长乱立在广告牌下抽烟，有人叫："长乱阿哥，"长乱回头，一个年轻女子，一身素色旗袍："长乱阿哥，谢谢噢。"长乱正疑惑，女子说："我就是昨天夜里被烂水手压牢的人呀，亏得长乱阿哥力气大，来帮忙，没有人拉得动，压得我气也透不过来。""哦，是小姐啊，没事体了吧？""没事体了，就是头发粘牢，腻腥巴拉，冲了一个多钟头，还是一股骚气。"女子叹了口气，说："旗袍送正章洗染店了，师傅讲，是不是弄得清爽，还难讲。""哦，开销大了，听讲正章有办法的。""这个外国人，一上来就要香我手，老酒吃得眼睛血血红，又要香面孔，推也推不脱。""不要跟外国人跳就是了。""生意难做呀，百乐门一百多舞女，让客人挑选，没有名气，就要吃白板，被人叫汤团舞女。""哦？滑稽的，第一趟听到。""为了客人手里几张舞票，碰到再难弄的下作面孔，也要跳的。""我看跳舞小姐天天嘻嘻哈哈进进出出，总想做舞女可以赚交关钞票。""赚大钞票，轮不到阿拉，做舞女，讲起来总归难听，不过，舞厅毕竟不是四马路，对吧？"长乱点头，女子继续说："要讲钞票，百乐门没有人做得过陈曼丽。""陈曼丽是啥人？""就是每天夜里九点钟出现，穿白旗袍，衬乔其纱披肩的女人。"长乱想起来了："愚园路小汽车接过来的是吧？""就是。这个女人本事老大的，陈曼丽的爹爹是剃头匠，不瞒长乱阿哥，我爹爹是教书先生，阿拉还懂得廉耻的，这种人，啥事体做得出。""哦？讲来听听。""百乐门聘用陈曼丽前头，陈曼丽混日本，懂日本人一套规矩，后来到百乐门，功架摆足，报纸吹捧，有钞票男人吃煞，眼睛一霎，变上海滩红舞女了。跟阿拉小姊妹是有区别的，算是百乐门招牌，固定月薪高，舞票分成就不谈了，一张舞票，老板拿二三成，其他七八成给陈曼丽，等于白送钞票。阿拉小姊妹，舞票，最多跟老板对半分。""是吧？我一点不晓得。""长乱阿哥，看到过陈曼丽跳舞吧？"长乱摇头："我不上来的。""陈曼丽现在不跳了，陪客人讲讲闲话，赚钞票，有人讲，一个月好赚三万块法币。""哟！凶的，讲讲闲话好赚钞票，上海是有送钞票的寿头。""两天前头，陈曼丽要好小姊妹讲，刘四爷帮陈曼丽买好房子，愚园路中实新村41号，救火会过去一点点，做姨太太了。""哪里的刘四爷？""中国实业银行总经理，刘晦之呀，比陈曼丽大了足足三十岁。""可以做陈曼丽爹爹了。""就是呀。"长乱摇头，问："舞厅开门还要几个钟头，小姐来得太早了。""今朝不跳了，刚刚静安寺烧香，想菩萨保佑，昨天的事体，真吓坏我了。""吓啥？一只外国赤佬。""阿哥，为啥叫你长乱，老难听的。""不谈了，男人家开下作玩笑，就是长长短短，香烟厂叫起来，叫到百乐门。"女子掩嘴笑。长乱说："讲了半天，还不晓得小姐名字。""我叫姚姚。"姚姚抽出掖在前襟的手绢，轻擦鼻翼边细汗，小指翘起作兰花状，无意间，长乱看到另一种女人，轻声柔气，慢悠悠，一头短发刚刚做好，浅浅的波浪，紧贴鬓角，时下流行式样，想象她在舞池里转，也是漂亮。

说话之间，大门口电动卷闸升起来，长乱说："今朝老板寻我谈话，我进去了。"姚姚摇手道别，手绢在手心里晃，转身朝胶州路方向走去。

上午百乐门，楼上楼下静悄悄，灯光熄灭，舞池黑洞洞，没有一点动静，对比夜晚蝶乱蜂狂，完全两个世界。打扫女佣还没有来，靠椅七歪八欠，点心碟子、烟灰缸、手绢散落，经理办公室在四楼，长乱穿过舞池，登楼，敲门，"进来。"郁克飞坐单人沙发，白衬衫，敞开领口，平头，一脸浮白，算不上精致的五官，左手食指上套一只玛瑙戒，有点扎眼。另一个沙发紧靠，郁克飞示意长乱坐，长乱不敢，长乱记得主仆有别，郁克飞也不勉强，郁克飞不过比长乱大三四岁，长乱早就听说，上海滩舞厅生意圈，郁克飞是个人物。"郁经理，寻我有啥事体？""昨天夜里，拖了个外国老酒鬼，蛮好，长乱，等一歇，账房间领铜钿，不多，安抚金。"郁克飞沪语带苏州腔，显得阴柔。长乱觉得，老板用得着自己，连忙说："小事体，外国赤佬不像样，盯牢跳舞小姐，吃豆腐。""长乱啊，你讲得对，到舞厅来，吃豆腐的人是不少，我开舞厅，只管老酒吃过头的，吃豆腐，我管不了，除非舞厅关门，我的意思，懂了吗？"长乱愣了几秒，忙说："喔，我懂经理意思了。""我问长乱，暧昧，晓得吗？"长乱摇头："我只读过几个月夜校，还是香烟厂老板硬性规定，实话实讲，不懂。"郁克飞继续说："有人问我，舞厅卖啥东西，是啊，同样是一群女人，四马路卖肉，百乐门卖啥？卖暧昧。所以，百乐门灯光暧昧，音乐暧昧，歌星唱的曲子，也是暧昧。"长乱呆立，有些尴尬。郁克飞自语："暧昧就是，似有非有，将有未有，未有亦有。"郁克飞无意再啰唆，对这个看场子的，讲了多半也是白讲。起身，回到写字台旁，从身后抽出一份杂志，扔上桌面："做了两个月了吧，周围角角落落熟悉了？""是。""我跟长乱讲这点闲话，叫一个领班传话就可以了，上海滩人人晓得，我郁克飞苦出身，十几岁从苏州到上海，爹爹做旅馆茶房，姆妈香烟厂做包烟工，长乱烟厂做过，是吗？""是。""上海滩立足，最最要紧的，就是不能让人欺负，欺负惯了，就永远抬不起头。"长乱头点得快。郁克飞说："百乐门五年前开张，排场势吓坏人，人人以为赚大钞票，其实年年亏空，直到破产。今朝让我郁克飞出面，做经理，刚刚接手，开始有点苗头，就有人拆我台，过来，看。"郁克飞伸手，杂志推到长乱面前,长乱眼睛一扫,就晓得是《舞声》,舞厅门口,有报贩叫卖,每期花花绿绿,照片不少。郁克飞说:"这就是上海滩专门介绍舞厅,吹捧舞女,添油加醋,揭人隐私的杂志。"郁克飞很不耐烦,三翻两翻,停在其中一页,一帧大头美女照片,那女人面目姣好,尽管是黑白照片,看得出涂了浓艳的唇膏,下面仅有四字:璇宫舞厅。郁克飞手指点着照片:"这是我老婆,不错,她老早在璇宫做过舞女,《舞声》偏偏在这个辰光翻这笔老账,又不直接写我老婆的名字,就是在上海滩要我好看。"长乱问:"做啥登照片?""就是跟大家讲,郁克飞底牌翻出来是蹩脚货,是垃圾,人人可以在我头上撒尿撒污,懂吗?上海滩流氓为啥要朝体面人家身上甩粪包?就是要坏人家名声,现在粪包甩过来了,我倒要看看,啥人是垃圾!"长乱一直死板站立,总算欠了欠身体:"郁经理,我可以帮忙做点啥。""啥事体不要做,黑道归黑道,白道归白道,《舞声》背后的人,我也认得,对方明的来,我也明的去。上海滩只要有钞票,叫几个人,还不容易?我已经关照曹家渡江北帮,到辰光弄点动静让《舞声》看看,今天叫长乱来,就是要帮我到现场,看这帮人弄得哪能样子。""我要不要动手?""不,百乐门的人不动手。"

9

法商电车公司大帽花庞莱被袭事件,一个月过去了,巡捕房还是没有结论,这在法籍员工中造成恐慌,恐慌蔓延至法商自来水公司和电灯公司,家属间谈论此事,担心来自华人的袭击,有人推断共产党所为,被副总戈思默否定,对一个电车公司查票下手,不是共产党做派,明摆着,票款舞弊然后报复的嫌疑最大。戈思默将庞莱调至安全科,一是遂庞莱所愿,二是让俄罗斯籍稽查人员看住中国人,一样将黄猴子盯得死死的。

戈思默站立窗前，雨水一条条紧贴玻璃，相互追逐，黏连，然后坠落，上海夏天的阵雨来得急，急得像鞭子抽打，乌云压顶，轰然而下，停车场灯火通明，绿皮车厢在叮叮当当声音里移动，雨幕融化了电车轮廓，也让叮当声变得浑浊。车头大灯光带里，雨丝成了一道扇形亮黄烟雾。看场的中国工人，一身黑色胶布雨衣，尾随进场电车，拉下车顶集电杆，瞄准分岔架空线，搭入，每一次都一挥而就，偶尔，集电杆和架空线爆出电弧，溅落一连串蓝色火球，雨夜里惊悸刺眼，那一瞬，除了几道阴影，一片煞白。影影绰绰中，架空线如一张大网，密密麻麻罩在头上，铁轨似银色的蛇，一道道匍匐在黑暗里，舔吻冰冷的车轮。一缕诗意在戈思默的心头泛起，这不就是诗么，中国人将集电杆称为"Petit tresse"（小辫子），不乏浪漫，又把集电杆滑出架空线称为"翘辫子"，也就是死亡。

车灯移动，戈思默的影子在墙壁上交叉重叠，司空见惯的电车车厢，此时在戈思默眼睛里像深蓝色海面上漂荡的船，在雷电交加之下，有黄灿灿灯光泛出，那里有音乐，美酒，鲜花，还有花枝招展的女人，海面上的飘荡是非线性的，随意却富有节奏，是拉丁音乐骚萨的节奏，热烈性感，戈思默觉得自己已经动起来了，他的骼骨带动肢体左摇右晃，不，这只是意念中的摇晃，戈思默一动不动站在窗前，他的额头触到了玻璃，一股阴凉提醒这个来自巴黎的大脑，这里是上海，那些进场的电车空空荡荡，在完成了搬运乘客的任务后，回到出发点。要在难以对付的中国工人中，根除票款舞弊，几乎是不可能的，法商电车公司不可能像巡捕房一样，去印度支那招募人员，用殖民地的外籍人替换中国人。黄猴子的乖觉，不是欧洲人能够轻易对付的。巴黎电车工人罢工，把变电站电闸拉掉，全线瘫痪，一走了之，全体上街，呼口号，游行，这样的场面，戈思默领教过。黄猴子的工潮，来一个大请客，电车规规矩矩开出去，乘车不要钱，给法国老板一记闷包，称为软性罢工,比正面冲撞还要难对付。上一次软性罢工,要不是杜先生斡旋,还不知道如何收场,对,杜先生,一个颧骨高耸的中国人,他仿佛是这个城市的皇帝,保姆,协调人,又好像什么都不是。

雨继续劈头盖脸下,城市上空乌云聚集,恣肆它的能量,一个亮黄斑点在铁灰色雨幕里忽明忽灭,毫无疑问是停车场看门老头,长柄手电筒是他肢体的延伸,戈思默从来没有看到手电筒和他的手分开过,不知道为什么,老头略微蹒跚的步伐让戈思默想到自己父亲,中年向老年过渡的男人,还在竭力掩饰他的渐渐衰朽。亮黄的斑点在排队进场的电车中移动,老头细细检查车厢角落,像一只超期服役的警犬,晃动着身体,东嗅西嗅。隐隐的,老头一声吆喝传来,算是检查完毕,放行。戈思默留着老头,因为老头手脚干净,乘客遗留的手套、帽子、钱包、手表、戒指、钢笔、眼镜、钞票都如数上交,还有弃婴,被人放在车厢后座,用肮脏毛巾被裹住,老头抱着婴儿,如同圣像里一个画面,戈思默的心被蜇了一下,那是几个月以前,戈思默经过大门口,老头面露羞赧报告,说得结结巴巴,老头左手关节粗大,紧搂苍白的一团肉,右手悬垂,连着长柄的电筒,后来,老头连夜将孩子送走,送到蒲汇塘孤儿院,再后来,听说那个孩子死了。

雨没有停歇的意思,雷电轰鸣,好像警示,这个城市,积垢需要冲刷,浮脂需要洗涤,戈思默长时间站立,不开灯,雨夜办公室像一个孤岛,身后是若干爬行的影子,蚁走般重叠,分开,再重叠。电话铃响,秘书早就回家了,谁会在这个时候来电话?除了红鼻子庞莱还有谁,戈思默不接,就让电话响着。法国人庞莱酒量不大,却喜欢和人拼酒,在俄国人开的妓院里,庞莱名声不好,轮到庞莱鼻子通红的时候,就在姑娘房间里高声唱歌,唱《马赛曲》,唱《你是我最美的女人》,那调门,带着外省蛮汉的喉音,穿墙过隙,在洋松砖块结构老洋房里,嗡嗡作响,起先姑娘还赔笑应付,庞莱每每老调重弹,让姑娘们讨厌。就在某个晚上,戈思默接电话,妓院老板娘说,无论如何帮帮忙,把这个法国歌唱家接走,否则,不但姑娘难做,嫖客们也都坏了兴致。

电话执拗地响,停下,又响。戈思默拿起电话,果然是庞莱,听筒里传来喘息声,"酒喝多了吧?"庞莱上气不接下气:"老板,78号电车撞了。""撞了?跟谁撞了?""跟日本军车撞了!""在哪里?""法租界外滩。""人伤了没有?""伤了,伤了几个。""快给广慈医院打电话。""打了打了。老板,日本人逆向行驶,电车急刹车,连沙箱都打开了,还是撞了。""巡捕房呢?""巡捕房来了,日本人不理,要公董局出面。""呵,日本人,车还能动吗?""前桥断了,不能动了。""噢,上帝,这下好了!你等着。"

戈思默的小汽车穿过雨阵,现在要紧的是,被撞的电车要尽快拖走,否则整条线路都死了。汽车还没到法大马路东头,就看到电车排队,堵得死死的,西向车站站满人,一部电车也不来。戈思默想过,跟日本人没有什么好讲的,到交通法庭,判谁是谁非,让日本人赔偿,无非是梦想。

汽车缠在人堆里,按喇叭,猛打方向盘,溅起水波引起路人尖叫,戈思默绕前,在法大马路尽头一转弯,就看到撂在黄浦江一侧的电车,活脱脱一只巨大绿蟑螂,脑袋踏瘪,触须僵直,指向天空,戈思默让小汽车紧靠电车停下,双脚落地,瞬间,两只大脚趾雨水渗透,黏滑湿冷,似乎还能听到鞋尖噗叽噗叽挤压声,身为法商电车公司执行官,戈思默尽量让自己保持体面,庞莱湿淋淋站在一摊碎玻璃上,日本军车不见踪影,肇事电车车头成了一堆烂支架,车厢部分还保持原样,一块车身广告牌脱落一半,仿佛电车莫名长出一片副翼。戈思默问:"日本人呢?""跑了。"庞莱答。巡捕房的法籍警官是戈思默的老相识,一边指挥助手照相,转身立定,向戈思默摊开两手,略带歉意:"戈思默,你一向忠于职守,忠于共和的法兰西,但是我要告诉你,你将无处申述。"戈思默知道警官的意思,讪笑说:"在共和国宪章的庇护之下,在你的管辖范围里,你应该最大限度保护殖民地的利益,你却放纵日本猴子,宁可让合法经营的法国公司蒙受损失。""尊敬的戈思默,你不知道我们法租界警务处的信条,多一事不如少一事,能不插手就不插手,除非公董局愿意和日本占领当局交涉,再说,你的司机伤势并不严重,他是自己走上救护车的,汇报完毕。"警官将两个指头放在帽檐一侧,做了个夸张的手势。脚趾难受的时候再听俏皮话,戈思默不喜欢:"警官先生,日本人还没有进入租界,你们就缴械投降了?我们和中国政府是有契约的,法兰西共和国在此独立行使司法权力,包括你脚下这块地方。""噢,年轻的戈思默,你真可爱,中国政府已经不存在了,你难道不知道,上海并没有一个真正的统治者,连杜先生也离开了,我们可以把这件事情记录在案,结果嘛,就像你遇上一个姑娘,不一定转眼就要她为你生孩子。""好的,警官先生,你放弃庇护责任,作为对等,我将放弃纳税责任,如果法兰西的荣耀在日本人的蛮横面前一文不值,那警务处就是一群废物。""没错,我承认,不但在日本人面前,在德国人面前,也是一群废物。你没有听说,日本人已经放出话来,他们要插手租界里的一切事务,让他们全盘接收好了,这样我就可以提前退休了。""昨天的报纸好像不是这么说的,日本占领军重申,尊重租界当局的一切既定权益。""这你也信?拉都路骚娘们床上的话你也信?那就等着瞧吧。刚才日本军车上,机关枪保险都打开了,你知道我的弹盒里有几颗子弹?六颗,有效射程五十米,难道我可以拦住他们的车,不让开走?见他妈的鬼吧。"戈思默耸耸肩:"我不知道公董局老爷们是怎么想的,还有巴黎的那帮老爷,自由法兰西,那就准备挨日本人的耳光吧。"警官笑嘻嘻继续说:"好了好了,戈思默,你不应该站在雨里,瞧你漂亮的衣服都拧得出水了。"戈思默抬了

"警官先生,日本人还没有进入租界,你们就缴械投降了?"

抬眉头,做了一个无所谓表情。黄浦江水腥气弥散,海关钟楼在雨幕中浑浊一团,偶尔有低沉的汽笛声传来,分不清是轮船出港还是进港。戈思默转身问一旁的庞莱:"拖车呢?""都准备好了,马上来拖,移到十六铺备用轨道,离这里不超过一公里。""马上恢复通行,还有谁在车上?""4423号售票员,我让他留在车上看守。""叫他下来。"

小薛从黑漆漆车厢探出脑袋,腋下夹紧票袋,湿头发贴在额上。刚刚撞车,日本军人举枪拔刀样子,司机老姜血淋淋面孔,让小薛吓得不轻,一车厢乘客随着急刹车惯性,像一车货物抛向前方,挤压成一堆,小薛幸好在人堆外围,只是手臂略微挫伤。戈思默问起撞车情形,小薛一一作答,法语还算可以应付,说起压在最下面三个乘客,救护车过来,怀疑是骨折和脑震荡,都送广慈医院了。戈思默不再发问,凭他的经验,完全可以想象当时场景,司机拉下紧急刹车,钢轮前端沙箱急速打开,黄沙坠入槽形铁轨里,像铁钉凿地,把电车钉死在铁轨上,钢铁重挫发出尖锐撞击声,迎面日本重型卡车,保险杠扫入电车车头,前桥断裂,玻璃四溅,集电杆脱线,车厢一片黑暗,乘客尖叫声四起……戈思默吩咐庞莱,尽快将报告写出来,日本军车番号,时间地点,乘客人数,受伤情况,物损情况,无论如何,他要让租界当局知道此事。然后,和警官握手告别,回头,坐进小汽车,收起双脚,不管袜子皮鞋黏湿,去十六铺,和调度员协调疏散乘客事宜。

陈阿香要骂人,骂赤佬东洋乌龟,骂电车公司,骂未来的老公康汝恒,现在没有力气骂了,阿香平躺床上,左手石膏固定,刚刚医生手肘复位的时候,痛得差点昏过去,还有头,一根筋连到肩胛,头痛得像要裂开来,陈阿香自娘胎里出来,还从来没有吃过这样的苦,是前世做了什么丧尽天良的事情?凭着陈阿香脾气,是憋不住的,一定会叫出来,爹啊娘啊,男人女人身上的物件,想到啥骂啥。这次,面前是黄头发蓝眼睛外国医生,还有外国护士,外国医生凑到眼皮底下,近得可以一根根数清面孔上皱纹,阿香居然一点声音也没有,阿香咬紧牙关,乖得像只猫,只是在心里骂人,也骂自己。今天,黄历上明明写着诸事不宜,这种乌七八糟东西,看过算数,阿香从来不相信,陈阿香跟隔壁做皮肉生意女人说了,要到浦东塘桥老家去看看爷娘,带着一只包袱,一只小藤箱出门,去劳勃生路大自鸣钟买点吃的,八宝饭千层糕,新闸路辛家花园东首徐重道,买了化痰止咳丸,还有川贝粉,老爹久咳不愈,一笔笔细账,阿香早就记在心里。末了,到法租界白尔部路(重庆中路)去拿手表,唯一一只瑞士二手手表,还是在烟厂当包烟工时买的,托表店加油。刚出蒲石路,一阵哨子声,遇到巡捕抄靶子,太阳正好,两个安南巡捕头戴斗笠,高颧深目,个子还没有阿香高,拦住所有南向路人,抄就抄好了,女人身上捏几记,又捏不出油水。阿香算足,坐十六铺最后一班轮渡去塘桥,到了塘桥,过日本人关卡,叫一部三轮车,不要半个钟头,就可以回家了。辰光笃笃定定,顺便霞飞路兜兜看看,陈阿香的打扮,干干净净,不算落拓,霞飞路一路走走,还是可以的。啥人晓得,眼睛一霎,暴雨兜头浇下来,越落越大,一时里不见停歇,行人四下躲闪,陈阿香竹布旗袍湿透,急匆匆寻地方避雨,临时轧进罗宋人涅瓦面包房条纹帐篷底下,眼看雨柱敲击柏油马路,冒起一串串白烟。过了老半天,电车摇摇晃晃有气无力开过来,乘客一拥而上,阿香一手包袱一手藤箱,重心不稳,斜刺里插进一个大块头,阿香只好贴紧大块头肉背,轧进车厢,车厢里全是人,肉夹气重,阿香恶心欲吐,就这样一路捱,也不晓得开了多少站。突然,一声巨响,巨大的冲力,狠命推来,阿香倒地,先是大块头,紧接着几乎所有人压上来,一刹那阿香觉得自己要死了,肺叶气管完全闷煞,血液停止流动,内脏挤压成一块,眼珠要从眼眶里凸落出来,甚至连叫"妈呀"的机会也没有,后面就啥也不

　　陈阿香竹布旗袍湿透，急匆匆寻地方避雨，眼看雨柱敲击柏油马路，冒起一串串白烟。过了老半天，电车摇摇晃晃有气无力开过来，乘客一拥而上，阿香一手包袱一手藤箱，重心不稳。

晓得了。等到醒来，隐隐约约听到有人叫轻点轻点，阿香感觉五脏六腑移了位，左手剧痛，脑子被人砸过，天地颠倒。

陈阿香是在医院里，有人影在晃动，一个护士贴近耳朵，用上海话轻声说："小姐不要怕，此地是广慈医院，小姐乘电车受伤，不要紧的，等一歇，法国医生就帮小姐检查。"阿香所有感觉迟钝，唯一眼睛还能辨别，护士身后，有一个穿电车公司制服男子，男子嘴上有一条显眼的疤，护士继续说："小姐不要担心，医疗费用，电车公司会负责，先好好休息，哪里不适意，跟我讲。"

张保罗和保险公司通完电话，就站在医院走廊一侧，等小薛过来，司机老姜需要做创面处理，估计很长时间，小薛照理会来看自己搭班。处理交通事故，安抚受伤乘客，对张保罗是家常便饭。

今天要和小薛摊牌，到底是摊全副牌，还是半副，要等老板指示。等了半天，不见小薛踪影，张保罗电话请示后，遂离去。

10

阿六开汽车了。

1938年夏天，上海殡葬行业公会大大小小老板开了一次会，地点在闸北普善山庄普善堂，就接尸一事，各个山庄殡仪馆协调，统一汽车接尸，以应付近年上海不断增加的死亡人口及路毙无名尸首。

阿六被派去学开车，纯属偶然，原本联义山庄推荐接尸的毛腊子当司机，恰巧毛腊子回江阴探亲，来回上海至江阴的美商大来快船轮机故障，停在江阴码头半个月，毛腊子一走，杳无音信，行业公会催办，阴差阳错，让阿六顶包，等毛腊子返沪，事已铸成。

阿六学车的地点在沪杭铁路西边三泾庙空地上，离合器、排挡、油门、刹车，不晓得是天赋还是悟性，半天辰光，阿六就搞得煞清，不出三天，已经可以由师傅带领，开车上路，双手握紧凡尔盘，沿悖信路（武夷路）兜到中山路，再从白利南路（长宁路）返回。按规矩，车子刹停，熄火，下车，没走两步，副驾驶座位上，师傅开口就骂："勒妈，讲了多少遍，没有魂灵头啊，拔钥匙！"阿六猛拍自己额头："忘记了，忘记了。""勒妈，碰着英国考官，一辈子也不要想拿驾驶执照。"阿六右手伸过来拔钥匙，师傅辣一巴掌："记牢了，不给点教训，不长记性，拿了驾驶执照，就是天上落饭碗，捧捧牢，看到开汽车有失业的吗？上趟有个女人来学车，高跟皮鞋踏克勒子，捏凡尔盘只手，手指甲涂得血血红，开口这块脏拉块脏，碰不得骂不得，问女人学车做啥，回答讲，兜风白相相，考了三趟，趟趟吃回票，我说观音娘娘，不要再来了，再来，我要被老板停生意喽。女人讲，怕啥？不缺侬钞票。我讲没办法教。隔日，女人带来三个男的，揪牢我领头，要我识相点，后来晓得，女的是白相人嫂嫂，噢哟，晦气。""后来呢？""怪了，这个女人干脆不来了，听讲白相人买通租界警务处，搞到驾驶执照了，这种女人开车，就是马路上瘟神，啥人碰着啥人倒霉。"挨了师傅多次脚踹掌击，不到一个半月，阿六考试通过，执照薄薄的，一包香烟大小，咖啡色漆布套，硬卡纸内页，首页内容如下：

  发给执照事。今据谭阿六呈报，愿充汽车司机，请予检验。经本处按照管理汽车规则，检验考查后合格，发给执照，准其充当汽车司机，在淞沪公共租界地面开行汽车。兹将该司机年貌籍贯住址附录于后，并粘贴本人照片一纸，以资查考颁至执照者。

阿六为此到照相馆拍了照片，第一次倒梳头，涂了一点凡士林，油光水滑样子，照相馆有对襟中装借用，1938年报名照，框到胸口以下，四吋大小。照片上的阿六很神气，眉眼端正，就是皮肤黑了点，照片里看，还以为谁家公子。

阿六的收尸车是改装的道奇，黑漆车身，车厢用铁皮封死，后开门，上下隔开，装足可装六具尸体，毛腊子成了阿六副手，阿六无需再像过去那样，一脚一脚，丈量阴阳两界，丈量上海，一脚油门下去，就从爱多亚路（延安东路）东头窜到大世界。老板关照，眼下汽油紧缺，无论如何，节约为要。

毛腊子点燃香烟，吸两口，插进阿六嘴里，侧身嘡嘡嘡敲打铁皮车门，嘴里一连串吆喝："让开让开让开！"收尸车开过来，大兴街地摊小贩全然不顾，埋头做生意，阿六揿喇叭无效，只能保持低速，挤开人流，慢慢往前挪，不巧，前保险杠里档，擦了地摊做生意女人，女人腾身大骂，伸脚猛踢车头，朝毛腊子吐口水，毛腊子做鬼脸，继续拍车门，车子拐弯，总算捱到停枢所门口。阿六毛腊子跳下车，大声叫大癞疤，小徒弟一瘸一拐出来，说："师傅在后面。"阿六往里几步，只见大癞疤一手扶墙，一手捏裤裆，脑袋紧抵墙头，躬身尿尿，嘴里嘶嘶嘶吸气，阿六问："做啥啦？""哦哟痛死了，尿不出来。"阿六说："好了，中招了，大癞疤，作死哦。"大癞疤一脸颓丧，提着裤头："勒妈，赤佬再相信马路上广告，包医花柳。""好啊，大癞疤嫖娼，得了龌龊毛病，痛死了吧。""不谈了，我只玩过一趟，那个女人还说是第一次出来做生意。"毛腊子在一旁笑，阿六说："这种女人老吃老做，一个晚上要做好几单生意，就骗大癞疤这种寿头。"毛腊子乘机起哄："大癞疤，跟大家讲讲，那女人好看吧？""嘿嘿，好看？水泡眼，面孔像个猪头。""哈，猪头也要？"大癞疤余尿不尽，慌忙提紧裤带，一手揉小腹："白纸黑字写好，无效加倍还洋。"阿六说："还等人家还钞票啊？塌便宜货。讲讲看，野狐禅郎中哪能弄的？""拿一根粗铜丝通，啧啧啧，痛得没得命哦。阿六帮我看看。"大癞疤递上一张纸，上面印着：白浊横痃下疳，十元，保证医治断根，愈后永不复发。阿六扔了纸,说:"贴电线木头广告,猪猡相信,大癞疤不想想,等那地方烂了,这辈子就没儿子了。"大癞疤走路,像档里悬垂重物,边走边摇头:"我倒霉了,阿六风光了,开起汽车来了。""风光个鬼啊,还不是和死人打交道,说吧,哪一个棺材运走?"大癞疤:"就后面那个,封漆干了。""死人在里面?""在。就等念经做道场落葬,哎,人比人,气煞人,我这辈子难得碰一下女人,也不算罪孽吧,要吃这种苦头,穷啊,勒妈人家有钱,几房姨太太,想跟啦个睡,就跟啦个睡,今朝明朝翻花头。"毛腊子说:"大癞疤发了财,也弄几个睡,睡睡就舒服了。我说,三个人,啦个有本事抬上车啊?"大癞疤说:"叫几个漆工过来。啊哟喂,小把戏,死啦块啦!走开了,阿六,今天也难得来,歇下子。"毛腊子递上烟,三人坐条凳,抽起来,大癞疤闷头不语,手指僵直,骨节粗大,夹烟卷,一口接一口,阿六斜眼望过去,大癞疤老是擤鼻涕,鼻唇沟左右两道褐纹,嵌进皮肤。指关节、掌心纹理、指甲缝,褐色漆膜,硬结如痂,大癞疤去碰女人,再下等的妓女,看到十个树根样手指,也会打冷颤,大癞疤寻的女人,无非是最便宜的滚地龙暗娼,染病是意料中的事情。烟抽完了,大癞疤抬起头,眼睛红红的,两手握拳,不断揉搓,不知道是生漆辣眼,还是心里难过。阿六生出一丝凄凉感,想到自己,一个黑色马甲收尸人,一个受阎罗王指派的活夜叉,人见人怕,唯恐避之不及,阿六心里发冷,这辈子,没有其他路好走,断了六亲不说,这条路要走到黑了。女人,陈阿香,她的门户只为钞票开放,她要阿六的戒指和阿六床上的蛮力,她只在乎自己快活,贪得无厌,阿六从来没有在陈阿香眼睛里看到一丝温柔的东西,阿六不笨,他晓得,在女人面前,自己和大癞疤是一路货,不分高下。

坐在一旁毛腊子看来心情不错,聚精会神,抽出一支烟,上下笃实,接上燃着的烟蒂,仔细欣赏。几天前,毛腊子说,要是自己拿到驾驶执照，早就脚底涂油，另寻东家了，不晓得是实话还是玩笑，阿六不出声，过了一歇，告诉毛腊子，找到新东家之后，一只手，或一只脚就会被人切下来，像一只馊掉的猪蹄，扔进苏州河里，也许永远也不知道，杀手是谁，受谁的指派。在上海混，做规矩的，就是道上的人，吃里爬外，脚踏两条船，就准备好，被人挑断脚筋，切掉手指。缺少手指，就不要在上海混了，正经生意人都懂，一辈子不会雇用的。

"阿六，帮我看看，找啦块医生看这个毛病？"大癞疤低下头，像一个做错事情的小孩，轻声问。"不是我不帮忙，我认识的死人比活人多，我也不晓得，听讲德国人开的医院灵光的，上海有铜钿的人家，就相信德国医生。""哎，我也听说，钱不得了，几年忙下来，就看个病。恨起来，勒妈，把它割了，这四两肉，害死人哦。"大癞疤带着哭腔，愤愤地说。毛腊子插嘴说："老一辈人讲，尿尿不出来，就喝冬瓜皮煮水。"阿六说："瞎讲有啥讲头，中医讲的是中暑好吧，花柳病，是另外男人的精，跑到大癞疤身上去了。"大癞疤忙问："啦一个男人啊？""我哪里晓得，要问那个女人喽。"三人一时无语。大癞疤说："我闯的祸，只好自家吃进，想来想去就是命苦，勒妈妈。"

"师傅，叫我？"跷脚一摇一晃过来，"我帮两位爷叔买了煎馄饨。"大癞疤说："小鬼，良心蛮好。阿六，毛腊子，吃点馄饨再走。"阿六说："时间怕来不及，晚了中山路东洋人不让过。"大癞疤忙对跷脚说："小把戏，快去，把几个漆工叫来。"跷脚应声去了。大癞疤问："车上还有货？"阿六说："两个，一个是工部局送的叫花子，死在卡德池后面弄堂里，一个是万国殡仪馆送的女人，听讲是老底子越剧皇后，吞金自杀死的。""竺赛花？喔哟喂，这个女的几年前红得不得了，给她老板包养。""大癞疤哪能晓得啊？""不是我晓得，全上海人人晓得，唱《沉香扇》《十八相送》好听啊，那个扮相，就是月中嫦娥，好看得没人能比，九星大戏院，有钱人家一排排座位包下来，就是要看竺赛花，啧啧啧,人死如灯灭,可怜哦,年纪轻轻就翘辫子。"

阿六车子开得飞快,天黑之前,回到北郊联义山庄,乓零乓啷一阵响,毛腊子跟几个壮汉,棺材抬下来,码放归位,叫花子配一副薄皮棺材,连夜埋入义冢,覆一身白布的越剧皇后,抬进入殓室,一切停当,阿六回头,打算将汽车停到空场里,昏暗中,雷光头像幽灵一样闪出来,把阿六吓了一跳:"鬼鬼祟祟的,搞啥名堂!"阿六不开心。雷光头靠拢来:"有名堂啊,阿六。""册那,人吓人,吓死人,少来好吧。""越剧皇后来了,是吗?""是啊,哪能啦?""报纸上讲了,吞金自杀。""对啊。""嘿嘿,人人讲,联义山庄阿六最聪明,笨哦。""啥意思?""嘘,金子在肚皮里,这就是名堂。""喔!"阿六把惊讶的叫,咽进喉咙。雷光头轻声说:"吞金,就是……啊哼!"雷光头见毛腊子走过来,咳嗽了一声。毛腊子说:"师傅,汽车停门口,经理叫相帮动一动,要么,钥匙给我,我来移一移?""去吧,我马上过来。"眼看毛腊子走开,雷光头压低嗓音:"吞金,就是胃穿孔,肠穿孔,活活痛死。""啊?""金子的比重有多少,晓得吧?""不懂。""比铁还重,活活拿肠胃堕穿,现在就是不晓得,黄货落在啥部位。""啥部位?""报纸讲,竺赛花的老板,拿姓竺的抛弃了,又捧另外的戏子。这个女的,一口气吞了几个金戒指,还有小黄鱼。""听这个意思……""嘘。今朝夜里动手,事不宜迟。明天就要入殓了。"阿六忙点头。

晚饭匆匆忙忙,厨房里烧饭老太婆,做了青菜炒油渣,咸菜洋山芋汤,糙米饭随便吃,工友嘻嘻哈哈,边吃边讲笑话,阿六捧了饭碗,蹲在墙角,也不晓得饭菜味道,随便扒几口,眼睛扫过,见一角雷光头做手势,手掌来回拉了几下,阿六不解,雷光头又将手掌放头颈部位,做了一个刀的动作,阿六明白,乘收拾碗筷,烧饭老太婆不注意,随手拿了厨房剔骨刀,藏入衣衫下,侧身绕过饭桌,回到天井里,天井一头通远处入殓室,一头通工友宿舍,天热,吃完晚饭,工友聚在天井里，几个打牌赌钱，几个吊井水洗衣服。阿六借口累了，早早钻入蚊帐里，倒头假寐。夜深，北郊平原寂静无声，和地平线那一头的灯红酒绿，两个世界，联义山庄雇工不多，热风转凉，便一一睡去。

云遮住了月亮，昏黑从四野弥漫到天井里，远处偶有狗吠，阿六眼睛看屋梁上椽子，数过来数过去，突然，隔壁传来轻轻口哨，阿六一骨碌爬起，剔骨刀握紧，雷光头的脑袋，夜色里像一只吹大的鱼鳔，飘过来："刀呢？""喏。""快走。"两个人摸到入殓室门口，啪一声，冲出一只野猫，阿六一吓，手里的刀叮一声落在青砖地上，雷光头不晓得是对猫还是对阿六，骂了一声："操！"一看四下没有动静，随即拔出钥匙，熟练一拧，推开木门，黑咕隆咚，一股阴气带着福尔马林气味围拢上来，阿六紧跟雷光头，鼻子几乎要顶着背，慢慢移到殓妆台前，眼前模模糊糊，看不清有没有藏着鬼魅，只知道一侧的木架上，存有好几具尸身，都是打了西洋防腐针的，药水味熏人。雷光头转身耳语："立好，不要动，刀，拿好，我先探一下黄货位置。"阿六见惯死人的，像雷光头这样弄，还是第一次。雷光头揭开白布，越剧皇后竺赛花一身西式乔其纱寿衣，暗夜里惨白，像一堆雪，落在泥地上，雷光头示意，阿六刀递过去，雷光头手握剔骨刀，在女人腰部轻轻挑过，割开乔其纱针脚，又挑开贴身内衣，随即把刀还给阿六，手探进去。阿六的瞳孔放到最大，隐隐约约看到雷光头蹲下身子，紧贴殓妆台，一手在女人腰际摸索，一歇，顺势滑向腹部，在整个腹部按压，如围棋落子，食指和中指一寸寸移动，来来回回好几遍。突然，雷光头叫了一声："不好！"阿六赶紧驱前，雷光头急着说："翻过来，快！"阿六动作熟练，顺着雷光头意思，将女人抱起，面朝下，翻了个身，雷光头将手插入殓妆台和尸身的缝隙里，在女人的腹部来回摩挲，停下，再摩挲，手像被什么东西蜇了一下，飞快抽出："上当了！""啥？""啥也没！""哦？""报纸吹牛，屁也没有一个！""哪能办?""快翻回去!"阿六赶紧将女人恢复原样,只是衣裙有些凌乱,阿六刚想伸手去整理,只听到门吱呀一声,一个人影晃过来,阿六和雷光头吓出一身冷汗,两人一缩,躲入殓妆台下,大气不敢出。那人猫腰,看不清面孔,一步步挪到殓妆台前,一歇站起,一歇蹲低,几乎要触到阿六面孔,呼吸声都听得到,少顷,又在怀里摸索,"嚓"一声,火柴一个光点,照亮了那张脸,"毛腊子!"阿六和雷光头同时叫起来,毛腊子"哇"大叫一声,后仰倒地。

11

七月上海,雨将落未落,潮气逼人,暑热加湿濡,弄得人心烦意乱。长乱生物钟适应了百乐门节奏,一觉醒来,已经过了午饭时间。借住的三层阁,一丈见方,席子铺在地板上,省却了床板棕绷。衣裤杂物,堆在斜角里。三层阁,除了老虎窗可以直起腰,其他角落时时要撞头,如果白天日头毒,瓦片吸附热量,夜间蒸腾下来,就如同闷在蒸箱里,汗湿了席子一大片。木楼梯陡而窄,踩上去咯吱咯吱响,还要从二楼一对做鱼贩的宁波小夫妻房间穿过。

从极司菲尔路康家桥到百乐门,步行也就是一刻钟距离,长乱常常在路边小店里叫一客粗炒面,有时候加两个牛肉煎包,炒面炒到酱色,透出淡淡焦香,菜叶碧绿,让炒面提了精神,平底铁锅邦邦邦敲击,牛肉煎包吱吱吱冒油,宣示长乱一天的开始。长乱从来没有像现在一样,留意自己外形,如果有油水蹭到衣袖,浑身不舒服,长乱会仔细拍打贡呢鞋面,用毛刷子刷干净裤管上细绒,头发梳直,一边倒。长乱开始照镜子,左右观察,仿佛自己脸上贴了百乐门标签。今天,长乱没有穿职业装黑衣黑裤,换了一套青灰短衫,长乱要奉老板之命,去看白戏,袖手旁观,人家水里火里,上海人叫"勿出钞票看白戏"。

长乱从康家桥兜到静安寺，路过百乐门，隔开马路望过去，黄包车、三轮车拥在大门口，下午的茶舞已经开始，舞女们油头粉面，唇红齿白，勾肩搭背，拨开围观人群，鱼贯而入，长乱十有八九叫得出名字，白莉、曼娜、可儿、美萍……就是不见姚姚。小贩人堆里穿进穿出，拉开喉咙喊，哎，金鼠牌、美丽牌香烟，哎，采芝斋粽子糖、松子糖……平时，长乱应该站在舞女中间，领受哆溜溜"长乱阿哥"招呼，小贩应该躲得远远的，不敢靠近，百乐门金光闪闪门廊下面，舞客可以高视阔步。今天，百乐门在马路对过，长乱在这头，一阵阵微风拂面，香气撩拨鼻孔，长乱已经会分辨香水好坏，香喷喷的香水，一定是便宜货，烂橘子夹猫尿味道，就是高级香水。长乱毕竟是开了眼界的，眼前这一切，似乎和自己搭界，又似乎丝毫不搭界，一种异样感觉油然而生。

　　西区老大房门口，长乱跳上1路电车，深黄色橡木车厢，乘客三三两两，电车沿静安寺路往东，天下第六泉、外国人公墓、赫德路（常德路）转弯、爱文义路一路过去，电车一动，凉风习习，大家静默无语，长乱不喜欢坐，斜靠门口扶手一侧，一歇，电车停站，乘客上落，有人一脚踏到长乱，长乱刚要抱怨，抬头一看，是华成烟厂跑街孟先生，长乱招呼："哦哟，孟先生，长远不见，忙啥啦？"孟先生一身长衫，忙说："巧巧巧，我么，老花头，跑街，催催账款，送送支票，老板叫啥做啥。""孟先生活络。""活络啥，今朝电灯公司刚刚支票送好。"孟先生拉开皮包，随手取出一张纸："不谈了，老板儿子开车吃罚单，要跑巡捕房。"长乱："孟先生是老板红人。""混口饭吃吃。听讲长乱百乐门高就，厂里出去的人，长乱最有噱头。"长乱说："一点没噱头，比比华成厂，一身烟油焦毛气，稍稍好过一点点。""钞票多点吧？""不瞒孟先生讲，钞票多一点。""灵的，灵的，打仗了，华成厂死钞票，就没加过工资。哟，想起来了，听锡包间拿摩温讲，要陈阿香回去上班。""哦?""陈阿香没跟长乱一道?""孟先生开玩笑,我哪能会跟阿香一道。"孟先生嘻嘻笑:"华成烟厂啥人不晓得,陈阿香跟长乱有交情。"有交情这样的词很微妙,也给了长乱面子。"瞎讲。""拿摩温叫人去陈阿香屋里几趟,就是寻不到人。""这个女人,吃不准的,讲不定回浦东乡下去了。""要么,碰到陈阿香,带句闲话?""爷叔,不要叫我做难人好吧。""好了好了,不谈。"电车到同孚路(石门一路),孟先生说了再会,随即下车去。

被孟先生提起,长乱想到陈阿香,很长时间没有到陈阿香那里去,回想起来,阿香的一身白肉在眼前晃,热烘烘嘴里呼出的气息,有一种韭菜发酵的味道,每当两个人忘乎所以,扭在一起,阿香会用指甲抠他背,抠出紫色划痕,阿香会哭会闹,会当着众人面,夺走长乱手中饭碗,砸在地上,让饭菜和碎瓷片撒满一地,长乱能忍耐到今天,一点没想到离开,只觉得自己戆。话说回来,长乱心里还是有阿香的,锡包间一帮胡天野地女人,捉牢长乱压在地上,剥他裤子,要验证长乱裆中之物,是陈阿香掀翻桌椅,一句"啥人敢动",让女人们一个个松了手,其实,长乱自己也能对付那群女人,只是女人们出手太狠,用膝盖顶住长乱胸口,捉手捉脚,长乱出于忌讳,又不能拉扯女人衣裤,才落得裤带被解开的狼狈结果。后来,华成烟厂留下两种传说,一种是长乱只是被陈阿香摸过,另一种是,好几个女人,在那天都摸到了长乱。

电车驶过跑马厅、大光明电影院,还有乡下人抬头要落帽子的国际饭店,隔壁花岗岩厚墩墩金门饭店,头顶一只金文旦,像小菜场唱"小热昏"卖蟑螂药的小丑。

前面就是虞洽卿路(西藏中路),开张两年的大新公司,米黄色立面,一座凸字形的山,迎面而来。十字路口当中,印度巡捕,棕黑色大胡子,上海人叫红头阿三,开口 Shit Stop!一连串呵斥。南京路朝东,大减价旗幡,层层叠叠,暑热里垂头丧气,像一块块硕大尿布,无力招展。长乱跳下车,三步并作两步,朝九江路方向,还没有走近,就觉得气氛不对,身上刺青的白相人,聚集在电线杆下,九江路一转弯,一眼望过去,《力报》报馆紧贴平乐里弄口,门面不大,一排玻璃阅报廊,跟前站立的人,眼睛也不在看报纸。长乱借机和烟纸店老板搭讪,问起《舞声》杂志,老板轻声说:"就在《力报》里厢,两块招牌,是不是一家人家,不清爽。先生,这两天苗头不对,天天有人过来问《舞声》,是有啥事体吧?"长乱没多讲,觉得口中淡而无味,掏出零碎角子,要几只拷扁橄榄,老板竹夹子玻璃瓶里掏几下,黄草纸一包,递过来,酱褐色橄榄甘草香,送进嘴里,甜脆有回甘。小弄堂里阴凉,头顶像一线天,各家女人等马桶吹干,一只只拎回屋里。

橄榄吃了几只,一只还留在左腮,只听到身后哐啷啷啷一连声响,长乱猛一回头,阅报廊玻璃飞溅,一群打手,二十几个人,不知道哪里冒出来,手拿铁尺棍棒,冲进《力报》馆,乒乒乓乓一阵,还没等长乱缓过神,一架电话机,像一只受惊的母鸡,从大门内飞出来,跌落在地,当场裂开,铜丝线圈撒了一地,电线扭断,话筒弹到阴沟洞旁边。办公椅、打字机、文件架一一被抛出,两个刺青光头男人,一边歪笑,一边抱牢西洋饮水瓷缸出大门,朝空中一抛,紧接哗啦一声,白瓷水缸四分五裂,水吱吱吱渗进柏油路面。一歇,有报馆职员捂脸,跟跟跄跄走出,打手们没理会,只是大声叫道:"妈的皮,顾亚凯出来,顾亚凯出来!"长乱贴紧电线木头,朝报馆内张望,心想,这帮家伙真够辣手辣脚,拿了郁克飞钞票,明目张胆,公共租界砸报馆,也不怕巡捕房捉人。扭打声从二楼传来,一块窗玻璃落下,差一点砸到长乱头顶,长乱一缩头颈,再一看,只见几个人围殴一个白面书生,眼镜打落,头上手臂上全是血,长乱估计此人就是顾亚凯。顾亚凯是《舞声》负责人,大概脑子发昏,或是受人怂恿,刊登郁克飞老婆任妹妹几年前旧照,得罪了郁克飞,郁克飞因此下狠手。短短几分钟,鸡飞狗跳。此时正值隔壁汉口路慕尔堂礼拜结束，教徒陆续走过，猛一看打手凶神恶煞腔调，吓得连声尖叫，跌跌撞撞往回跑，几个年纪偏大妇女，慌不择路，撞倒路边晾衣裳三脚丫叉，好几竹竿衣裳打翻，连带路边卖冥纸锡箔小摊，一时间，冥纸翻落，一阵风吹过，蜡黄纸片漫天飞舞。长乱抽紧神经，注视报馆里一举一动。大概打得差不多了，打手大摇大摆，报馆大门涌出来，重重扔了铁尺木棍，嘴里夹三夹四，妈的娘，朝云南路、虞洽卿路四下散去。警笛声传来，长乱总算松了一口气，就在此时，又一个打手跑出大门，此人前襟布纽没扣，露出干瘪肋骨，手里抓一只电钟，报馆职员追出门外，打手挥拳恫吓，长乱一看，好生面熟，再一细看，此人面无四两肉，像颗瘪枣，头发焦红，正是曹家渡赤发鬼，不禁怒火中烧，这个家伙，常常带着一群小瘪三，跟长乱捉迷藏，乘机摸舞客袋袋，还差一点让长乱做不成男人，今天也跑来打人，顺手牵羊，抢人家电钟，长乱刚想上前，拔拳相向，以报偷袭之仇，转念一想，巡捕房马上过来，不如换个地方，再寻机会，遂尾随赤发鬼，一路跟踪。

广西路朝东，马路密如蛛网，大小钱庄票号，银元贩子挤来挤去，茶楼一家连一家，坐满捐客。长乱从云南路跟到浙江路。眼前送点心伙计，头顶大托盘，四平八稳，走得认真，长乱嫌其挡道，紧贴后跟，有机会，一步插到前面，撞得点心盘子摇摇晃晃。赤发鬼踏上南京路，往人堆里钻，长乱紧追不舍，又从浙江路跟到红庙，红庙是风尘女祭拜场所，传说灵得邪门，香火正炽，烟雾缭绕。闪过几个烧香女人，赤发鬼似乎觉得有人跟踪，转身钻入宝大祥对过弄堂，弄堂里一层层床单衣裳，湿答答挂满，赤发鬼一晃，没了踪影，原来弄堂一头通福建路，长乱顿脚，直呼上当，跑到弄堂端头过街楼下，一脚跨过皮匠摊，还未站定，猛地和来人撞个满怀，长乱正要发作，一看，来人正是赤发鬼，长乱拔出拳头，一把揪住对方衣领，赤发鬼顺势一抖，脱布衫功夫,一缩身,站定长乱对面,上身赤裸,手臂上黑乎乎刺青,像长虫爬:"嘻嘻,早晓得你长乱,跟屁虫一个。"长乱抓空,手握赤发鬼对襟罩衫,顿时一愣,赤发鬼说:"长乱,喜欢的话,一道玩玩?江湖上讲,不打无妄之人,你长乱跟我大半天,什呢事?"长乱扔下衣服,接口:"你他妈在百乐门暗算老子,今天跟你算账。"赤发鬼咧开黄牙嘴,说:"嘻嘻,你我,讲好听的,大家上海滩混饭吃,百乐门不是你的,也不是我的,你长乱要吃饭,我底下小把戏也要吃饭,讲难听的,啦个不晓得曹家渡三官堂桥赤发鬼,有几条人命,嘻嘻,要试试身手,先看看这个。"赤发鬼亮出右拳,指缝中一排金属尖刺,赤发鬼边抖边笑。长乱本已恨得牙根发痒,再看赤发鬼嬉皮笑脸,二话不说,拔出拳头,朝赤发鬼面门敲下去,对方一躲:"啊哟喂,手势不行,再来。"长乱急了,跟上一拳,赤发鬼叫了一声:"嘻嘻,玩吧!"呼的一拳过来,长乱一看不对,赤发鬼挥出的右手,阳光下银光一闪,已经来不及了,从左臂到胸口三道血痕,青灰布衫裂开大口,长乱一阵刺痛,好,真用暗器,长乱抄起皮匠摊工字铁砧,直劈下去,小皮匠吓得从矮凳上跳起来,窜出过街楼,大喊不好了,杀人了!福建路狭窄,一下聚集大批看热闹的,沿街楼上居民,一个个伸出脑袋张望,无轨电车堵塞,警笛声四起,两个华捕跑来,按住厮打的两人,赤发鬼嘴啃水泥地,手扭到身后,长乱脊梁骨被顶住,压得胸骨钝痛,咔哒一声,一人一副手铐,警车随后停在过街楼前,长乱赤发鬼塞入警车,长乱胸口皮肤拉开,暗暗渗血,赤发鬼脑袋开了花,血污涂满半张脸。两人关入贵州路老闸巡捕房。天色已经向晚,审讯的警官是小山东,问了两人姓名,住址一栏,一个回答曹家渡小辛庄,一个回答极司菲尔路康家桥,职业一栏,回答无业,小山东合上本子,看着这两个落拓的倒霉鬼,叫了一声:"关一晚上,明天放人。"长乱和赤发鬼抬起低下的头,相视一笑。

晚上，有人扔进来两个实心馒头，长乱和赤发鬼啃完馒头，缩在监房铁栅栏旁边，赤发鬼哈欠连篇，说："勒妈长乱，跟我玩啥把戏？你勒妈百乐门开一只眼，闭一只眼，我就逍遥喽，今天撞鬼，跟你坐监牢。"长乱不出声。赤发鬼身上痒，东抓西抓，一歇，女里女气，唱起江淮戏："王宝钏在寒窑，自思啦个自叹，思想起前后事，我好心酸。自幼儿奴生在，相国府院，早晚间有丫鬟，问饥问寒……"长乱骂道："叫魂啊，明天一早就出去了，还不好好睡一觉。""勒妈，睡得着就好喽，现在最好来点烟土。""妈的，枪毙的命，还要烟土。""曹家渡五角场，烟土生意旺啊，鸦片、吗啡、红丸、白粉要啥有啥，长乱没得抽过吧，还算江湖上混的人，这个玩意，北方人叫抽大烟，南方叫吸，灯吸懂吧，点一盏灯，烧烟，一口口吸。"赤发鬼边说边打呵欠，长乱推了他一把："少啰唆，快半夜了，还要唱山歌。""我的娘她也曾，床边来看，我的父待奴家，珠宝一般，啊啊啊……你晓得，我在曹家渡看几块地盘？永乐邨、忻康里、存善里、怡丰里、积德里、劳勃生路公益里，做烟土生意，就有十几家。""看门狗，讨点赏钱，是你赤发鬼生意？吹，吹。""不管是不是我生意，勒妈，日本人坏，只让买热河烟土，那个东西又淡又臭，烧的烟泡，圆不圆，扁不扁，抽一口，臭死人哦，你晓得吧，当地每两只要一块钱，到了上海一两卖九块，还不赚死。烟馆要进南土，狗屁缉私队就是不让，嗨，你没得抽过波斯红土，那个玩意，我老大给我一管，真是一口赛神仙噢。再叫个哆哆的女人给你烧烟，这真是天上人间，有道是，北边的女人身粗奶大，南边的女人腰细股肥……"赤发鬼越说越来劲，长乱朝对方屁股狠狠蹬了一脚："妈的，你烦不烦啊！"

第二章

1

近半个月,小薛没有摸过牌,牌搭子叫过几次,小薛一概不去,没心思赌钱。豁嘴张保罗那里没有动静,厚厚一叠钞票,小薛没敢动,全部放家中被橱,和冬天棉花胎捆成一团,再用被单裹紧,塞进角落,除了自己,家里没有一个人晓得,爹娘晓得了,要吓出毛病。司机老姜住进广慈医院,玻璃碴清创,表面伤口好得很快,据医生说,老姜右脚股骨骨折,还好没有移位,打了石膏,牵拉固定,再过几天,就可以出院,回家休息。电车进场大修,4423号卖票小薛被安排到另外的电车上,和司机老严搭班。老严是法商电车公司老司机,车子开得平稳,也不轻易踏脚铃。早班结束,小薛沿薛华立路回家,路边有小贩爆炒米花,一头风箱,一头炉子,火头正旺,鼓形铁锅墨黑,尾端连着摇柄,咕噜噜转不停,火候一到,一只脚踏上,叫一句:"响啦!"随着嘭一声,小贩胯下,迸出一股青烟,白花花膨胀米花,从碗口大锅喉喷涌出来,落入脏兮兮麻袋。小薛定在路边,就等嘭的一下。小贩大多面相哀苦,总是传说,破麻袋里藏暗袋,精明家主婆面孔一板,抓起麻袋摇几下,如果摇出来的米花超过一大碗,女人的手指就要戳到小贩面孔上。小时候,爆米花嘭的声音,是小薛节日,马口铁罐装生米,换作年糕片是大出手,排队,抢先后,弄堂小囡翻脸,推搡中米撒了,只好一粒粒捡回来。

有人推小薛腰,小薛回头一看,一个流鼻涕男孩,手里一张折成长方形纸片,递到小薛面前,小薛接过,环顾四周,不见有人相望,连忙收了纸条,三步两步,转入弄堂拐角,展开纸,上面写着:"今晚八点,天津路浴德池。张。"

小薛烦闷,好像透了口气,又好像更加烦闷,豁嘴故意不见,老是塞纸条,豁嘴背后的人,躲躲闪闪,话只讲半句,钞票不当事体,小薛想想心里发虚,要跟豁嘴说清楚,至少现在可以收手。吃好晚饭,小薛跟家里人说,去朋友家里打牌,老娘关照早点回来,便不再过问。

小薛搭亚尔培路无轨电车到静安寺路,再转1路有轨电车到新新公司门口,南京路街灯大亮,傍晚暑气消退,对过七重天像通体发光的巨人,先施公司内廊人头贴人头,橱窗一片雪亮,最新舶来品冰箱、留声机、脚踏车光彩夺目。一阵刺耳乐声传来,小薛抬头,大厦门廊上端平台,五人乐队,洋喇叭洋铜鼓卖力吹打,美国爵士乐夹本地喜丧乐腔调,小薛也被激起一阵无由的欢欣,谁能想到,一年之前,上海还是战场,现在,日本人就在苏州河对岸,虎视眈眈,租界里已经根本忘记打仗这桩事体。

小薛无心盘桓,顺广西北路转入天津路,四周安静下来,街景寥落,有醉鬼伏在街边呕吐。乳白磨砂灯球,昏暗中耀目,上有浴德池三个大字,照亮街口一方地面。小薛刚走入浑黄灯光范围,豁嘴张保罗出现,仿佛瘦了一圈,短袖衬衣收入西装短裤里,嘴上刀疤像一条失血的蚂蟥:"我晓得小薛一定会来。""张先生不会叫我来淴浴吧。""小薛也会开玩笑,"豁嘴边说边搭住小薛肩膀,"有个朋友,想跟小薛认识,讲讲古董生意。""张先生为难我,除了卖票,古董生意我一窍不通。""几句行话背出来了?""背是会背了,像背天书。""可以了。走走,一道上去。"小薛没动脚步:"张先生,我想,上趟钞票退还,我拿了钞票,算啥名堂,心不定的。""钞票就不要再讲了,一点小意思。""还是讲讲清爽好。""朋友哪能讲起钞票来了,这样就不惬意了嘛。"豁嘴拉牢小薛,踏上浴德池台阶两步,跑堂立刻上前开门,朝里宣叫："客人两位，茶汤、毛巾、客房准备！"里面有人呼应："好嘞。"嘞字拖长音，混在木屐噼里啪啦声音里，豁嘴忙摇手，指指楼上，轻轻说："包房。"跑堂领会，不再发声，退到门后。

雕花楼梯宽敞，正对落地大镜子，镜子表面蚀刻"澤潤蘭湯"，银光暗动。小薛看到镜子里自己面孔，肌肉僵硬，有点尴尬，平时电车卖票的活络，换成一副不上台面腔调。馊肉气香皂气混杂，从浴德池深处蒸腾上来，充溢楼道。豁嘴拉紧小薛，经过一间间光线暧昧的包房，最后一扇门前停下，轻轻敲几下，有人答道："进来。"豁嘴推开房门，只见灯光耀眼，照在一条多毛的腿上，扦脚工手捧一团粉红脚趾，手持扦刀，细细收拾，这条腿属于躺椅上的男人，男人下体覆盖浴巾，面孔落进阴影里，豁嘴说："小薛来了。"男人叫道："可以了，加凳子，泡茶。"扦脚工灭了小灯，收拾刀具，应声而去。

等小薛坐定，看出两张躺椅，各躺着一人，男人坐起，笑嘻嘻说："我要和小薛一道，做一笔古董生意。"小薛想起来，这两个男人似曾相识，再一想，就是电车上碰到过的白西装，小薛忙说："实在难为人了，古董我是外行。""我今朝请小薛来，是跟小薛摊牌。"男人揭去浴巾，套上衣服："我叫赵理君，旁边这位是谢先生，也是张保罗多年朋友，最近手头紧，有几件存货想出手，下家也已经有了。"小薛说："怪了，这跟我搭啥界？"赵理君说："小薛听我讲，我这位下家，只相信古董行老板崔如龙，去年打仗，崔老板滑脚，跑到内地去了，一点音讯没有，我急用钞票，事体就难办了。""我还是搞不清爽，要我轧进来是啥意思。""有意思的，小薛请看。"赵理君抽出一张照片，"这个就是崔如龙。"小薛接过照片，照片上的人，和自己同一张面孔，粗看就是一个人。小薛说："总不见得，让我冒充崔如龙。"赵理君说："就是要小薛冒充崔如龙。""这个道理，讲不过去的。""讲不过去也要讲，就看小薛肯不肯帮这个忙。"赵理君收起笑脸，一旁姓谢的掏出口袋里的手枪,一只手指拨弄转轮,发出轻微哒哒的声音。小薛打了一个只有自己晓得的冷颤,整个人发冷,一时说不上话。赵理君继续说:"事体放在此地,明讲,只要小薛愿意帮忙,人身安全,包我身上,这点张保罗可以作证,事体结束,大家不认识大家,从此不再来往,我也不会让小薛白白做无用功,钞票事体好说,张保罗先生的出手,小薛应该晓得的。"小薛想起一大叠钞票,牙齿开始打架:"不,先生,叫我帮忙打牌赌钞票还可以,这桩事体,弄得不好,会穿帮的。"豁嘴插话:"这点不要担心,古董生意事体,不是小薛一个人在场,几位先生一道做生意嘛,小薛不必紧张。"小薛连连摆手:"赵先生、张先生还是另请高明,我是规矩人家,没有见过这种场面,这门生意实在做不来。"赵理君:"小薛意思我不是规矩人啰?这个名头就大了,我也不清爽,我哪里不像规矩人,是卖相还是吃相?呵呵。""先生误解了,我实在是没本事做。"赵理君看一眼旁边姓谢的,似笑非笑:"小薛,就这样,回去想一想,愿意帮忙是一句闲话,不愿意,也是一句闲话。"小薛看来答应不是,回绝也不是,呆立一旁,赵理君不出声,姓谢的继续玩手枪,实在冷场,赵理君动了动下颚,示意张保罗带走小薛。

后来几天里,小薛陷入惶恐,从票款舞弊,被张保罗牵牢鼻头,到现在这一步,究竟会引出啥结果,让小薛不寒而栗。豁嘴依旧轻描淡写,这两天,豁嘴经常跳小薛的车,不查票,只是陪小薛兜圈子:"小薛怕啥,又不是杀人放火,做一票生意,上海滩十个人,八个做生意,多一个小薛,缺一个小薛,没有人在意。讲起来,杜老板也是做水果生意出身,生梨上有虫斑、碰伤,雕一块老肉,削价照样卖,再讲,赵先生古董绝对是真货色,下家也不是戆大,小薛只要出一出头,后面交易事体,跟小薛不搭界。钞票落袋最实惠,讲到底,人家也就是借一借小薛面孔。"豁嘴慢条斯理,一直到小薛模模糊糊,答应为止。

两礼拜后,豁嘴张保罗约小薛见面,电车公司隔壁康悌路上丰裕馄饨店。小薛早班结束,肚皮咕咕叫,叫了一客菜肉大馄饨,呼噜呼噜吃起来,丰裕得地理便利,专门做电车公司开车卖票生意,店堂里十有八九是穿制服的。小薛不嫌馄饨烫嘴,调羹往嘴里扒,有人凑过来,轻轻叫了一声:"崔如龙先生,最近手气好吧?"小薛一时没有反应过来,拧头一看,是豁嘴,小薛不悦,说:"搞啥啦?张先生。"豁嘴哈哈笑起来。"不搞啥,小薛,馄饨好吃吧,广东人叫云吞,广式云吞馅子,货色足,开洋、虾肉,不像上海,荠菜肉末,一点点。""张先生广东人?""房东老太太广东人,时常去四马路杏花楼。""做啥?""买广式腊味呀,琵琶鸭、腊肠、腊猪心、腊猪肝。高兴了,弄一点给我搭搭味道。小薛腊味饭吃过吧?一饭拼三腊,啧啧。""没吃过。""噢,有机会。小薛,已经联系好了,明朝去谈古董生意,下家姓唐,白相古董老法师。"小薛半只馄饨吐回碗里,说:"啥?""明朝小薛不要上班了,我来调班。""啥?""不要哭出乌拉面孔,开开心心晓得吧。"张保罗啰啰唆唆一通,小薛听进去不到一半,一碗馄饨晾在一边。有人叫:"张保罗,法国大班要侬过去。""好,来了。"豁嘴拍拍小薛肩膀,走了,只留小薛呆坐。

第二天下午两点,小薛按照张保罗安排,换了便装,在法租界姚主教路(天平路)口站立,只一歇,张保罗到了,小薛奇怪,张保罗浑身上下法商电车公司大帽花行头,便问了一句:"张先生不去啊?""我要跟小薛讲实话,司机卖票背后叫我豁嘴,就是因为豁嘴,这种场合我不可以出现,小薛,记牢,只是做生意,做得成做,做不成拉倒,就这样简单。"

说话间,一辆黑色福特小汽车悄无声息靠近,司机按一声喇叭,小薛抬头一看,赵理君和姓谢的坐在车里,纹丝不动,赵理君示意小薛坐旁边,关门开车,一路无话,小薛心理作用,总觉得副驾驶座位上姓谢的摆弄手枪,不禁心里发毛。车子顺海格路(华山路)驶入白赛仲路（复兴西路），到了前面福开森路，一个左转，转眼便是十八号，一栋浅色西班牙风格大宅，门口有麻花状立柱，门头上西洋雕花翻卷，让人想起奶油蛋糕上裱花。下车，小薛看清赵理君和姓谢的一身短打，活脱脱商店伙计模样，赵理君上前揿电铃，小薛站立不动，一歇，门内有人，开了洋火盒子大小窗口，一只眼睛瞄过来，赵理君递上名片，说："请禀报唐先生，崔如龙要拜见唐先生。"里面的人收了名片，关了小窗，半天没有动静。一阵风吹过，福开森路上梧桐树叶子哗哗作响，小薛斜扫一眼赵理君和姓谢的，腰里没有别手枪，确实不像打家劫舍样子，小薛松了一口气，回忆一遍豁嘴当初关照的古董行话。

大门开了，三个仆役分立两旁，面无表情，赵理君叫了姓谢的连同司机，打开福特车后盖箱，大绒布包裹两个瓷瓶，还有锦盒盛装礼品八色，小心翼翼抬进大门，仆役将四人引进客厅，礼品放上长桌，赵理君示意小薛坐靠椅，其余二人立小薛身后，客厅陈设中西合璧，有行书对联悬于壁：乱花渐欲迷人眼，浅草才能没马蹄。小薛想，应该是唐诗。

一支烟工夫，落地大钟报时，静悄悄客厅算是有点声音，一束阳光照过来，瓷瓶上花纹一闪，像锈斑擦亮。楼梯上有响动，接着是低沉的喉音："抱歉抱歉，让崔老板久等。"一个蓄浓密八字胡子老先生，圆脸狮鼻，随两个仆役下楼，小薛连忙起身，硬着头皮，根据豁嘴嘱托，双手抱拳回应："唐先生长远不见。"声音带点颤抖。老先生说："寄寓上海，如困愁城，上午接到崔老板电话，还是崔老板懂我心思，这一趟，带来啥货色啊。"小薛心里悬空，从来没有打过电话，和对方目光相接，老先生眼镜后面目光深邃，小薛有点吃慌，仿佛遇到弄"沙蟹"老手，暗藏一手好牌，赵理君右手食指顶紧小薛腰眼，小薛没有想到，对方居然丝毫没有怀疑自己身份，小薛接话："时局不稳，货色难弄,晓得唐先生眼界,今天送来元代钧窑花瓶一对,还有八色礼品。"老先生眼睛动了动:"喔,八色有点啥货色呢?""绿霉、红泥、蜡黄各色齐备,唐先生不妨看看。""上海滩做古董生意的,滑头货多,崔老板算例外。"老先生瞄了一眼台子上货物,又说:"崔老板还不曾拿赝品来考我,算是古董业界良心,好吧,先看看货色。"赵理君和姓谢的揭开绒布,捧起花瓶送到老先生面前,老先生退半步,上下端详,遽尔凑前,摘下眼镜,鼻子几乎要贴到花瓶上,徐徐转动瓶身,伸手擎住瓶口捏搓,摩挲良久,说:"胎质粗松,积釉肥厚,釉色浑浊,是元代钧窑相。"小薛手心出汗,听老先生一说,心里定了几分,老先生翻转瓶身,像猴子捉虱子,对着瓶底的铭文左右细看,一声不响,好一阵,花瓶放回原位,戴上眼镜,背靠沙发,吐出一句:"不过,器形扭捏,有失大气。恐为清代仿品。话说回来,凭崔老板的底气,应该不会被出手的人家愚弄。"小薛记起对答词,接口:"唐先生眼界锐利,这对瓶子,釉色天青月白,唐先生方便,可以拿放大镜细看,釉内气泡大而疏,釉水流动明显。"对方摆摆手,小薛不解其意,继续说:"上家是清代遗民,流转有序,应该是真品。"老先生不发声音,沙发上闲坐片刻,说:"其余的就不看了,这一对花瓶,我不想留下,今天到此为止吧,崔老板手里还有啥货色?"赵理君嘴角露出一丝旁人难以觉察的微笑,姓谢的刚才还是直勾勾的眼睛转向了天花板,小薛连忙说:"唐先生有时间,不妨看看八色礼品,红泥一件,是万历初年,宜兴四大家之一元畅的提梁壶,民国元年自宫中流出,器形饱满,包浆幽光沉静,难得好货色,还有蜡黄,吴派画舫一枚,相当精致,乾隆年间苏州牙雕艺人陈视章作品,绝对是配得上唐先生赏玩。"小薛把背得出的话差不多说完了。老先生慢悠悠答道:"上海滩做古董生意的,还是急啊,比不上北京做古董的,这一行,讲简单的,就是客货对路,对不上,就不勉强,讲复杂的,就是姜太公钓鱼,学问大了,慢慢来嘛,崔老板忘记了,红泥我已经老长时间不玩了,蜡黄,我一向是不收的,好了,下个礼拜再约时间,送客。"仆役伸手做出请的手势,赵理君和姓谢的收拾物件,小心翼翼抬出,大门嘭的一声关上,小薛急汗一身,回到车里,小薛泄气,说:"赵先生,生意没做成,对不起哦。"赵理君说:"小薛可以,有生意人腔调。"伸手用力拍小薛肩膀。

2

壁炉,是蹲伏的黑腔巨兽,一年之中少有动静,等到赤焰吞吐,壁炉就活过来。壁炉静谧时,黑洞洞,是开口的哑巴,所有家具围绕这哑巴,向来礼让,以示主次尊卑。壁炉是房间的情趣中心,油画,相框,座钟,摆件,琳琅于壁炉架上。冬日上海湿冷难熬,柴火哔啵爆响,炉火升腾,带来一屋温暖,还有短暂融洽。围炉夜话,所谓推心置腹,是背景,衷曲款款,就靠壁炉衬托。中国本没有壁炉,取暖,北方有火炕火墙,西南则有火塘,江南一带,用陶瓷炭盆,众人围坐,炉灰盖住炭火,默默阴燃。还有手炉,捧一只装炭铜炉,微火余烬,以慰冻僵的手指。壁炉挟洋房之势而来,上海滩壁炉成千上万,炉膛除了西洋进口耐火砖,民国九年起,还用国产泰山耐火砖,壁炉烟道顺墙壁拔起,越过天花屋顶,竖为烟囱。英式烟囱棱角分明,挺拔伟岸,西班牙式烟囱,头顶赤陶烟管,敦实得像个农民。壁炉装饰,或雕花柚木,或雕花大理石,或蛮石堆砌,各不相同,更敷以精致瓷片,可见工匠巧思。在上海滩,很难找到两只一样的壁炉。烟囱是洋房的阳具,烟囱的招摇,在于性征,将洋房壁炉封掉,烟囱拔除,如雄性动物去势,即刻委顿下来。

廖夷生家客厅壁炉上方,本应挂油画位置,挂一个小小十字架,下面一行小字:神爱世人。大热天,靠近壁炉倒有一点凉意。去年冬天壁炉没有生火，一打仗，柴爿送不上来，加上近年上海有钞票人家流行电炉取暖，美国进口电炉，没了脏兮兮的炉灰，烧壁炉意愿降低。

"少爷，太太叫。"佣人在一旁催促。廖夷生少爷今天有点怪，趴在壁炉口，朝黑漆漆烟道张望，弄得手和鼻子沾了一层浮灰，原本白净的脸显得更加苍白。廖太太这几年胖了一圈，去年夏天刚做的真丝印花电力纺睏衣，今年已经撑不落了，只好送给下人。看到儿子手和脸沾着黑灰，廖太太叹了口气："下午沈家姆妈来打牌，客气点，不要一转身就讲人家三姑六婆，以为人家没听见，再讲，沈家姆妈也没有坏心，不过就是让宝贝和漱芬多来往，宝贝不喜欢，也不要给人家脸色看，晓得吧，爸爸生意上还要靠沈家帮忙嘛。"二十多岁了，还叫夷生宝贝，廖夷生不出声，随手在母亲床头柜上五颜六色罐子中翻弄，打开罐装巧克力，抓两块放嘴里。廖太太日趋肥胖，跟这几只罐子有关。廖夷生眼前浮现出沈漱芬龅牙外露的样子，每次笑，都努力合拢嘴唇，越显得吻部突出。"看呀，看呀，手上的灰噢！"廖太太叫起来："哪能这样没规矩的，一打仗，学校停课了，大夏大学，还去贵阳了吧。"廖夷生答："不是贵阳，是贵州一个啥小地方。昨天寄材料来，讲在静安寺路重华新邨又开了沪校。"廖太太："谢天谢地，还是太太平平去读书好。"廖夷生怏怏说："还没想好，学校也学不出啥。""哎，日本人这一搞，南洋的生胶运不过来，橡胶厂就没法开工，昨天又听讲，日本人拿橡胶列为军需物品，要管制。爸爸的脾气，上上下下晓得的，人人可以求，就是不去求日本人。"廖夷生讪笑："像我爸爸。"廖太太愠怒："胡说八道，不像宝贝爸爸，像啥人的爸爸，我关照宝贝噢，不要跟学校激进分子一道搞。""姆妈晓得啥激进分子啊。""姆妈会不晓得？就是哇哇叫的抗日分子，上趟来的班长，就像，这个班长，少来往噢。宝贝好好读书，抗日的事体，有蒋委员长操心。搞到现在，橡胶厂生意做不成，大学书又不读，一家人缩进租界里，算啥名堂。"

佣人来告，沈家小姐来了。廖太太忙说："对对对，送羽纱来的。"噔地从梳妆椅上起来，"快，快去陪陪人家漱芬。"楼下客厅，沈漱芬穿一件紧身洋布旗袍，浅灰底，点缀秋香绿加嫩黄的羽状图案，廖夷生从来没有正视过沈漱芬，今天觉得漱芬亦有漱芬的漂亮。漱芬说："廖伯母，姆妈叫我送羽纱过来。""呀，沈太太也是的，下午来打牌，随手带过来就是了。"女人说话总是有点夸张的，廖夷生觉得好笑。廖太太问："漱芬是哪能过来的？租界现在也不太平。"漱芬说："车夫开车送过来的。""车呢？""就停花园外头。""哎，女小囡，进进出出要当心呀。""姆妈讲了，廖伯母正好要衬里，老介福断档了，屋里有一大块。"漱芬从布提包里抽出羽纱，叠角四方，递上。"哦，谢谢谢谢，"廖太太忙不迭说，"我去给老裁缝，夷生，陪陪漱芬噢。"

廖夷生晓得，两边家长各有点小脑筋。沈家是做炭黑生意的，沪西潭子湾有不小的厂，工人一个个墨墨黑，像非洲人，沈家的千金倒是白净。沈老板的炭黑是橡胶厂的原料，加上沈老板市面上兜得转，常常帮廖家橡胶厂介绍客户，两家开始越走越近。

两人无话，廖夷生的眼睛就是取景器，沙发里的漱芬，臂膊轻压扶手上，中指抵住下巴，落地窗一缕光，勾出轮廓，廖夷生脑子里立刻跳出数据，瑞典哈苏相机，德国蔡司120毫米镜头，18定矮克发安色微粒胶片，曝光时间十五分之一秒……"夷生哥哥，姆妈讲哥哥拍照老灵的。""学校里的功课，谈不上灵不灵的。""永安公司楼上，犹太人开摄影学校，我去听过两趟课，讲感光度，数据就写满满一本簿子。""哦。"廖夷生的取景器四条边立刻散了。"夷生哥哥，老师不让弄照相机，像上数学课一样，爹爹买的禄莱，还没有打开过，可以教教我吗？"女人在镜头前面，男人在镜头后面，弄照相机是男人的事情，廖夷生想。"漱芬先去上课，以后有机会，我来教。""谢谢夷生哥哥。"

两个人又不说话。

佣人进来续茶，茶杯盖当的一响，漱芬半直起身，又坐回去，抽出手绢，轻擦粉腮上的细汗，廖夷生的取景器再一次打开，并拢的双腿，形成Z的弯曲，旗袍下摆开叉，削瘦的膝盖，是塞尚的静物。"夷生哥哥，长远没看见安怡姐姐了。""姐姐昨天来过了，跟姐夫一道来。""噢。"漱芬找不出可以说的话，低头弄手绢。廖家的事情，漱芬晓得的，大概比廖夷生还多，漱芬的妈沈太太是个呱呱鸟。二十多年前，医生断定廖太太是不育的，廖先生也算开明，孤儿院领了个漂亮小女孩，就是廖夷生的姐姐，后来，廖先生携太太去美国买机器，回程邮轮停靠夏威夷，出乎意料，怀上了孩子，取名夷生。这份上天的美意，让廖家高兴万分。对姐姐安怡，廖太太是尽心善待的，读完高中，没过几年，找了一家好人家，嫁了安怡，陪嫁丰厚，外人很难看出安怡不是亲生的。

"漱芬，吃点心呀。"廖太太闪进客厅，拿起瓷碟，国际饭店蝴蝶酥金黄酥脆，递到漱芬面前，天热，再加穿着浅色旗袍，漱芬拿起落酥皮的点心，有点狼狈。廖太太一墙之隔，眼看年轻人没了声音，赶快过来冲淡冷场，对这个小姑娘，廖太太觉得样样好，唯一小欠缺，就是比夷生小太多，她心目中未来的媳妇应该比儿子小一点，小两岁。"漱芬，来来来，我正好有一块印度绸，给漱芬做件旗袍，过来看。"廖太太拉着漱芬的手，转身到一墙之隔的大间，本来房间一圈沙发，廖先生用来见生意朋友，现在椅子和沙发挪了位，中间一张大台子，覆了本白坯布，四角扎紧，摆满布片，纸型，针线，划粉，剪刀，几只熨衣烙铁，紧压瓦盆炭火。宁波老裁缝，鼻梁托老花眼镜，眯起双眼，一板一眼，拼凑人形模特身上衣片，徒弟一手刮板糨糊，闷头给布片定型上浆。廖太太顺手抖开一块彩色料子，披挂漱芬胸前，"看看，漂亮吧。"大穿衣镜透出漱芬花团锦簇苗条身材，"夷生，一道过来看看，看看姆妈眼光。"姆妈的话，夷生向来是听的，过来的意思，夷生也懂，他的不情不愿，闷进心里，小脾气也不会当着客人的面发："漱芬妹妹，这花型真的很配。"夷生只说了一句，就退立一边，夷生发现漱芬也有入镜的角度，特别是顾长的脖子。漱芬通过镜子看到夷生的眼光，脸一下绯红起来。老裁缝规规矩矩给漱芬量身材，三围，体长，手里皮尺，轻轻一扯，报出数据，徒弟应声记在白纸上。老裁缝手指干瘦，跟漱芬身体保持距离，漱芬面颊发烫，廖太太满脸笑意。老裁缝每年这个季节过来，给廖家做秋冬的衣裳，奉帮老法师，用上海赚的钞票，在老家买了不少田。夷生眼里，皮尺总有点猥琐，特别是老裁缝给自己量档深，一上一落，皮尺碰到的地方，总让人不适。两个女人开始商量领头高低，为了高半寸或低半寸，拿不定主意，最后请教老裁缝，老裁缝笑笑，推推老花镜："前两年行高领头，现在又低下来了。"夷生也明白，女人的兴趣是男人无法理解的。"夷生，布庄送来兰开夏呢料子，喜欢藏青还是铁灰啊？不喜欢西装，做一套飞机衫也可以。"廖太太捧定一段英国进口呢料，廖太太讲的飞机衫，也叫夹克。夷生说："姆妈，不要再做了，衣橱里挂满了，只有女人欢喜一套一套的。"廖太太说："怪吧，漱芬听到吧，跟姆妈还分男人女人。"夷生不出声，母子间的理解或隔膜也就到此为止。第一次发现儿子的内裤上有精斑，廖太太不可能体会夷生的慌张和不知所措，当那些液体要寻找出路，身体和幻象的煎熬，母亲同样无法让儿子得到一点点帮助。很长一段时间，夷生在巅峰和罪恶感之间循环往复，夷生害怕自己身体，有个无法控制的妖怪，即使以后有了经验，夷生也不可能和母亲交流。

印度绸色彩斑斓，老裁缝三只指头捏定划粉，拉出挺直的线，手法娴熟，又带点久混江湖的油，女人开始谈论胸褶，是侧开还是直开。当然是侧开，漱芬又没有肚皮，夷生想，这点空间概念，还是有的，夷生没有出声。老裁缝告诉漱芬，过一个礼拜，可以来试穿，漱芬笑盈盈的，一点点龅牙也好看起来，裁缝摊子永远是女人的乐园。夷生想的是另外的事情，藏在壁炉烟道里勃朗宁手枪，没有人晓得手枪用油纸包紧，塞进沾满烟灰的耐火砖夹缝里。

1938年7月7日傍晚，夷生第一个被法租界巡捕房释放，后面四十八个同学还排队过堂，法国巡长识货，夷生一箱子摄影器材，全部是欧洲厂家好牌子，对眼前年轻人，巡长开玩笑说："把镜头机身装起来，就放你走。""真的吗？""当然啰。""什么时候开始？""还要发令枪吗？开始！"不到一分钟，喊里夸啦，连三脚架也撑起来，夷生立一旁搓手，巡长笑了，箱子里几张放大纸试样，巡长伸出食指中指夹起，对着局部人体和花朵，横看竖看，他一下来了兴趣："Jolie cul."巡长咧开嘴："噢，Parfait，找机会，给我女儿也拍几张，就按照这个。"巡长指着照片里光滑屁股。廖夷生削瘦苍白的样子，实在不像搞暴动赤色分子，天黑之前，寻不出其他理由，其余四十八个学生全放了。事情起因是素食聚餐会，八仙桥青年会三楼，一帮学生纪念七七事变一周年，聚拢吃素斋羹饭，有人告发，说现场有人撒传单，既然发生在法租界地界，巡捕房闻风而动。

夷生一直不属于这个圈子，廖夷生看来，几个激进分子，学业上不放心思，碰到事体，大呼小叫。传说这几个人不简单，背后有人的。叫廖夷生帮忙的政治系"班长"，演讲比赛出风头，《中国命运之前瞻》，一开口，标准国语，一口气，一个多钟头，政党轮替、权力制衡等大词信手拈来，让廖夷生这类富家子弟由衷佩服。班长叫廖夷生去聚餐会照相，算是看得起廖夷生。在班长眼里，廖夷生一类主张唯美的同学，是同路人，但不是最终战友，前进道路上，同路人随时随地会掉队，甚至背叛。巡捕房开了卡车，到青年会捉人，女生中有人哭，有人吓得瑟瑟发抖，巡捕让学生排队，像一群小绵羊，首尾连贯，赶上卡车,班长混在末尾,紧跟哭哭啼啼女生屁股后面,只有廖夷生和国文系的李凯若无其事,卡车上交头接耳,津津有味嚼素鸭。

上个礼拜,久未露面的班长突然找到廖夷生,讲是有样东西要帮忙保管,又讲是考验廖夷生的时候到了,夷生觉得帮忙可以,考验啥的就免了,没想到,班长腰眼里东挖西挖,递过来一支手枪。夷生一惊:"枪啊!没有子弹吧?""有,七粒。""哟!不会走火?""保险掐着呢,没玩过吧?嚇,忒胆小。""这,放我手里,有麻烦吧。""麻烦不麻烦,就看你了。""什么时候来拿,不要拖时间,越快越好吧。""成,看你吓的。"班长回答非常爽快。夷生开始有点犹豫,后来觉得,家里十几间房间,塞哪里角落,无所谓。接过手枪放进摄影箱子,廖夷生担心油纸黏手,渗到镜头机身,坏了一箱子宝贝,一到家里,关牢自己房间门,打开细看,勃朗宁 M1903 手枪,比利时产,枪柄冰冷,电蓝幽光,赶紧用油纸包好,想来想去,趁家人不注意,挪到客厅,撬开壁炉炉膛上端耐火砖,塞进去。

漱芬是识相女孩,既然羽纱送到,点心吃过,廖伯母又让裁缝师傅量了身材,便起身告辞。廖太太本来想留漱芬午饭,漱芬说姆妈在等,廖太太不勉强,让夷生送。一阵雨飘过,夷生撑了伞,跑到花园门口,让司机车子倒进来,雨廊下,为漱芬开车门,漱芬看夷生跑来跑去样子,心里一热。廖夷生不讨厌漱芬,漱芬温温的,好脾气,长得不算漂亮,皮肤雪白,看不出有啥小心思,夷生只是觉得,一件事情,大人背后有了手脚,就不舒服。漱芬摇下车窗玻璃说:"夷生哥哥,拍照,一定要教我的噢。""我教,漱芬先学装胶卷,用废纸卷练,练熟了告诉我。""我会练的,练到哥哥不嫌贬我笨。"

愚园路,从静安寺到兆丰公园(中山公园),自从日本人来了以后,完全变了,本来树影婆娑,宁静优雅,小洋房一栋连着一栋,现在，成天有杀气腾腾军车，一路警笛呼啸而过，忆定盘路口，抄靶子便衣，一言不合，拳打脚踢，有人多讲了几句，从此失踪。更为不可思议，愚园路朝西，一下子冒出许多赌场、烟馆、夜总会，"惠尔登""惠尔康""伊文泰"，最大的赌场"好莱坞"，正大兴土木，第二年正式开业，就在兆丰公园和忆定盘路之间，日日夜夜灯火通明，赌台几十只，大小，廿一点，老虎机，百家乐，大型西洋轮盘赌，中外美女，法式大菜，要啥有啥，赌徒蚁集，三轮车夫黄包车夫一听到去好莱坞，晓得是大好佬，拉了个赢钞票的，还有外快。日本人占领区，销金窟背后，抽头的当然是日本人，日本人就是要上海失血，溃烂，养肥占领者。附庸在夜总会周围，大大小小咖啡馆、茶室、西点铺，接二连三。廖夷生搞不明白，文娟见面，提出要在愚园路匈牙利咖啡馆。

以前，文娟和夷生碰头，喜欢在兆丰公园大理石亭，亭子长方形，左右壁龛，两尊西洋裸女雕塑，文娟夷生熟悉，雕塑不知出于何人之手，体态玲珑，手感滑腻。壁龛底座齐胸高度，正好摸到裸女脚趾。文娟说，喜欢雕塑衣纹飘逸，有别古典雕塑大块堆积，衣纹顺人体似有似无，如雨水冲刷下的普绪赫（希腊神话女神）。夷生说，喜欢人体凹凸起伏，不在细节上过多雕琢，风蚀水侵，浑然一体。夷生还说，哪一天，公园关门后人迹杳然，让文娟裸体站在壁龛里，拍成真人普绪赫。话音刚落，文娟双手，已经揪住夷生两只耳朵："这只脑袋，除了邪门歪道，还能想出啥名堂。"夷生痛得哇哇直叫，手提牛皮摄影箱子，差点落到地上。"放手，放手！""摄影系男生，这是历史系女生最后警告。""偷袭别人，没有好下场。""借艺术之名，妖言惑众，诱拐民女者，才没有好下场。""我服了，我服了总可以了吧。""哪里来的下作念头。"夷生腾出右手挠耳朵，耳朵火辣辣痛："小姐，落手轻点好吧。""轻点？重的在后头，晓得当众侮辱女性，要受啥惩罚？""还要惩罚？讲。""罗马十二诫明文规定，明目张胆，公开场合侮辱妇女，棒答。""啥?""就是乱棍打死。""啊?""嘴巴不要张得这么大,中国行刑,用竹板,荆条,抽,摄影系男生准备好了吧。"

夷生喜欢在大理石亭后面,靠近圣约翰大学一片枯枝乱树里取景,区隔荒僻,游人罕至,向晚更是云低树密,偶有火车汽笛声,伴随鸟语,文娟以峦石为凳,眉眼低垂,睫毛轻扫下眼睑,或者,抬头望天,黑发随风轻拂,瞳孔如水晶,嵌入苍凉暮色。夷生把焦点对准鼻梁,后景一片朦胧,精致的眉骨,纤薄皮肤覆盖,血管如植物脉纹,隐约浮现,双眉自眉心蜿蜒而出,越过眉骨,弯向两侧,夷生通过哈苏取景器,读取细节,如一个瞄准猎物的偷猎者,只需按下快门,翻盖"啪啦嗒",取景器里所有一切,立刻记录在胶片上。此时,夷生只是看,看得急促,忘记了周围。突然,取景器里的女子站起身,脸色惨白,双眼冒出一股黑气,五官扭动,仿佛隔着波纹,十个手指,指甲削尖,弯拢,朝镜头伸过来,夷生大吃一惊,猛抬头,眼前的文娟安安静静,侧身坐在石头上,夷生再次低头看取景器,画面只有黑白二色,黑气浓重,慢慢散开,皱纹在文娟脸上爬行,嘴唇滴血,目眦尽裂,一边痛苦地舞动前肢,俨然在衰朽煎熬中!夷生不敢再看下去,啪地盖上取景器,一时呆在那里,"不拍了?"文娟问。"不拍了。""不拍也好,可以想心思,免得僵坐。"夷生竭力镇静,不让自己对照眼前和镜中图像,观察文娟面孔,深秋风冽,少了树叶阻挡,直接从苏州河上吹来,苍白的面孔似乎有异样,夷生说不出这异样是什么,是人气还是妖气,文娟坐着一动不动,暮色渐浓,文娟融入聚拢的寒气中。

夷生的奥斯汀小汽车顺愚园路往西,燠热难耐,路边围墙树木,一片光亮,仪表盘上,发动机水温接近高位,车窗全部打开,还是热,空气又黏又稠,握方向盘的双手已经湿透,上海就是这样,一下子湿得墙壁都会出水。车过地丰路,英侨学校,严家花园,苏格兰兵营,洛克菲勒公馆，锦园，眼看就要过忆定盘路，有人叫"停车"，三四个便衣拦在路当中，前面车辆几经交涉，无果，转弯，朝大西路方向，另寻出路。夷生拉紧刹车，巡查人凑近，问："先生去哪里？""前面兆丰公园。""对不起，车子不能过去，封锁。""啥辰光可以走？""不晓得。"旁边有人搭话："前头王伯群公馆，日本人征用了，机枪也架起来了。"巡查人喝道："识相点，少啰唆，跑开！"夷生倒车，锦园对面犹太房子旁边停妥，锁上车门，一看手表，和文娟约定的时间还差十分钟，重回路口，巡查人翻看夷生手提包，文件夹，挥手放行。愚园路有一个小小弧形，前面王伯群公馆，今天大不一样，围墙外一圈岗哨，日本兵摩托车弄堂口一横，两挺机枪，船型车斗上拉开，黑洞洞枪口，对准前方，像随时会射出子弹，路人只能从马路对面绕行，愚园路宽不过十几步，经过的人步履匆匆，提心吊胆。

夷生想，这个王伯群，虽然没有见过面，也算大夏大学校董，现在跟着大夏大学，跑到贵州山沟沟里去了，留下这栋阴森森哥特式大房子，有点滑稽。正想着，日本兵叫道："你，过来！"夷生一抬头，日本兵指的就是自己，眼前日本兵，枯草色军帽压低，帽子后面，猪耳朵披布，汗液渍得发白，热气熏蒸，面孔涨成猪肝色。夷生停下脚步，日本兵又叫："过来。"夷生只好横穿马路，朝对方靠近，近得机枪枪管上散热片看得一清二楚，两个日本兵和五六个中国便衣围拢上来，日本兵指指夷生手中的照相机，又指指自己胸口，哇啦哇啦讲了一通日本话，看着日本兵板起的面孔，夷生连忙摇手说："对不起先生，我没有拍照，请看，照相机没有打开，胶片还没有装上去。"日本兵拉住不放，夷生："不信，可以打开来检查。"身旁便衣拿起相机，打开皮套看了看，说："没开，也没有胶卷。"转而又对夷生说："拿照相机晃来晃去啥意思？是弄照相机的地方吗？"夷生连忙说："先生讲得对，下趟晓得。"随即抽身欲走，日本兵急了，攥紧照相机皮带，哇啦哇啦一串日本话,便衣也搞不清意思,眼看日本兵就是不松手,赶紧朝弄堂深处跑去叫人。翻译来了,对话半天。翻译说,日本兵要夷生帮忙拍照,要夷生答应,代寄去日本,翻译话音刚落,日本兵拿出十元法币,双手递到夷生跟前,朝夷生深鞠一躬,夷生一下没有反应过来,推托一阵,连忙打开相机,装上胶卷。两个日本兵摘下军帽,额头一圈勒痕,沾满汗珠,随手用袖管擦拭,挺身站直,等夷生拍照。夷生对准焦距,镜头里的人,年轻,大约二十出头,面孔来不及收拾,留一圈胡茬,鼻尖上汗珠聚集,紧绷的脸有一点不自然,一张拍完,换一个,另一个日本兵约三十岁,皮肤黝黑,面色严峻,门牙有缺口,是个老兵。照片拍完,夷生汗流浃背。自从操纵相机,从来没这般错乱,又怕黏滑手指,碰到镜头,缩手缩脚,浑身不自在。两个日本兵要来纸笔,一笔一画用汉字写了地址,一个写的是:日本国岩手县御茶本乡七丁目3番1號辻堂杏子様。另一个写的是:日本国栃木县桃沢寺前四丁目7番15號樱田由美様。写完,毕恭毕敬送到夷生手里,夷生答应,寄照片事,一定照办。夷生瞄一眼字条,收件人是女的,要么是老婆,要么是娘,心里牵记远征的人死活,就是拍照的原因吧。啥人可以预料,讲不定明朝,飞来一颗子弹,亲人就再也见不到了。夷生收拾照相机,一看手表,和文娟约定时间已经过了半小时,连忙告辞。好在匈牙利咖啡馆就在不远处,夷生汗津津一路小跑,也不管日本兵在背后"哈侬哈侬"弓起身体打招呼。

匈牙利咖啡馆门面不大,十张桌子,临窗金色花体字Hungary,描成玫瑰缠枝样式。传说老板娘黑发洋种,是个布达佩斯混到上海的交际花,尽管残花败柳,在上海滩西人里混出点名气,也有人说,老板娘专门帮西人拉皮条。夷生推开隔纱玻璃门,见文娟坐在靠窗一侧,阳光透过半幅细麻白窗纱,投在文娟胸前,像幽暗房间里一堆银器,静静无声,发出光亮。"对不起,文娟,碰到封锁,车子不让开过来,半路上，又被日本人拉住，缠了老长时间，一直跑不掉，搞到现在。"看着夷生，文娟不发话。眼睛里没有一点责备意思。夷生喘着气说："文娟，看，好消息，企鹅出版社来信了。"夷生移开咖啡杯，淡黄色牛皮纸纸卷，封口一连邮票，英王乔治六世头像五先令，内里一道薄绵纸，薄绵纸打开，是细纹铜版纸，油墨味溢出，纸卷慢慢展开，夷生摄影作品，赫然印在上面，是裸体的文娟，丽娃河宁静暮色，烟雨未歇，白兰初绽，背景衰草杂乱，前景皓腕凝霜，漆黑长发，风吹得逸出画面，正好遮住半张脸。文娟看得仔细，不发一声，阳光投在纸面上，越发生动。许久，夷生展开第二张，也是文娟，白色短袖旗袍，汉代画像砖纹样背景衬托，笑容灿烂，阳光顺藤蔓缝隙，如朵朵白斑落下，面部、旗袍、背景浑然一体，布满椭圆形大小不一亮点，毫无雕琢，一派天然，满纸粉色生春。作品下面印一行小字：By Eason Liao（China）。

夷生说："总算有回音了，英国出版商来信，一条条写得仔细，只要没什么意见，*Human* 就可以出版了，假使在影调和细节上，作者不满意，还可以修版，邮件来回时间长，截止日期会紧张，我看过了。你帮我看看，色调是不是太深了，外国人欢喜影调偏暗，从浅到深，层次一级一级出来，讲究灰调子里丰富，你爸爸比我懂。中国人欢喜清爽，干干净净最好，十个有九个会盯在细节上，不欢喜皮肤上斑啊疤啊，别说皱纹，一点点痣也要弄掉。"文娟只看不语。夷生说："中国人和外国人，从小色彩训练不一样，摄影系教授讲，中国婴儿第一眼看母亲，瞳孔是黑的，外国婴儿看母亲，瞳孔是蓝的，绿的，灰的，第一口奶，味道就有差别。你们历史系不会讲这个。不过，我不同意，中国人的瓷器，色调才叫高级，鸭蛋青，豇豆红，烟霞紫，颜色节制，几百年前的色彩分寸感，外国人学也学不像的。出版社说，印刷这批照片，请了伦敦最高级暗房技师，出了一大笔钱做出来，看上去确实舒服，你看，英国人不讲轮廓锐利，讲层次细腻，就是上海暗房师傅一直叫赞的肉头厚，让人感觉到物体丰满，文娟，开心吧，第一次和世界上九十九个杰出摄影师并列，应该祝贺我，出版社稿费寄来了，是英镑，我要为文娟搞一次庆祝，两个人的庆祝。别人一个也不请，也不让任何人知道，这些照片，永远是秘密，世界上只有两个人知道，一个是文娟，一个就是我，一直到老，藏在肚子里，带到棺材里。"

"廖夷生，我怀孕了。"像暗盒突然无端打开，所有胶片作废。夷生呆在一边，嘴巴半张，很长时间，脑子一片空白。文娟看夷生没有反应，又轻轻重复一遍："廖夷生，我怀孕了，是你的孩子。"夷生不知道怎么回答，闷了半天，才憋出一句："不可能，不可能，我每次都是放在外面的，对吧，你也知道，怎么会有孩子，到底真的假的啊？"廖夷生脑子里突然出现和父亲一起泡浴室的图景，第一次看到父亲下体，自己就是从那个黑黑肉管里钻出来的小虫。文娟说："是真的，去医院检查过了。""不，不能有孩子，真的，我一点心理准备也没有。""廖夷生，我不是来求你，也不是要挟你，孩子既然来了，我应该要告诉你。""嗯，我，我知道了。""接下来怎么办，给我一个态度。""我有什么办法？"夷生几乎要哀求了，"一个孩子，一个活人，怎么就来了。""我就不是一个活人？"两人无话，文娟说："我只是活在你的照片里，是你照相机前的一个摆设，孩子来了，你只是说自己没有心理准备，你没有办法。""我真的没有办法。""你就没有想想我，想想一个女人的处境。""对不起，文娟，我懵了，刚才的话，全部收回。"夷生心里有歉意，夷生难以想象，文娟腆着大肚子，迈着鹅步朝自己走来。夷生说："我是爱你的，这你不用怀疑，不过，我真的没有想好，怎么来面对这件事，这太突然了。"侍应生端来咖啡，夷生手忙脚乱收拢邮件，印刷品弄出折痕，也顾不得了，廖夷生总算坐稳，压低声音说："能不能这样，文娟，先把孩子弄掉，这你不用担心，我联

"廖夷生,我怀孕了。"像暗盒突然无端打开,所有胶片作废。夷生呆在一边,嘴巴半张,很长时间,脑子一片空白。文娟看夷生没有反应,又轻轻重复一遍:"廖夷生,我怀孕了,是你的孩子。"

系最好的医院和医生，给你最好的照顾，摄影系一个女生，也是怀孕，她男朋友是教育系的，你也认识，后来，去蒲石路犹太医院做掉的，在医院里住了一个多礼拜，出来人都胖了。这样，我们就去犹太医院，所有的事情，你都不用管，我会处理妥帖的。""你是想尽快逃避，你心里只有自己的照片，没有其他人，我只是你的免费模特儿，一个让你发挥浪漫想象，随意摆布的对象，孩子来了，你急着弄掉，撇清关系。""你还要我怎么样，我都已经急死了。你说说，他到这个世界上来，有什么意义？""你还跟我说意义，和一个异性在一起，获得她的肉体，那时候你从来没有想过意义。说来说去，你只要快活，不要孩子，我知道了，廖夷生。"文娟说完，起身推门往外走，夷生叫道："文娟，文娟。"伸手去拉，没拉住，跟着跑出咖啡馆，拦住文娟，文娟说了一句："放开我，你也不用再解释了，到此为止，再见。"头也不回，走了。

3

仲芳昨天晚上喝了点酒，睡得迷迷糊糊，一夜似梦非梦。刘正昌几个同事来聚餐，艾伦也来了，两个巡长带太太，艾伦单身，仲芳眼神就一直落在艾伦身上，仲芳时时提醒自己，有意无意的瞄，多少有点失态，但依然忍不住。仲芳也讲不清楚，为什么会被这个淡棕色头发英国男子吸引，越是看艾伦，越是会想到珍珍，想到艾伦微翘的下巴，磕在珍珍扁平的额头上。仲芳眼睛泛酸，外国人有点拎不清，珍珍这种女人，真的不值得献殷勤。还好，女眷之间的谈话，让仲芳思路转移，温度恢复正常，一半的内容，关于孩子，仲芳又被问及几时添个宝宝，仲芳有准备，统一回答："急啥，正昌也不急嘛，我还想重新去做职业妇女。"女眷们半带羡慕半带嘲笑："好了好了，刘巡官这点薪水,还用得着仲芳出去赚钞票,早养早太平,无线电里产科医生讲,女人最好生育年龄,从廿二到廿八岁,超过三十五岁,戆大儿子比例就高。""瞎讲。""不是吧,人家留学德国的,讲得有根有据,讲女性恢复功能,细胞再生能力。""仲芳,做职业妇女,啥工作合适呢?"仲芳说:"帮几家洋行翻译,商业合同,银行单据,英文电报过来,立时三刻要转中文,最急的,起草英文信件,几分钟弄停当,培明女中老同学,催过好几趟,要我去上班,人家还讲我搭架子。"

艾伦凑过来:"几位太太,聊什么呢?"女眷插嘴:"艾伦先生猜?""猜不出哦。""劝刘太太早点生孩子。"艾伦颔首一笑,仲芳脸涨得通红,猛推身边女眷,女眷改口:"讲职业女性,仲芳不想一直做家庭妇女,要去做翻译。"艾伦说:"刘太太完全胜任,英语没有问题。"仲芳抬头,艾伦浅蓝色瞳孔,唇上短髭,梳理得服服帖帖,像极了一个什么电影明星,仲芳一时想不起来,一股淡得可以忽略不计的香水味,两人双眼温和对视,她像触了电,轻微的颤栗,从下体沿中膈直冲脑门。"艾伦先生过奖,英语,忘记得差不多了。"艾伦说:"女性有语言天赋,刘太太的能力,我能感觉到。"仲芳一时找不到话,她觉得艾伦目光一直停留在自己身上,既兴奋又不安。幸好王妈轻声招呼仲芳,为艾伦准备西餐餐具,问刀叉塞啥地方了,仲芳才短暂避开客厅。

男人们仍旧围在沙发里谈话,刘正昌说话大声,厨房就能听到:"黄道会又在三马路绑架?""巡捕没有追上,肉票弄到北四川路新亚饭店去了。""伤了我们的人。""黄道会在新亚有个据点,杀了好几个抗日分子。""北四川路现在是日本人的地盘,黄道会的头头叫啥?""常玉清,巡捕房有案底。""什么罪名?""走私军火,贩卖鸦片。""日本人怎么会看中这票烂污货?""日本人用黄道会对付抗日分子。公共租界里几家报馆,大美晚报、文汇报、华美晚报全部挨过炸弹,经调查,作案的就是黄道会成员。""恐吓信是怎么回事?""华美晚报总经理朱作同报案，收到黄道会纸盒，内有血迹斑斑一截人手，附有西式信纸，写落：如不更变抗日态度，当再以新物奉上。""有线人称，警务处督察长陆连奎之死与黄道会有关。"刘正昌说："想起来了，黄道会的常玉清，是不是三百斤大块头？有案底的，绰号两吨常，柏油桶。""对，老早是青帮通字辈，靠青帮关系，拉拢一帮流氓。"客厅里一人一句，说得正起劲，仲芳视线，掠过厨房门缝，穿过走廊，能看到艾伦的背，漂亮的一字肩，雪白精梳府绸衬衫，看得仲芳心跳耳热，她真的嫉妒珍珍，能够得到艾伦欢喜，一定是珍珍这个小女人，用了什么手段，把艾伦弄到手。

王妈和帮手开了大油锅，噼里啪啦炸鳜鱼，鳜鱼拗成U字形，像波涛汹涌大海里一只船，油烟腾起，王妈顺手把厨房门关上，催促仲芳："啊呀太太，头发吸进油镬气，汏老半天也弄不清爽的呀，快走快走。"仲芳问了备菜情况，转身步入走廊，只听到刘正昌说："黄道会的人有帮派背景，原来就是地痞流氓白相人，烟馆娼寮，少不了这帮家伙，日本人没来之前，就是巡捕房常客，现在仰仗日本人背景，有恃无恐。艾伦，英国人怎么对付流氓？"艾伦耸耸肩："简单，过去，流放澳大利亚，一船一船装过去，死在半路的也不少。""死了呢？""扔海里，前前后后，总共流放了十六万罪犯。""重犯也流放？""流放的大部分是轻罪。""永远无法回英国？""永远。"大家"哦"了一声。

艾伦继续说："现在不流放了，关监狱。"刘正昌说："租界外头事情，巡捕房无权管，租界里横行不法，真当巡捕房是摆设。"艾伦说："正昌，巡捕房难道不是摆设？你想想，今年三月日本人通过商社，从租界警务处买了廿七支手枪，磨掉枪号，转手给黄道会，又跟警务处申报手枪失窃，现在黄道会手里的枪比巡捕房还多。"刘正昌两手一摊，做了一个无可奈何的手势，转过头来，说："艾伦，我们呈报租界工部局，以扰乱公共租界治安为名，通缉常玉清。"艾伦说："我看可以,只要不提日本人,日本人抓不住把柄,我们可以和法租界警务处合作,抓捕黄道会成员。""真抓黄道会,日本人无所谓,日本人也知道,一群地痞流氓,至少目前,日本人不会和租界当局撕破面孔。我们的目的,警告黄道会,在租界里不要搞事,否则,所有的洋行、商社、银行、领事馆都要来工部局告状。"一个巡长插话:"他们打伤了三班的印度巡捕,枪伤,还好没有伤到骨头。""就是三班的锡克人?""是的。"刘正昌说:"锡克人面积太大,倒霉吃子弹,换本地巡捕,应该不会吧。"两个巡长笑起来。艾伦说:"各位笑什么?难道正昌说错了?"

仲芳轻手轻脚去餐厅看了看,碗碟已经放好,冷盘八道,围成一圈,其中有艾伦喜欢的酱牛肉,她特意关照王妈,去买了小牛腱子肉,用桂皮、八角、香叶、白芷、豆蔻、沙姜去腥调味,仲芳喜欢看到艾伦咬取食物的样子,脖子顺势一扭,撕开食物,那一刻,就是个活泼泼的猛汉。王妈双手端牢骨瓷连盖大汤钵,碎步进餐厅:"太太,汤是分在小盅里,还是一大钵端上来啊?""王妈拿主意吧,艾伦先生欢喜用刀叉,小盅汤里鸡肉屑屑粒粒,吃起来不爽快。""好的太太,差不多,马上可以开饭了。"

大家围坐餐桌,两位女眷叽叽喳喳,夸仲芳菜品好,"虹桥番茄,小闸南瓜,北新泾豌豆,到了仲芳手里,就是不一样,正昌有吃福。"仲芳笑笑,奶油南瓜羹是王妈的拿手菜,奥地利土豆色拉,掺入豌豆和淡红色河虾仁,是仲芳一手泡制,打蛋黄做色拉酱,仲芳弄了一个多小时,一盆泛着奶油光泽的色拉,一下就见底了。仲芳说:"正昌哪里有吃福,每天早出夜归,回来难得早于九点钟,回来第一句闲话,这里杀了人,那里打了枪,听了就没胃口,正昌,是吧?"正昌说:"太太,今朝礼拜,吃太平饭。"女眷插嘴:"刘先生算好的,阿拉这位,一桩案子三个通宵,到屋里眼睛血血红,跌了床上,一天醒不过来。"正昌说:"左派报纸还骂在座各位是帝国主义走狗,我也弄不明白，左派认为城市是罪恶渊薮，没有城市，没有报纸，没有亭子间，没有秩序，啥地方有左派活动的地盘？"仲芳说："刘正昌，不要讲阿拉听不懂的闲话好吧？吃饭就是吃饭，我倒要问一句，平常辰光，印度锡克人跟大家一道吃饭吧？"一个巡长答："不一道，印度人吃抓饭，不用筷子刀叉。"一个女眷插话："哦！我也问一句，这个天气，热得走油，印度人头上，还是包得像只棉花胎，捂痱子啊？""嗨，太太就不懂了，再热，印度锡克人红颜色包头布，是不会放开来的，包头布多少长，晓得吧？""三尺？""再猜猜看？""五尺？""超过十米。"另一个女眷叫起来："哦哟！三十几尺。所以上海人要叫红头阿三。"

艾伦在一旁不语，只顾欣赏美食，他好奇，一种海绵状食物叫烤麸，配细长的菌类和花生，会呈现微妙的味道，本地鸡的烹调方式也和英国大相径庭。仲芳时不时会将鸡块鱼段夹到他前面的碟子里，细花描金铁木筷，像纤细手指的延伸，轻巧而精确。尽管两人之间隔着一位太太，仲芳照顾客人，周全又不露痕迹。一个巡长问："印度锡克巡捕跟中国巡捕比，艾伦倾向哪一类？"艾伦将刀叉放下，咽下口里的食物，用餐巾轻抹嘴角，慢吞吞吐出一句："不可以比。""讲讲无所谓嘛。"艾伦想了想说："没法比，如果一定要说，锡克人 loyal，brave，honest（忠诚，勇敢，诚实）。中国人 smart but sly（聪明，滑头）。"刘正昌一块咖喱鸡含在嘴里，在一旁笑，艾伦像个怕说错话的学生，谨慎选择词汇，刘正昌说："艾伦厉害，一针见血，聪明过头，就是滑头。两位巡长手下的本地巡捕，一个个滑得像黄鳝，抓也抓不牢。"巡长在一旁哈哈大笑。

仲芳别了一眼正昌，赶紧给邻座斟酒，冲淡气氛："来，法国葡萄酒，还是正昌船上朋友，从马赛带来的，勃艮第葡萄酒，1932年份，一瓶不算走私吧，艾伦先生最有发言权了，是吧，艾伦。"艾伦接过话头："勃艮第称为法国葡萄酒之王，是好酒，也要看年份，1932年雨下得少，葡萄汁浓郁，酒品特别浑厚。"艾伦接过仲芳酒杯瞬间，不知有意无意,仲芳小指指甲,在艾伦手心里划了一下。正昌说:"来来来,喝酒,喝酒。艾伦,英国人没有劝酒的,是吧?""那要看和谁在一起了,比如太太。"艾伦凝视仲芳,举起酒杯,不带一点表情,反倒让仲芳感觉涵义多多,脸一下灼热,反正酒桌上,脸红正常。大家都放开了喝,喝得仲芳和两位太太星眼迷离,四个男人满脸通红,完全没有了老闸捕房官员样子。

仲芳一觉醒来,已经快九点,正昌一早就去上班,水草拖鞋放在浴室门口。昨晚酒席是怎么散的,印象已经模糊,好像是嘻嘻哈哈,一群人就走了,原来告别,还要贴面抱一下,仲芳等着艾伦行告别礼,结果也没有。仲芳习惯醒来懒在床上五分钟,王妈拿来报纸,粗翻几页:第一版,"日机狂炸武汉三镇,平民窟顿成瓦砾场。""英籍医生证明,日方确用毒气。""上海县伪治安会,奉令征壮丁七万。""沪西长桥一带,抢劫之风日炽。""良友图书公司破产。"仲芳无暇细读,看标题已经触目惊心,租界里的报纸,有胆称汉奸为"伪",真不知道孤岛暂时安逸,还能维持多久。

一则广告,触碰仲芳眼帘,美商龙和洋行,"坦白"牌内用月经棉,为中西摩登妇女之爱物,解放经期中一切不自由,跳舞溜冰,舒适无比。配图为踏着高跟鞋,掀起裙摆,翩翩起舞西洋美女,仲芳正料想"坦白"形状大小,女人对此无不敏感,按仲芳脾气,她愿意接受新事物,再加上仲芳经常超前落后,只是这坦白需先向仲芳坦白。

王妈推门进来:"太太,早餐要煎鸡蛋吧?""先生吃了啥?""麦片加牛奶,我帮先生煎了鸡蛋。昨天夜里,还有两只凯司令哈斗,先生讲好吃的,留一只给太太。"仲芳还有点隔夜醉,醒了九成:"好的,我就来。"意思是让王妈先去,王妈没离开,反而凑过来说:"太太,昨天夜里听到吧?""啥?""对过文家。""哦?""半夜三更嘭一响,隔两个钟头,又嘭一记。""我一点没听到呀。""天亮快,又嘭一记,更加响,弄得一条弄堂一夜不太平。""文小姐怀孕事体,还没有弄停当啊?""不晓得呀,太太,看,张妈出来买小菜了。"王妈撩起窗帘一角,张妈臂挎竹篮,腰扎藏青围身布,边走边擦眼泪。王妈说:"我去问问张妈。""不大好吧,人家屋里事体,不要去打听。""没关系,我跟张妈十几年姐妹了。"王妈话没讲完,已经下楼梯。仲芳趿上水草拖鞋,立在窗帘后面,只见弄堂一角,王妈拉住张妈,折进围墙斜角夹竹桃下,看不到面孔。仲芳下楼吃早饭,凯司令哈斗,奶油夹心太甜,仲芳咬了一口,放回碟子里,脑子里还是昨晚艾伦,所有客人中,只有艾伦带花来,一束黄玫瑰,毕恭毕敬送到仲芳手里,自从日本人在大西路种德桥铁道口设了岗哨,虹桥花农很少过来,新鲜切花在市区越发稀少。仲芳望着黄玫瑰发呆,艾伦身上,有一种中国男人学不像的东西,讲不清,道不明,却可以感受到。

厨房后门嘭一声推开,王妈拉着张妈进来。张妈眼睛红红,有点可怜相,一见仲芳就说:"刘太太,我这副样子,真不该到刘家来的。"边说边往后退。"不要紧的,坐呀。""刘太太,我东家出大事了,我也要回乡下去了。"张妈两行眼泪下来。"啥事体啊,慢慢讲,有啥不好解决啦?""文先生电影拍坏了,电影公司赔大钞票,要跟文先生打官司。""啥?""文先生电影拍到一半,我也不懂,讲,死也不拍了。""是吧?""就是自家宝贝女儿事体,没有心思拍。""文娟呢?""文先生跟女儿,两个礼拜不讲一句闲话,赛过不认得。昨天半夜里,文先生跟文娟争起来,房门也嗙坏脱。文太太拉不牢文先生,我让文娟回自己房间,文娟跟我讲,让我去死,让我去死,我吓死了,心别别跳,文太太抱牢文先生哭,文娟倒是一滴眼泪也没。"仲芳叹气:"哎,好好一家人家。"王妈在一旁说:"就是呀,清清爽爽文小姐,又规矩又聪明,女人家,这桩事体一脚踏错,后悔也来不及。"张妈说:"我也不晓得哪能办,文先生讲,上海不住了,要到香港去,哎,十几年了,刘太太看在眼里，文小姐我是当自己女儿一样的，假使文家真的走，我也只好回老家乡下去。"说罢又抽泣起来。仲芳说："张妈不要难过，总有办法的，文小姐事体，也没有啥大不了，现代医学发达，真的下决心，医院跑一趟就是了。只要自家人口风紧，事体过了就过了。""太太讲得对，小姐事体，也就是四五个人晓得，大家不响，哎，让我去玉佛寺烧香，求菩萨保佑文家，保佑文小姐。"张妈肩膀一抽一抽，不哭了。

4

陈阿香像断了线风筝，塘桥老家的人不知道陈阿香去了哪里，康汝恒木知木觉，以为大概再过几天就能见到这个女人。长乱阿六虽然没打照面，也以为阿香一定是去了浦东。阿香左手臂石膏打了一个礼拜，桡骨伸直型骨折，应该无大碍，电车公司豁嘴查票，第二天就把阿香行李送来，一只小藤箱，一只布包袱，八宝饭、千层糕、化痰止咳丸、川贝粉，一样不缺，放在烤漆铁床下面。护士一早过来，跟阿香关照，医生要和陈阿香说话。还有啥要啰唆呢，差不多出院就是了，反正电车公司讲好会来结账的。广慈医院三楼外科病房，一间病房三个床位，左侧床空着，右侧床是一个法国小姑娘，大概八九岁，棕色头发，蓝眼睛，睫毛长得出奇，皮肤雪白，鼻子小小巧巧，比橱窗里木头人还要好看，小姑娘细长右脚膝盖下打满石膏，只露出脚趾，好玩的是，小姑娘上厕所不叫护士，自己左脚一跳一跳，两条小辫子就飞起来。每天下午四点钟，小姑娘爸爸妈妈准时出现，互相香面孔，这是阿香最眼热的。带来洋娃娃、蛋糕、图画书一大堆。外国女人切一块蛋糕，双手递给阿香的时候，阿香对外国人的看法，抹去了一层浮华，人家也是实实惠惠过日子，开开心心一家门。阿香有些怅然，这种情绪是她这辈子刚刚滋生出来的，以前，阿香的情绪里，只有恨，怨，要，不要。

医院太干净了，干净得陈阿香有点不知所措，打扫的杂工每天要来两次，病号服每天换，月经纸是外国货，纸包上印外国字和粉色的花瓣，阿香还以为是礼品盒。窗玻璃的车边，会产生棱镜效果，阿香正对的白墙上，经常出现彩虹光带，一歇显现，一歇消失。西窗外，隔开金神父路是马立斯花园，绿草地和红瓦洋房间隔，陈阿香眼睛习惯了凌乱和粗糙，视觉上的协调让她很不适应，甚至有些不安。东面是广慈医院内花园，蔷薇已经谢了，月季也不是时候，草地碧绿，白衣服医生护士草地上飘来飘去，花园尽头是医院后门，紧贴后门，黑色铁皮门是太平间，难得有推车将蒙着白布的人形物推进去，听杂工说，昨天推进去一个瘀姆娘，今天一早又推进去一个外国老头。

"陈小姐，医生来了。"说上海话的护士小姐推开302病房门，阿香正立在窗前发呆。谢顶外国医生不是第一次给陈阿香诊断，抬起石膏定型的左手，老头让阿香活动手指，是的，每一个手指，再来一遍，可以。又让阿香平伸手臂，放下，再平伸。阿香顺从，随后老头皱起眉头，一串外国话，护士翻译："医生讲陈小姐左手恢复得交关好，陈小姐不要担心。"医生让陈阿香躺下，听心跳脉搏，一分钟后，皱皮疙瘩的手收回听筒，又皱起眉头，和护士小姐说了很长时间，医生说话总喜欢皱眉头的，随即护士小姐回过头来，身体前倾，面带笑意，对平躺的阿香说："陈小姐，医生讲，从下身的出血情况看，陈小姐是受了挤压，先兆流产。""啥？""先兆流产。""啥？"陈阿香听懂了，仿佛受了电击，直挺挺僵在床上，后面的话陈阿香一句也没有听进去，她处于短暂盲塞状态，视听全部屏蔽，产科医生会接替老头子，继续为阿香诊疗，一连串医嘱，连同医生离开，她一点不晓得。

隔了很长时间，一声尖锐的哭声终于从302房间传出来，传到金神父路上空，哭声凄厉持久，法国女孩从床上跳起来，她从来没有听到过这种令人毛骨悚然的尖叫,一个肉体所有能发声的部位全部打开,浓缩了许久的怨恨和痛苦喷薄而出,一声紧接一声。眼看旁边的中国女人,像一条受到侵害的蠕虫,首尾扭动,眼泪鼻涕伴随音频震动,涂满了那张扁平又痛苦不堪的脸,女孩惊恐万状,慌慌张张跳出去找护士。陈阿香的哭来自一种原始的蛮力,一种浦东川沙塘桥旷野天赋的基因,像成熟的油菜和水稻,突然被黄浦江泛起的漫天潮水淹没,像七月的台风,将浦东平原所有房屋掀成一堆瓦砾,一周来,法式温文尔雅的束缚瞬间瓦解,娘皮广慈医院!她的野性、挣扎被重新唤起,发泄在嚎叫般的哭声里。她根本没有时间去回忆,哪一个男人的种子冲到她的子宫里,她也不想克制自己多欲的下体,她恨,恨那些贪得无厌的男人。头戴雪白馄饨帽的护士匆忙赶来,俯身握住陈阿香濡湿的手,连声安慰:"陈小姐,不要紧的,小囡的事体不要担心,医生会帮陈小姐检查,不要难过,小姐这样哭,要伤身体的,广慈医院专门有一套 prévenir les fausses couches,哦,对了,中国人叫保胎,跟中医的保胎不一样,全部是最先进的外国技术,有交关女病人,听医生指导,成功保胎,后来养大胖儿子,不哭了,晓得吧。"护士压低嗓音,凑近阿香耳朵,"我只讲给小姐一个人听,盛宣怀外孙媳妇,就是此地医院保胎,后来养双胞胎。再讲,即使这趟没有,还有下一趟,对吧。哭伤了身体,吃亏的还是陈小姐自家。"法国护士快步走来,一叠纸巾,给陈阿香擦汗,仔仔细细,从额头擦到头颈,阿香胸脯一起一伏,哭得声嘶力竭,眼窝鼻唇沟积满液体,鼻涕粘在纸巾上,黏糊糊,拉出透明的丝。护士帮阿香捋平刘海,继续轻声说:"陈小姐,这幢楼,一大半住了外国病人,声音响一点,就会到院长面前告状,上趟一个小囡出痧子,淋巴肿起来,高烧四十度,两天两夜哭不停,只好转到太平间隔壁小房间里,实在也是没有办法呀,想想也是蛮作孽的。"

陈阿香高潮,最多维持两个钟头,等时间一过,拼完体力,也就收场了，毕竟，这里的消毒药水气味时刻提醒，医院，医生的话就是法律，跟医生犟，没有啥好结果，跟自己犟，人家当你神经病。阿香还是想起自己的肚皮，长乱、阿六，这两个在自己身上寻找快活的人，现在死到哪里去了，这两个臭男人，一泡放完就死人不管了，天下哪有这样便宜的事情，我陈阿香如果要跟康汝恒过日子，挺着大肚皮去做新娘子啊？陈阿香越想越恨，保胎保胎，保你娘的死胎，我才不要这个孽种。长乱这只死不掉的下作瘪三，香烟厂工潮，也不晓得啥人煽动的，讲好腊月初一，大家一道不做生活，给老板陈楚湘来个下马威，要老板大年夜前发双薪，连拿摩温也一道罢工了，大家一道聚在大连湾路工厂门口，天冷得要死，双手插在棉袍袖笼里，还是冷，几百个人就等襄理出来讲句话，答应还是不答应，冷得我牙齿打相打，跑回工厂，切丝间蒸汽烤炉，昨天夜里封炉，还有点温热，刚刚坐定，伸手取暖，啥人晓得十几个臭男人，躲在此地，蒸汽烤炉里挖烘山芋吃，讲好去讨钞票的呢？讲好给老板颜色看看呢？册那，只瘪三下作透顶，摸两记也就算了，山芋泥涂了我胸口裤子上黄蜡蜡一道一道，敢在华成厂当大家面，塌我便宜，擦我外快。我反手一只耳光，还记得吧，长乱，痛吧，台坍光了吧，还讲跟工会的人一道开会，一面开会一面摸女人，有这样的工会啊？后来，还不是我心软了，放一马只瘪三，噢，现在算跑到百乐门做看门狗，天天轧在骚皮堆里，老早一个礼拜跑到我屋里三四趟，后来一个月也不来一趟，现在干脆，人也不晓得死哪里，骚皮勾了魂灵头，这个就是男人本性，我去嫁给长乱？长乱，床上还可以，床下头，长不顶用，吃的、用的，啥地方来，乡下还要养个戆大阿哥，脱底棺材，自家也养不活自家。两只死浮尸，还有阿六，死人手，东抓西抓，天生搬尸命，轧轧姘头也就算了，要我下半辈子当搬尸娘子，碰着赤佬了。当初，不是看在同乡人面子上，啥人要只赤佬模子爬到我身上来。过年，人家回老家了，只瘪三怕敲脱饭碗,讲啥,过年也是要死人的,生意不能停,结果,腊月廿三,新闸路被人家截牢,人家堂口祭灶王爷,阿六大摇大摆,装死人三轮车,停至堂口大门,还记得吧,被人家门徒一顿臭打,逃到我小姊妹弄堂里,阿六,被人家踏了地上,唱"是我错"是啥味道,忘记光了是吧,还讲,跟只瘪三睏觉,是我陈阿香看中阿六黄货,我一个月薪水就可以买几只金戒指,还要阿六送? 我大大落葬辰光,只瘪三倒是忙前忙后,一手落,做得清清爽爽,不是我看阿六忠厚老实,今朝还啰唆点啥。还有,人人讲,阿六面孔像滩簧小生石根福,嗨,我就是欢喜这只面孔呀,女人就不可以吃卖相啦?

陈阿香仰面朝天,满脑子两个男人,一个煞坏,一个木噱,到底是长乱,还是阿六,给她肚皮打了关键一枪,她自己也算不清楚。好像是长乱,又好像是阿六,反正就是这两个赤佬。隔壁病床的法国女孩看她安静下来,坐回自己床上,拿一本图画书,翻几页,偷看阿香一眼,怕这个中国女人再大喊大叫。产科医生说来就来,讲福建国语女医生,戴眼镜,问得很细,边问边记,全部外国字,阿香也不懂,医生说,会想办法保住胎儿,阿香说,不来事就算了。医生摇摇头,约明天到产科检查,走了。随访护士给阿香梳头,条纹衣服扣好纽子,轻轻对阿香说:"放心好了,陈小姐,女医生是法国留学的,外国人也相信伊,再讲,女医生检查,也不会难为情呀,对吧。调一个外国男医生,还要不习惯咪。"阿香苦着脸说:"流产,这个小囡我不要了,不要可以吧。""小姐,有小囡多少开心啊,受孕不容易,交关人想做姆妈,也不一定有机会。""我不要,我不要,我要堕胎。"阿香的声音,引得法国女孩缩作一团,抱紧了图画书。护士说:"小姐好好听我讲,此地是天主教医院,不可以终止妊娠的,主认为,堕胎就是杀自家小囡,是罪过,帮助别人堕胎也不来事的。"

阿香又哭了,这次没有声音,抽泣。广慈医院安静了好几天,杂工来打扫房间,阿香不去搭讪,本来,会问几句米价,小菜价钱,听说电灯要加附加费了,先是公共租界电灯公司加价,接着法租界也加,米价倒是落下来一点点,沙利文面包登报要涨价,说花旗、加拿大面粉,因为外汇原因,进价日隆。这和陈阿香没啥关系,她点蜡烛,吃大米。她脑子里转的,是肚皮,是和女人纠缠一生的子孙袋。产科检查的结论,是怀孕,要静养。要是和康汝恒断,和长乱或者阿六结婚,这肚皮是摆平了,可是爹爹姆妈肚皮摆不平,这两个男人绝对是靠不住的。哎,我陈阿香哪能会走到这一步。

　　法租界暗下来,北面的公共租界亮晃晃的,一大块墨色的云,从黄浦江上游压过来,阵头雨要来了,眼看花园里落叶吹起来,沿草地转圈,蜻蜓聚在小水池上面,水池中间,小喷泉失去了光泽,水从雕塑里漫不经心涌出来,手持海螺西洋小男孩,浑身水锈,小鸡鸡安安静静,哪里像长乱阿六胯下,巨大丑陋的样子。低沉的声音传来,不像是闷雷,在低气压里挫动耳膜,阿香抬头,花园尽头,那扇锈迹斑斑的铁门慢慢打开,熟铁插销,剐蹭水泥地面,大块铁皮震荡,随着轰轰轰声,一辆黑乎乎的汽车倒进来,车身有白色图案,一个白色大圆圈,箍牢一个殡字。司机扭头后望,脸正好朝着陈阿香,看清了,是阿六。大雨倾泻而下,广慈医院许多人亲眼目睹,一个穿病号服的女人,左手打着石膏,雨幕里狂奔,没有人知道为什么。毛腊子从副驾驶座上跳下来,去开太平间的门,一个浑身湿透的女人,夹风带雨扑过来,毛腊子一吓,只见那个女人抱住刚刚跳下车的阿六,水淋淋涂满阿六一身。"阿香!"阿六叫起来。"阿六,我要死了。"阿香说完,在阿六怀里大哭。毛腊子傻站在雨水里,背后太平间门,被风雨裹挟,反复掩上,打开,哐当哐当响。"啥事体啊?手?""断了。""啥?""我肚皮里,有小囡了。""啥?""阿六小囡。"阿六怀里女人,像一摊软泥,重心下坠,阿六慌忙托起:"啥小囡啊?""快,快逃,快逃。"阿香重复说。"逃？逃啥地方去啊。""回去。""啥？""回去，再不回去，我要死了此地。""手，哪能断了？""回去讲。"阿香不断捶阿六胸口，越捶越用力，左手石膏湿透，渗出白浆，阿六黑色号衣，一道一道白，涂满全身。

"阿哥，死人不抬啦？"毛腊子叫了一声。

5

小薛没有想到今天会去杀人。

昨天夜里，豁嘴张保罗约小薛出来，本来说是去丽都花园见见世面，小薛说不会跳舞，既然出来了，就选文一点的，去书场听书，玉茗楼是首选，周玉泉响档，说《卖油郎》。可惜玉茗楼在浜北，要过老闸桥，算是租界范围，不过苏州河北岸，日本人不守规矩，常常会冲，张保罗放弃，另选法租界格洛克路（柳林路）雅庐书场，听蒋一飞说《狮子楼》，小薛随便。张保罗只要不穿电车公司制服，总有一点颓废文人腔调，淡灰凡立丁西装，胸袋插一条白手绢，露出剪刀形两只角，头发带一点自然曲，涂满发蜡。蒋一飞讲《狮子楼》已经一个月，老听客两百多人坐满，座位间小贩穿来穿去，盐水花生、香豆腐干、甘草梅子、油汆慈姑片殷勤送过来。头上吊扇呼呼作响，正对小薛张保罗，大热天，小薛觉得舒服。台上，年近四十岁男人，一件笔挺哑光靛蓝丝质长衫，手里惊堂木，啪一声清脆响亮，一口软糯苏白，七情上脸，正讲到要紧处：

> 武松了了狮子楼上头，挪西门庆一直追到窗门前头，迪个西门庆也不是坍板角色，蹭！坠楼而下，武松到了窗门前头一望，武松开心，侬今朝跑勿脱哉，西门庆跳下去辰光，两只脚落到阳沟里，阳沟里烂污泥，迪个臭啊，从十六铺，臭到泥城桥。西门庆正准备挪两只脚掮起来，武松一看伊迪副腔调，最好要寻一样

物事,跟伊分神打岔,别转头来一望,有了,只看到,潘金莲迪只骷榔头,来了墙根头,噜……武松拎起潘金莲迪只头,左手揶支刀,腊!朝西门庆掼过去,啥人晓得,西门庆正准备拔脚朝上爬,突然,上头有样物事,黏答答冷冰冰,唠嘟荡落下来……

小薛剥两粒盐水花生放嘴里,侧眼看豁嘴张保罗,豁嘴听得入迷,嘴巴半张,两眼炯炯有神,跑堂来加茶水,豁嘴木然不知。听了一个多钟头,张保罗要跟小薛说点事,两人出来,就在附近找咖啡馆,转身就到霞飞路,在麦高包禄路(龙门路)口,正好有一家罗宋人咖啡馆,气氛温软,坐定,小薛先开口:"张先生评弹老听客。""不敢不敢,小薛不晓得,武松今朝夜里是弄不死西门庆,说书先生还会夹七夹八,讲老长辰光,噱头一点点放,花头一点点加。""张先生是行家。""不瞒小薛讲,我十二岁,是正式拜师学过评弹。""喔?""听书,就要听乡下小书场,上海,太太小姐穿得山青水绿,舒舒齐齐来听书,稍微开开黄腔,就要坏生意。""不懂。""比方讲,狮子楼,要紧关子是西门庆跟潘金莲勾搭。""这个人人晓得。""上海说书,讲到西门庆,台子底下捏牢潘金莲只脚,意思就到了。""嗯。""乡下头茶馆店说书,野豁豁,野豁豁。""是吗?""乡下头听客,全部是大佬倌,最好讲点带色的,比如讲,上海讲到男女事体,男欢女爱,温存一番,刹车。乡下头,一开口,红头大将军,带领毛兵十万人,来到黄龙镇……"豁嘴说得抑扬顿挫,小薛笑歪了:"张先生吃这口饭啊。""我是拜沈俭安做老师,小辰光,我还没有破相,老师看我卖相不错,人也聪明,爷娘交了几担米钞票,就算正式进门了。""哪能转行了呢?""不谈了,我的命,就坏了这一刀。""哪能啊?""老师带我跑码头,从苏州乘船到常熟,我个子小,背一只琵琶,上船要踏跳板,立不稳,身体一歪,还好捉牢船帮,没有落到水里,保牢老师吃饭家生,琵琶落水,我是赔不起的,也是我命不好,刚巧撞了铁锚上,上嘴唇当场豁成两爿,船家和老师全部吓死了,不谈了不谈了。""张先生,我就不懂,为啥一定要吃说书这碗饭呢?""阿弟,苏州这地方,年纪轻轻,屋里没啥钞票,学堂出来,也就是做做店员,卖卖衣裳,卖卖香瓜子,勉强温饱,大人就会敲木鱼,说书好啊,上海滩说书的,苏州出来的夏荷生、张鸿声、顾宏伯哪一个不是出门私家车,或者包车,几房太太也不稀奇,书场、堂会、电台,忙不过来。""真的赚着大钞票?""赚着,风光不输唱京戏麒麟童,看看上海有多少书场,多少电台,天天又说又弹又唱,东洋人打仗,书场反而多起来了。""讲句外行闲话,学说书,等于发财捷径?""哈哈,只有唱出响档,才赚得着钞票,这里窍开多啊。上海滩靠啥立足?小薛想想。""有钞票?有靠山?"豁嘴摇头:"阿弟,即使穷瘪三,靠这样物事,照样可以蹲了上海滩立足。""啥?""噱头。"小薛不解:"噱头?""对了,就看有没有噱头。噱头好,生意就会来,噱着大好佬,钞票用不光,噱着外国人,就会发洋财。""哦?""再讲说书,有句行话,噱是宝中宝,无噱不成书。为人也是这样,要学会噱进噱出。上海人夸人,有噱头,就是这个意思。"小薛听了,一时摸不着头脑。问:"噱就是骗喽?""错。噱,就是让对方愉快接受的门道。""是吧?有点意思,张先生快讲。""哈同晓得吧?""就是犹太人哈同?""对,为啥上海滩半条南京路是哈同的?哈同乘船到上海,袋袋里只有六块洋钱,一歇工夫,钞票用光,彻底瘪三,没有办法,去沙逊洋行做清洁工,啥龌龊做啥,升做跑街,推销鸦片,犹太人只脑子,学了句上海话,发财,跑到土行,第一只动作,双手抱拳,发财,人家一看,这个外国人噱头,生意就让哈同做。一点一点,做到上海滩最大地产大亨。""真的啊。"

  豁嘴放下咖啡杯,腿也不抖了:"想得到吧?好了,我要跟小薛讲正经事体。还记得上趟撞车,骨折的香烟厂女工?""好像叫陈阿香。""对,自说自话,从医院跑了,医院还打电话问我,人去哪里了,滑稽吧,我做查票七八年了,第一次碰到。""就是乘车子,带了大包小包的女人?救命车上哇啦哇啦叫,包!包!骨头断脱,手也弯过来了。""骨头没有问题,医院讲,撞车弄得这个女人流产了,小薛不一定懂,假使这个女人打官司,电车公司要赔大钞票。会不会去请律师了?""哦哟,吃不准了。""我想寻机会,关照这个女人,一定要打官司。""啥?""只要医院出证明,官司一定会赢。""张先生,这个不是挖电车公司墙角么?""小薛,为啥要阿拉中国人吃亏?我看,这个女人,也不是有钞票人家,再讲,电车公司每一张车票,是含保险费的,车子上出事故,保险公司要挪出钞票来。"豁嘴低头想了想,涂满发蜡的头开始摇晃:"不对,不对,日本人军车撞电车,假使归类不可预计战争引起,保险公司可以赖。生意场有句闲话,潮州人,门槛精到九十六,保险公司,门槛精到九十七,不晓得电车公司肯不肯拿出钞票。"眼前豁嘴有点颓然,小薛也就不再出声。

咖啡喝得差不多,咖啡馆背景音乐,萨克斯像女人吃饱老酒,软瘫瘫又情切切,豁嘴拍拍小薛肩膀:"阿弟,最最要紧一桩事体,明早,正好是小薛休息,赵先生要做最后一票古董生意,做得成就做,做不成功,彻底结束,小薛也可以放心了。""还是去寻姓唐的老头子?""对,就是跑一趟嘛。"豁嘴从贴身胸袋掏出一张纸片,说:"要点在上头,记得,小薛大名崔如龙,上海滩古董捎客,最好着件长衫。""长衫我有。""可以了。"张保罗几乎是搂着小薛,走出咖啡馆,微风拂面,隐隐约约有跑马厅传过来马粪味道,上海就是羼杂,再加一点倒马桶味道,一点外国赤佬洋屁味道,就灵了。张保罗是闻过洋屁的,电车上,只有外国人才放得出这种洋葱加起司发酵出来的恶臭。

今天一早,小薛翻出箱底长衫,对镜子套袖管,姆妈觉得异样,问了一句:"出去啊?"小薛支支吾吾:"去看一个朋友。""朋友,朋友,一点赌铜钿朋友,哪里像正派人噢,唉。""姆妈担心啥?""担心儿子轧坏道,隔壁弄堂阿四,轧道吃白粉,昨天肇嘉浜里汆起来了。""翘辫子啦?""死得不明不白,有人讲是欠了人家钞票,也有人讲是白粉吃得糊里糊涂,掼死了浜里。""我这辈子不会碰白粉,姆妈放心好了。""捧牢电车公司这只饭碗蛮好,吃穿不愁,做得好,升上去,做大帽花,姆妈面孔也光彩。""一歇要我做大帽花,一歇要我做写字间领班,姆妈当是变戏法,让我去做杜老板算了。""姆妈为来为去,还不是为了儿子好。"这样的啰唆,几乎每天发生,小薛也不在意,吃碗泡饭,拿起半根油条出门,沿肇嘉浜,一路向西,浜水浑浊,水腥气刺鼻,肇嘉浜东面跟日晖港连接,一头通黄浦江,西面连蒲汇塘。浜南算华界,滚地龙成片,垃圾炉灰布满岸坡,有女人浜里洗菜,菜叶浸入水里,就看不见了。想起童年玩伴阿四,转眼成了"死浮尸",这是上海滩一句咒人的话,如今一语成谶。

约定上车地点,还是在姚主教路,九点钟,小薛准时到达,几乎同时,黑色福特小汽车出现,小薛一看,老样子,三个人,司机,赵理君和姓谢的,和半个月前不同,赵理君脸上带三分笑意,一路和小薛说话,告诉小薛,此次带来了南宋瓷瓶,是唐先生喜欢的货色。小薛回答有数。车子七弯八弯,转眼到了前面福开森路18号,门卫早有准备,开了大门,赵理君和姓谢的搬下花瓶和木箱,汽车掉头等候,引擎没熄火,突突突响。这几步台阶,小薛走得轻松,和唐先生对话,熟记几句台词,这次古董买卖,看来不难。

客厅刚坐定,姓唐的楼上下来,小薛双手抱拳:"唐先生,抱歉抱歉,今朝又来打搅,上趟货色,确实及不上唐先生眼界,有碍唐先生鉴赏。"姓唐的着一件驼色真丝长衫,背后跟了一个年轻仆役,眼泡一翻,随口说了句:"崔老板客气。"小薛忙接口:"老早就晓得唐先生中意光板,对宋元光板尤其看中,贵府珍藏,既孤且精,上海滩藏家,无人不知。"唐某坐定,眼皮一抬:"过誉过誉,这趟,崔老板有啥好货色,不妨看看啊。"赵理君和姓谢的轻手轻脚,解开绒布,四只手,恭恭敬敬,花瓶捧到唐某面前,"唐先生,这只瓶子,紫口铁足,真正南宋御制,先生可见其开片,冰裂纹理疏密不一,壁薄胎细……"话没说完,唐某插话:"好了好了,我先看,崔老板不必多讲,好货色自己会说话。"随即摘下眼镜,捧起花瓶,细看良久,不发一言。一歇,绷紧的面孔稍稍放松,小薛顺势搭腔:"不瞒先生,近来日本人正寻这只瓶子,还开了高价。"唐某摇摇头,摩挲瓶身,像摸着女人身体某一部位,吐出一句:"阿福,挪钞票。"仆役应声上楼,小薛心里一松,默念,总算有成交了,客厅里就四个人,唐某还在摩挲,突然,小薛眼前一晃,只见赵理君右手扬起,还没等小薛看清楚,只听到咔嚓一声,赵理君手里,一把利斧凌空而下,照着唐某毛发稀疏的脑袋,砍下去,小薛大吃一惊,差一点狂呼出声,赵理君再度举起斧头,又是一记,唐某即刻倒下,没有一点反抗,甚至没有一点呼喊,像一袋面粉,顺沙发滑落,那把锋利的斧头还嵌在头上,暗红的血和白乎乎的东西从裂口渗出,小薛吓得目瞪口呆,两条腿僵在原地,不知所措。"走!"赵理君嘴角屏出一个字,拉起小薛就走,小薛浑身颤抖,迈不开脚步,赵理君用力一扯,三人快步出屋,径直出大门,眼看着赵理君回头,一连串"唐先生留步",门卫不明就里,开了门。汽车像子弹出膛般飞驶,小薛浑身抖得厉害,不由自主,上下牙齿跟着一起打颤。一车人一句话不讲,汽车回到姚主教路,放下小薛,立刻消失得无影无踪。前后不到一小时,小薛像噩梦一场。

6

百乐门舞女中,姚姚不出挑,客人寻伴舞,第一眼很重要,姚姚就是第一眼抓不住人,吃白板,偶然也有。做舞女,第一要学会目挑眉语,烟视媚行。其实,姚姚还是蛮好看的,甚至有人讲,姚姚有点像阮玲玉,眼睛不算大,笑起来目含秋水,眉毛细细的,从眉心弯向两边,化妆间里,一众姊妹称赞姚姚的眉毛漂亮,加上薄薄的嘴唇,涂上玛斯法式2号唇膏,看上去别有风致,姚姚的纤细腰身,搭配圆润肩膀,就是江南美人。不过在舞厅,光影晃动场所,夸张一点的妆容占便宜,姚姚吃亏的,就是她的收敛。姚姚心里有数,打扮跟生意有直接关系,自己穿紫色旗袍,生意就差,穿粉红色碎花旗袍,配白色高跟鞋,邀舞的客人就多。良家妇女出客打扮,对于伴舞,偏保守,肯定要吃亏。姚姚不可能天天穿同一件旗袍,小姊妹要笑话,行头不可以节约,本来下决心,去南京路新开的信大祥剪一块料子,最好是印花洋布,颜色要跳一点,做一件新旗袍,这几天台风登陆上海,心里就想,晚几天去不迟。

今天已经是台风尾巴,荣记大世界领班讲过一句话:刮风一半,落雨全完。百乐门生意也受影响,下午茶舞时间,客人只有两三成,姚姚和几个小姊妹坐角落里,没有客人邀舞,只看见舞池里四五对,慢吞吞转圈子,菲律宾乐手有气无力,本来彪劲十足的《樱桃红》,吹成死猫活老鼠。领班走过来,用手指指姚姚,又指指边上舞女,打了一个响指,姚姚明白,领班要没生意姊妹跳广告舞,所谓广告舞,就是舞女们自己配对,一个跳男步,一个跳女步,充充门面。姚姚识相,拉起旁边慧慧,一同旋入舞池,慧慧比姚姚高出半个头,来百乐门前,正式拜师学过四个月交谊舞,跳男步也是老手,舞女之间,大多不晓得相互真实姓名,慧慧也一样。旋转几圈,姚姚看慧慧愁眉不展,轻声问:"陶小开最近来吗?""来,要我嫁过去。""哟,老公哪能办?""我也不晓得,老公一点花头没有,失业一年半,天天屋里孵豆芽,一点不像男人样子。""陶小开真的要跟慧慧好?""前天,陶小开冲到我云南路屋里,拉牢我老公,一定要去律师楼办离婚,姚姚晓得,陶小开力气大,一记,就挪只男人拖起来,吵了半天,陶小开讲,养

　　百乐门舞女中，姚姚不出挑，客人寻伴舞，第一眼很重要，姚姚就是第一眼抓不住人，吃白板，偶然也有。做舞女，第一要学会目挑眉语，烟视媚行。

不活慧慧，就应该让位，死人老公嘴巴也凶，两个男人差一点打起来了。""慧慧，这桩事体想想好。""是呀，我愁煞了。""陶小开出手大的，我看，每趟过来跟慧慧白相，舞票塞一大把。""陶小开爹爹是南京路749号皇家公司老板，铜钿不缺，洋房车子有的，我也是怕，露水姻缘，不晓得结果。"两个女人闷跳，转了几圈。慧慧开口："假使姚姚碰到这种事体，会哪能办？""我？我也没有想好，像我婚也没有结过的人，嫁人赛过再次投胎，做女人，最难就是。"一曲终了，大家快快散开，菲律宾乐手闷头甩喇叭里口水，鼓手伸懒腰，鼓棒顶住腰眼，不晓得是酸还是痒，领班打哈欠，一眼看到总经理郁克飞楼上下来，赶紧合上嘴巴。郁克飞瞄了一眼舞池，一言不发回去，领班后脚跟上，跑进经理室："郁经理，客人不来，这两天票房倒赔账，今朝小猫三只四只，老面孔一只也不看见。""急啥？不要怕客人不来，台风一刮，大东、仙乐斯、丽都、璇宫，哪里一家舞厅不是生意清淡，看好了，风一停，生意马上翻红。关照大家，就讲是我郁克飞讲的，打起精神，看看今朝夜场。""晓得晓得。"领班连忙点头。郁克飞问："听讲楼下长乱跟姚姚最近比较热络？""是吗？""帮我看紧点，假使坏百乐门规矩，不要怪我郁克飞辣手辣脚。"

眼看别的姊妹轮流转圈，姚姚慧慧跳了两圈广告舞，乐曲一换，坐在暗角里喝茶，旗袍前摆盖在大腿上，像落了一身花。慧慧叹气："我心里七上八落，不晓得哪能办，最好有个地方，让我去死，要么出家做尼姑。""瞎讲，慧慧好看，客人欢喜也来不及，陶小开对慧慧也痴心的。""痴心有啥用，哪里一天，小开喜欢别的女人，哎，就是我这个老公，一点没有用，算我倒霉。""假使陶小开明媒正娶，慧慧正正式式做陶太太，也是可以的呀。""是呀，是一道去了律师楼，我这个死人老公一口拒绝，我这几个月，陪客人跳舞，面孔上笑嘻嘻，心里个苦噢。"姚姚忽然有点同病相怜："不要讲慧慧，我也不晓得自己结果是啥。""姚姚,三天两头送舞票的大学生,还来往吧?""老早不来了,人家就是放暑假来白相呀。""我看大学生欢喜姚姚的。""瞎讲,一般客人。""我看楼下长乱也是欢喜姚姚的。""讲到啥地方去了,长乱就是帮我叫送餐,慧慧也叫过的呀,叫的次数比我还多了。"

台风过了,上海滩上空薄云片片,当天晚上,如郁克飞所料,百乐门舞厅生意格外地好,自备车快要排到地丰路救火会,长乱一身黑衣黑裤,招呼自备车排队,司机塞过来香烟,满满一袋袋,百乐门大门廊檐下灯火通明,太太小姐,绅士阿飞,像接到命令一样,齐齐涌来。夜场开始之前,领班将一众舞女和乐队训了一顿,无论如何,今晚不可以牵丝攀藤,要拿出上海滩舞厅老大的样子,还许诺,今天分账,所有舞女加一成。化妆间叽叽喳喳热闹非凡,几个姐妹连忙搽粉抹口红,有人叫来田基浜小裁缝,立时三刻,烧炭熨斗烫旗袍,也不管小裁缝是男的,脱得只剩乳罩三角裤,弄得小裁缝只好闷头烫,不敢抬头。

八点钟,舞池周围,几十只圆桌已经没有空位,彩灯大亮,男男女女涌入舞池,喇叭、萨克斯、吉他一起奏响。中国人节奏感天生单调刻板,舞厅乐队之所以别开生面,不过是在单调刻板节奏里,加了一点小小插花,弱拍反切,基本路数还是一二三四,沙球、响板、三角铃、铃鼓窜进窜出,强化的节奏加挑逗的旋律,符合男女间讲不清道不明的情绪,也给末世的上海加一点放纵。姚姚轧进舞女堆里,一上来就被客人拉牢,一刻没停,客人塞过来的舞票,满满一叠,来不及放到小手袋里。

接近十点钟,客人不见减少,又来了一批美国海军陆战队士兵,五六个白人加一个黑人,橄榄绿军装笔挺,看得出,吃过一点酒,领头的中尉脸上泛红,和领班提出要跳探戈,领班一口承诺,回头关照乐队,又在人堆里找到慧慧,示意慧慧准备。百乐门扫地女佣也晓得,慧慧探戈跟得最顺。乐曲转换瞬间,客人纷纷退出舞池,音乐再次响起，是熟悉的，阿根廷乐曲 Por Una Cabeza（《一步之遥》），领班带中尉到慧慧座位前，中尉恭恭敬敬伸出手，慧慧放下手中茶杯，施施然起身，顺音乐节奏，和中尉一起，快步进入舞池。

探戈音乐是醉汉手里酒水，将倾未倾，乐句间缀满掘地休止符，中尉橄榄绿军服，衬托慧慧粉色旗袍，像一对翻滚追逐蝴蝶，原来在舞池里随意配对男女，见此情景，先后退回座位，整个百乐门出现难得场面，人人做观众，欣赏一对舞姿妖娆男女，随阿根廷探戈音乐纵情表演。姚姚眼里，慧慧被中尉轻轻带动，完全忘我，每一个动作都如此合拍，每一次身体前后摆动，仿佛事先早有约定，慧慧后倾，腰肢随中尉搂抱，带出美丽弧度，忽而，又从中尉怀里挣脱，刚欲离开，又被奋力挽回，此时，男女交融，难分你我，音乐是无词道白，强烈又带点感伤，慧慧转身，带起旗袍下摆，像旌幡摇动，姚姚感觉特别好看。

无意中，姚姚发现立柱后面一双眼睛，紧盯着舞池里男女，是陶小开。陶小开尖角领橙色衬衫，油蜡蜡头发，像一碗热腾腾未撒葱花的阳春面。不知道是情绪影响，还是修面所致，面颊发青。音乐进入高潮，中尉和慧慧纠缠也越发激烈，情欲中煎熬男女，你来我往，无法自拔，姚姚左侧不远座位上，美国大兵带头鼓掌喝彩，有人吹口哨。与音乐结尾休止符同步，中尉和慧慧紧攥双手，停在空中，粉红色和橄榄绿贴在一起，几无缝隙，姚姚能够听到两人急促的呼吸，舞厅发出震耳欲聋的喝彩声，连楼下的长乱也听到，乐手们敲击乐器，跺脚。姚姚眼睛湿润，中尉亲吻慧慧面颊，又亲吻额头。

猛然间，一团橙色窜入姚姚视线，陶小开快步走向中尉，奋力拉开中尉搂住慧慧的手，中尉猛一回头，像斗牛看到红布，摆出拳击姿势，全场噢地叫声一片，美国兵像装了弹簧，从座位上跳起来，一块桌布拉翻了茶杯，哐当一响，一群橄榄绿围紧陶小开，眼看冲突不可避免，舞客中有人站起来，女人尖叫，花花绿绿舞女们开始往化妆间方向移动，乐手乖觉，喇叭夹在腋下，猫腰离开，这时，只见郁克飞一个箭步，冲进中尉和陶小开之间，张开双手，隔开双方，转身向中尉解释，姚姚无法听清，好像是说 Sorry, Druk man 之类的话，几分钟后，中尉气顺下来，郁克飞又说了 free tonight 一串上海英语，那些美国兵才回到座位上。转眼间，陶小开和慧慧不见踪影，郁克飞招呼男仆端上饮料，安抚一帮美国丘八，乐队继续，舞客走了一半多，领班恶狠狠对一众姊妹说："今天晚上，一个也不许走。"

长乱觉得奇怪，十点敲过，应该是跳舞高潮，太太小姐纷纷下楼，自备车三轮车一堆，涌塞百乐门转角，堵住 1 路有轨电车转弯，司机拼命叮叮叮叮踏脚铃，长乱拉破喉咙，哇啦哇啦，没有人理睬。

今夜是姚姚最吃力的一次，跳得筋疲力尽，跟美国兵跳了一圈又一圈，舞票一张也没收到，等到送走最后一个客人，已经一点敲过。姊妹们一个个瘫坐沙发上骂人，"娘个起来，我脚痛煞了。""喂喂喂，只臭瘪三，今朝结账哪能算啊？""叫个屁啊，只死男人跑脱了。"舞女们从领班骂到郁克飞，姚姚一句话不讲，后背汗液，紧贴旗袍，乳罩带子勒得皮肤发痒，好几个姊妹，被面目不清的男人接走，等一众舞女走得差不多了，姚姚起身，去化妆间拿手袋，下楼，门卫铁闸降落一半，长乱抽最后一口烟。"长乱阿哥，还没有走啊？""先头楼上啥事体啊？""美国兵差一点打相打。""姚姚早一点休息。""还早啊，天也要亮了。""是呀。"百乐门前空空荡荡，一辆电车也没有，老大房周围灯全灭了，只有四条铁轨雪亮。一只野猫横穿马路，突然停下来盯着两人，又继续慢跑，消失在静安寺后门阴影里。"长乱阿哥朝西走，是吧。""是的，康家桥。""我朝胶州路，到康脑脱路（康定路）。""姚姚多少辰光到屋里啊？""廿分钟吧，前两天台风一来，刮断两棵树，横了马路上，好几盏路灯也不亮了，吓丝丝的，大概要多走歇。""我陪姚姚，反正离我住的地方也不远。""谢谢阿哥。"原来人来人往的静安寺，变得空无一人，马路宽敞得奇怪，说话有回声。两个人从愚园路打弯到胶州路，高跟鞋在柏油马路上踩出笃笃声，听起来脆脆的。"看到阿哥身坯，强盗要吓的。"姚姚边说边笑。"有啥用啊，装装野人头。""阿哥陪了旁边，我就不吓了。"前面有个黑影扭动，走近了，是瘪三掏垃圾，酸腐味道随之而来，姚姚拿出手绢捂鼻，避开垃圾堆，朝长乱身上靠，长乱闻到汗和香水混合的气息，居高临下，可以看到姚姚胸前起伏，和香烟厂大奶头女人不一样，长乱尝试，伸出左手，轻轻滑过背脊，搂住姚姚薄薄肩膀。"长乱阿哥，我吃力煞了。"姚姚自言自语，把头靠上宽实的肩膀。随后两人无话，一路走。月色无光，四下寂寥，走过一段无灯的路，姚姚转身抱住长乱，呼吸急促："阿哥，抱我，抱我呀。"长乱先是一愣，姚姚将头埋在长乱胸前，直往里钻，长乱一抬手，将姚姚整个抱起来，怀里女人像一只小猫，柔弱无骨，手臂抄到腋下，全是汗。姚姚细声细气，让长乱觉得自己像个男人。

　　七月的夜晚，长乱抱住姚姚，一直走到康脑脱路，根据姚姚轻声引导，经一处街面房子转弯，踏进漆黑小弄堂，跨过一只只马桶，一扇小门前停下来，姚姚让长乱解开襟纽上钥匙，开了门，楼梯窄，几乎垂直，没有灯，长乱放下姚姚，姚姚踏上两格楼梯，转身猛扑过来，勾住长乱亲吻，长乱感觉嘴唇湿湿的，无奈后仰，姚姚伸手，朝长乱腰下探索，长乱一把将姚姚扛上肩膀，冲上楼梯，踢开门，借一点点月色，将女人扔在床上。

　　不知道过了多少时间，两个人筋疲力尽躺在床上，姚姚伸手摸索电灯开关，小支光灯泡，惨黄色笼罩，长乱睁开眼，房间不大，板壁糊墙纸发黄，部分已经开裂，露出板壁墨黑的缝，几张电影明星海报，歪歪斜斜。四尺半床，一个描金小小夜壶箱，一个带镜子老旧二门衣柜，镜子模糊，像白内障，梳妆台紧靠床沿，鹅蛋形镜子反射出两具赤裸身体，长乱块状肌肉，姚姚白而失血的皮肤，对比鲜明。姚姚侧影,骨盆到腰,弓形弧线,镜子里像山峦起伏。溽暑难耐,不敢开窗,姚姚紧靠长乱身边,抓过长乱胳膊搂住自己,一言不发。长乱短时慵倦,不想碰女人,皮松骨软,百无聊赖,两眼没有焦距,脑子胡思乱想。在上海滩混,总算也搭过百乐门舞女味道,嗲功好的,床上劲道,比不过烟厂女人。嘴上说:"弄痛了吧?"姚姚摇头,眼泪落下来。长乱又说:"人家讲,我这个人粗手粗脚,没有教养。"姚姚还是摇头,伸手从夜壶箱抽屉里拿出手绢,擦眼泪,咽口水。过一歇,轻声问了一句:"阿哥跟别的女人,也是这样?""讲老实话,香烟厂的女人,比男人还要凶。"姚姚双手托住长乱脸,看了很久:"天快亮了,倒马桶的就要来了,阿哥早点准备,此地我会收拾。""我晓得。""阿哥再抱抱我。"长乱伸手,半愿不愿的,抱住姚姚,咬一口姚姚粉色乳头。姚姚叹了口气:"我就欢喜粗坯。"

7

小薛交感神经全部错乱,眼睛睁开,一夜无眠,脑子里图像飞转。迷迷糊糊中,闹钟切断神经般炸响,小薛起身,魂未附体,匆忙里无意识,头顶天窗墨黑,天还没亮,只听到隔壁房间姆妈咳嗽一声,爹爹嘴里不清不爽讲了几句,一歇又转为呼噜声。小薛所有的动作出于习惯,脚伸进鞋笼,穿衣。赶到电车公司,停车场已经灯火通明,司机卖票大多就位,小薛直冲票务间,领电车票,还没有踏进门,背后调派室四眼就叫了:"4423,铜牌不翻啊?当旷工哦!"小薛回过身翻了铜牌,四眼又叫:"4423,领章呢?"领章镌刻工号,就在领子上,没了?根据职工条例,要记过的。小薛不管不顾,拿起票箱就走,票务间值班拦住小薛:"小阿弟,冒搞错掉,挪别人家,咋弄弄啦?"票箱就是四四方方小铁盒,装电车票,根据出票回款,少一张也要赔。

小薛打开一看,是空箱子,编号也不对,赶快调回。等小薛坐到电车上,离规定出场时间不到两分钟。司机老严说了句:"好了吧?"声音里听得出不满。小薛满脑子一把锋利斧头,还有劈开来的头颅,就是肉摊混毛猪,夹皮夹肉还带毛,小薛打了一个冷颤。随着叮叮两声,车子动了,出电车公司大门,车子停下来,大鼻子庞莱领头,还有罗宋大帽花,逐车检查,车号、路单看了一圈,挥手放行,老严重新起步,庞莱叫了一句:"Arrêtez, s'il vous plaît!(停车)"老严连忙刹车,庞莱手指小薛:"下来。"小薛乖乖下车,没有佩戴领章,无法解释,庞莱斜瞄一眼睡眼惺忪中国猴子:"4423,下班到稽查处来一次。"老严继续开车,叹一口气:"小阿弟,这几天不灵嘛,打牌,也要看看山水,老古话讲,十赌九输。小阿弟搭班司机老姜,年纪轻辰光也欢喜赌,白相牌九,通宵,第二天还要开车子,停了站头上两分钟,会瞌着,结果钞票输光,啥道理懂吧,三个牌搭子,暗地里联手,一道做牌,就盯牢老姜,老姜不输真叫碰着鬼了。上海滩,赌铜钿,输光房子老婆不稀奇,白相人讨赌债,又是刀又是枪。讲规矩?这个就是规矩,不还赌债,轻则三刀六洞,重则一命呜呼,黄浦江浮尸哪里来的?就是这票货色。八仙桥转弯角子上,茶叶店晓得吧,关门了,老板娘就是欢喜赌,赢钞票得着甜头,输急了要翻本,老板娘犟啊,借白相人钞票,三弄两弄,全部输光,前两天,茶叶店连街面房子一道,转手,册那,这不是明摆了,做局嘛。老板娘先头不买账,面孔上被人家划一刀,命总算保牢了,铺面没有了。老姜跟我讲,戒赌比死还难过,听到人家搓牌声音,魂灵头就没有了,后来总算不赌了。我跟老姜一道做开车,八九个人一道考法商,老姜结婚最晚,没钞票,要还债,头上三年,全部薪水还赌债。几个弟兄,大家凑点钞票,帮老姜塞塞牙缝,老姜讨了个乡下女人,一只眼睛还是斜眼。哎,不谈了。看来,小阿弟,今朝这张'卵泡凸'逃不脱了,只法兰西大鼻头,坏啊。听我一句话，赌这个事体，离得越远越好。"老严背对小薛，一手一个铜摇把，左电门，右刹车，空车开得飞快。老严讲半天，啰啰唆唆，除了讲到师母，小薛一句没听进，师母是个斜眼，小薛看见过，太仓沙溪人，跟老姜同乡，人倒是客气。小薛脑子里重复的疑问是，斧头哪里来的，放花瓶里？花瓶薄脆，滑溜溜的，放裤裆里，裤裆挂得牢？放木箱里，没有看见木箱里拿出来。斧头嵌在头上，少讲也有五六斤重吧，唐老头子倒下去，斧头居然嵌得煞紧，还有，咔嚓的声音，是铁器碰到骨头？或者，当时根本没啥声音，是自己惊吓引起幻听，唐老头子是啥身份，黏滋滋暗红的血，跟杀鸡差不多，赵理君为了啥，转弯抹角，取人性命，哥伦比亚路尽头破洋房，戴金丝边眼镜男子，一叠叠法币，小薛算啥角色？杀人共谋，看客，诱饵，下一个目标？小薛觉得自己体温低下来，冷，牙齿打颤。车到总站，准备上客，小薛从车厢位子起身，前面木楞地板上有个小东西，嵌在凹槽夹缝里，有点发亮，小薛拿来铁丝，勾了几下，啋一声，金属片弹出，附身拾起，确是一块领章，4423几个字清晰可辨，谢天谢地，连接领子四个小孔脱线，还好，没落马路上。

总站隔壁，豆浆店生火，热腾腾蒸汽，豆浆味飘来。老严搛瓷茶杯，满满一杯，递到小薛手里："吃，客气啥。"小薛咕噜噜半杯落肚，身上有了热气。"严格里，油条好了噢。"豆浆店老板娘娇声叫道。"噢，来哉。"老严鲜格格凑上去，"还是老板娘想着我。""想啥？想只魂灵头啊。""有啥不好意思呢，阿拉老户头嘛。"老板娘手里半勺子滚烫豆浆，佯装要泼老严："臭瘪三，死到自家屋里去。"听老板娘骂，老严开心了，装出开溜样子，叮叮叮启动电车。

头班车，钢铁移动，吕班路一夜寂静打破，天欲破晓，眼前城市图像由深黑转为蓝灰，小薛舌苔有了知觉，陆续有乘客上车，收钱卖票。没过几站，还没到霞飞路，豁嘴张保罗尾随乘客跳上来，豁嘴一身制服,头上大帽花翘得老高,对着小薛一笑,小薛浑身一哆嗦。豁嘴右手食指放唇边,示意不响。司机老严眼尖,叮叮两下:"张先生,今朝要送我只卵泡凸吧?""闲话难听吧,我张保罗啥辰光跟老严过不去。""谢谢。开车卖票,啥人不晓得张先生做事体上路,啥人不晓得张先生,法国大班手下红人,手里笔动一动,敲掉几伙人饭碗。""我张保罗哪里有胆量,跟青帮通字辈阿哥别苗头。大家上海滩混,放人一马,积德三分。""有人懂这个道理,也有人,专门跟开车卖票过不去,三天两头扳错头。""老严闲话就不惬意了,各人有各人难处,真的有人舞弊,我也不好眼开眼闭,对吧。不过,老严也晓得,现在电车公司里,有本事的人,明里拿工钱,暗里票款上头做手脚,两头擦外快。""捉嘛,捉几个揩油赤佬,让大家看看。讲来讲去有啥意思。"豁嘴接口:"我先申明,我跟老严没啥难过,捉?揩油赤佬额骨头上写字?打庞莱的人,巡捕房弄了一个多月,一点因头也没有。"老严头也不回:"所以,上海滩,外国赤佬,杜先生,共产党,东洋人,不管啥人得势,事体不要做绝,帮自家留条后路。""老严闲话里有闲话么,啥人事体做绝,今朝不想多讲,开车的开车,卖票的卖票,不要忘记,此地是法商电车公司。"豁嘴也不客气,面色尴尬。

"下一站,霞飞路,霞飞路。"小薛拉起嗓子。豁嘴张保罗顺手把票单交还小薛,轻轻说了句:"班头做出,静安寺对过,外国坟山碰头。"小薛回答:"大鼻头庞莱,要我落班去稽查处。""晚点去,晓得吧。"车到站,张保罗转身就走,车门关上,老严骂了一声:"狗腿子,老屁眼!"

静安寺百样有,闹猛街区,百货公司,银行,食品店,照相馆,眼镜店,车行,百乐门跳舞厅,一家紧贴一家。老大房西区分店,电车总站旁,三开间大门面,食品店翘楚,茶食业代表,专营苏式糕点糖果,松子糖,千层酥,枣泥麻饼,鲜肉月饼,远近闻名,张保罗偶然弄点甜食,就选老大房。口腹之欲满足,烧香拜菩萨也是便捷,香火繁盛静安寺,左引右援,据说有近一千八百年历史。静安寺山门正对外国公墓,一路之隔,一边中国寺院,泥佛铜磬,诵经焚香,另一边外人公墓,五千座西洋坟台,十字架,天使、圣女雕塑,大理石墓碑井然排列,古柏森森,梧桐树遮天蔽日。中西两种截然不同风俗,在此互相依傍,相安无事。张保罗一身浅咖西便装,手里一包老大房粽子糖,腋下一叠当日报纸,穿过马路中间"天下第六泉",立于外国坟山门口。静安寺地处公共租界,行驶电车属英商电车公司,张保罗与开车卖票互不认识,是选择在此见小薛原因。电车叮叮当当,阳光正好,山门前,梵幢巍峨高耸,夹在两条电车路当中,顶端四面石狮,犍陀罗风格,佛气凝聚,睥睨四方。底下一口沸井,丈许见方,玉石栏杆围绕,勒字天下第六泉,颇有古意。

  市声嘈杂,有女声呼唤,"张先生,张先生……"循声望去,马路对过,一女子正朝自己招手,电车阻隔,不得见女子容貌,豁嘴正疑惑,电车开过,女子缓步走来,只见她一身月白洋缎旗袍,头上一顶细纹草帽,缎带蝴蝶结装饰:"冒昧,请问是张先生吧。"香水味隐隐飘过来,张保罗含颔称是。"张先生不认得我了。""想不起来了,请问小姐是……""张先生搀过我,抱过我,眼睛一霎,全部忘记了。"豁嘴张保罗略迟疑:"对不起,小姐出难题了,让小姐失望,是否请小姐稍作提示?""我是百乐门慧慧呀,想起来了吧。""慧慧?"张保罗还是摇头。女子叹息说:"难怪,啥人会记得百乐门女人,前一分钟还搂搂抱抱,一转身就忘记精光,我倒是记得,张先生帮我介绍过算命先生。骆半仙,想起来了吧,这个算命先生老灵的,我还介绍小姊妹去算过。""是吧?"豁嘴应付着笑了笑。女子说:"张先生还讲过,穷算命,富烧香,讲得准呀。""我是信口开河,小姐不要当真。""听讲,骆半仙搬场了,先生晓得搬啥地方去了?""噢哟,抱歉了小姐,我真的一点不晓得。""巧啊真巧,以为再也碰不着了,百乐门跳舞客人赛过走马灯,记得牢的也不

"张先生搀过我,抱过我,眼睛一霎,全部忘记了。"豁嘴张保罗略迟疑:"对不起,小姐出难题了,让小姐失望,是否请小姐稍作提示?""我是百乐门慧慧呀,想起来了吧。"

过五六个人,想不到张先生远在天边,近在眼前。"女子停顿一歇,又说,"不瞒先生,我现在碰着事体,就想让算命先生指一条路,测测命理。"女人八分妩媚,两分妖艳,张保罗礼貌答道:"是吧,灵的算命先生蛮多,小姐不妨再打听打听。""寻不着骆半仙,心里一只疙瘩解不开来,没办法了,耽误先生辰光,不打搅,谢谢,我走了。张先生有噢,有空就来百乐门白相。"看着女子背影,豁嘴隐约记得,几次朋友会钞,百乐门跳舞,似有舞女问起算命事,临场调笑,却有人当真。

小薛还没来,张保罗含了颗粽子糖,松仁味加上饴糖的甜,像安神剂,他踱回马路北侧,紧靠寺院山门,有店铺专做墓碑生意,石作的十字架,花盆,墓碑层层排列。石匠稳坐橱窗后面,手持斧凿,细细雕刻,一大方石料,已经可辨"先妣 慈母李氏桂贞"的阴文,深入石料两公分许。豁嘴一时觉得好玩,驻足细看,石粉从匠人手中细细落下,堆成小丘。突然,身后金属声沉闷挫动,豁嘴回头,1路有轨电车急停路当中,紧跟的2路电车也被逼停。电车司机破口大骂:"寻死啊!电车轧煞白死,赤佬!"再一看,车前站立男子,正是小薛,司机见小薛身着电车公司制服,继续骂道:"瘪三还是吃电车饭的,要死也看看地方!"豁嘴赶紧三步并两步上前,拉开小薛,一车乘客伸出头看热闹,点点戳戳,小薛正好走到沸井栏杆和电车路之间狭小空间里,电车一来,无路可退,小薛被自己吓到了,一时分不清东南西北。豁嘴对司机说了句看似平淡却专业的话:"没碰着,没碰着。"司机骂够,似乎心稍平复,缩回脖子,慢吞吞将电车开走。豁嘴拾起掉落地上报纸,推小薛后背,径直朝外人公墓走。上海人把外人公墓叫"外国坟山",其实并没有山,一条平整甬道,两列巨树相夹,直通到底,依次为小教堂、火化房、四方形烟囱,英格兰风格,一律红砖砌就,做工精细,一派异国情调。甬道左右小道,连贯座座坟台,上有蓝天碧树,下有绿草鲜花,玫瑰已过盛期,花瓣脱落,还缀着些半僵花蕾。豁嘴推扶小薛,小薛嘴里重复一句话:"张先生哪能可以叫我去杀人。"豁嘴微笑不语。转眼来到陵园深处,一座西洋大理石亭,阳光下,两个西洋女人,手持鲜花,全身黑色丧服,屁股大如箩筐,裙子快要绷开来,像极一对黑鸭子,摇摇摆摆,来回寻觅。微风吹来,鸟雀啁啾,略有凉意。大理石亭栏杆,高度及膝,豁嘴让小薛坐下,说:"小薛精神不佳,可以理解。"小薛开门见山:"我明讲,张先生用欺骗手段,让我卷入杀人案件,从法律角度,违背我个人意志。"豁嘴没有想到,小小的赌徒,可以讲出这样的话。不远处,西洋女人找到亲属陵寝,十字架前放下花束,不断在胸前画十字。豁嘴正色道:"当然不是你的意志,是领袖的意志。"豁嘴继续一字一句说,"小薛以为,此次行动,仅仅是个人恩怨,错!"豁嘴扔出一叠报纸,《新闻报》《文汇报》《密勒氏评论报》《字林西报》,全部刊登唐老头子大幅照片,《时报》标题"唐绍仪死 官至内阁总理,死于两斧头下";《文汇报》标题"息影沪渎 唐绍仪遇刺殒命 一般揣测唐有出任伪组织嫌",另有副题:"古董商人携礼品八色 头砍二斧从容出门去";《新闻报》标题:"四客乘汽车来致送古董 突出利斧猛砍重伤不治"。小薛无心看正文,一眼瞄过标题。风掠树梢,倏然响动,除西洋女人外,四周别无他人,豁嘴凑近小薛:"此人该杀!""我不懂。""日本人拉拢政客,姓唐的态度暧昧,唐的女婿和日本驻上海军部来往密切,就是前天,日本人还到福开森路,和姓唐的密谋,委员长多次关照,让唐某离沪去香港,而姓唐的执意不走,私下和日本人谈尺寸。如此败类,戴老板哪能放过。"小薛说:"跟我啥关系,党国伟大事业,张先生让我出头,替戴老板卖命。""不是替戴老板卖命,是人人有责任,除却这种民族败类。"小薛说:"是吧?口号归口号,张先生和我,不过是戴老板手中的棋子吧?""啥意思?"小薛不紧不慢,从口袋里掏出报纸:"今早的英文《大陆报》(The China Press),张先生不懂,我可以翻译。"豁嘴张保罗接过报纸,有唐绍仪照片和相关报道,小薛说:"张先生不妨看看最后一段。"豁嘴目光移至一版末尾,英文写道:The police found a button of the uniform of the French-owned tram company at the scene. It was dubious why the button was there.(巡捕房在现场发现有法商电车公司员工制服上的纽扣,这枚纽扣的来历成疑。)小薛说:"看明白了?这就是戴老板对我跟张先生的保护。"豁嘴脸色骤变:"啊?"豁嘴鼻尖凑近报纸,反复看,问:"小薛昨天穿啥衣服?""根据张先生关照,着长衫。""肯定没穿制服?""哪能可能呢。""没留下制服纽扣?""除非寻死,买棺材睏。"豁嘴两眼发直:"怪不得,昨天下半天,一个人也联系不到,全部滑脚。坏了!""留下纽扣,让巡捕房目标对准电车公司方向,张先生被人家贱卖了。""毒啊!过河拆桥,我是垃圾,没有价值,别人可以逃,我的命一分不值,册那!"豁嘴大叫一声,几只麻雀飞起来,豁嘴嘴角疤痕抽搐:"真的要做替死鬼?小薛,要么带了钞票,离开上海?""两个人突然失踪,等于承认谋杀案跟张先生跟我有关联。""哪能办?"豁嘴张保罗此时觉得,小薛已经完全不是想象中的那个人,小薛慢悠悠说:"我事先对此预谋一无所知,我也没有直接使用凶器,巡捕房寻到我,最多算个被迫相从,张先生就不一样了。"豁嘴张保罗怒不可遏:"所有人要出卖我!"眼看豁嘴一副急相,小薛摇摇头:"张先生,这就讲不明白了,凭我的经验,赌台手风,讲转就转,说不定,下一轮,到手一副好牌。现在也用不着紧张,再看看。"

8

"王妈,我中午不回来吃饭噢。"仲芳说。王妈问:"太太去啥地方?先生回来我好关照。""去朋友屋里。""不是去珍珍屋里吧,这个叫珍珍的女人,我看啊,坐没坐相,两只脚膀趴开来,吃饭嘴巴不闭拢,啪叽啪叽,筷子戳了小菜里,翻进翻出,恶形恶状。"仲芳笑笑:"王妈眼睛尖的,看人一眼就中。我去林林屋里。""太太,汰衣裳作徒弟来讨钞票了,还有,三阳盛送来三斤广式香肠,一块火腿。""要付的钞票就付,不要等人家来讨。""有数了。""还有,看弄堂阿堂娘子扫街费,不要忘记。""好的太太。"

仲芳弄堂口叫了黄包车,车夫年轻,一听是到辣斐德路(复兴中路),跑得飞快。从仲芳住的爱文义路,穿过圣母院路(瑞金一路),再转辣斐德路,一直到林林住的辣斐坊,不过二十几分钟,从公共租界穿到法租界,通行无阻。培明女中同学林林再嫁,新老公落手迅速,辣斐坊租房子,房子正气,一楼住一对法国夫妻,林林住二楼连三楼,也算清净。自从打仗,租界里房子租金越来越贵,房东开口要金条顶,林林新老公是税务官,有点积蓄。林林约定,陪仲芳看妇科。

德国医生诊所,临马斯南路(思南路),两个人见面,边走边讲,林林说:"下决心了,要小囡了。"仲芳笑笑:"就不晓得德国医生要看啥。""不要怕难为情,医生天天看,中国女人,外国女人,就让医生看好了,看个明白。""总归不习惯,林林一直是胆子大,豁得出,我怕的。""讲难听点,裤子脱下来,大家差不多。""十三点。""妇科呀,又不是内科。再讲,外国医生规矩大的,总有一个女护士,加一个女翻译陪边上。""林林看过?""我表妹看过。"仲芳印象里,妇科检查,像要上刑罚一样。和辣斐德路热闹不同,一转入马斯南路,世界就变了样,马路不宽,花园洋房间隔,梧桐树树干斑驳,牛奶白里着了一点绿,煞是好看。妇科诊所小洋房一栋,绿树包围,门口有盆花。除了柚木地板,入口走廊铺一块小小地毯,是整个诊所里唯一颜色。白俄接待小姐,胖胖的,两颊淡淡罗宋红,查了预约单,笑眯眯引仲芳进诊室,林林坐客厅休息。时有白衣护士进出,双手托搪瓷消毒盘,除此之外,整个诊所寂静无声。林林翻看茶几上杂志,旧版《玲珑》《良

仲芳弄堂口叫了黄包车,车夫年轻,一听是到辣斐德路(复兴中路),跑得飞快。

友》,一本《电声》,封面女郎胡蝶,兰花指托下巴,故意憋出两个大酒窝。不觉时间已过三刻钟。诊室门咔哒一声打开,护士出来,接下来是仲芳,面有潮红,德国医生年纪不小,秃头,雪白胡子,修得纹丝不乱,一边慢慢出来,一边揭橡胶手套。护士笑眯眯讲:"下礼拜再过来噢。"仲芳笑笑。林林上去,问:"好啦?"仲芳点点头。两人原路折返。林林看仲芳不出声,手肘戳仲芳:"哑子,哪能啦?""吃不消。""讲呀。""医生一百样要看,一百样要问。""问啥?""问跟自家男人事体,啥辰光,几趟。""还有呢?""不讲了,不讲了。"林林看仲芳旗袍下摆起皱,笑起来:"医生呀,又不是别的男人,别的男人手伸过来,一记耳光上去。"林林看仲芳不想开口,也不勉强。经过罗宋人蛋糕店,林林问:"坐一歇好吧?巧克力蛋糕,我欢喜的。"仲芳侧身望过去,黄澄澄香喷喷蛋糕,裱花精致,立体花边,说:"带回去好吧?""总算开口了。"两人拎了蛋糕盒子,开始有说有笑。

　　高跟鞋就是上下楼梯不方便,两个女人轻手轻脚,一步步上来,林林住二楼,一楼至二楼之间有一扇小门,入了小门,就算林林的范围,每格楼梯,一双鞋子,男鞋女鞋,整整齐齐,堆叠而上。仲芳说:"好办法,一点不占地方。"林林讲:"昨天,永安公司看中一双意大利皮鞋,小尖头,样子真好,也合脚。""买呀。""小姐讲是样品。问啥辰光有货色,仲芳猜猜小姐哪能回答。""哪能回答?""打仗了,欧洲轮船开不过来,起码要半年吧。""哈哈,半年,风头也过了。"两人坐定,女佣泡茶,细瓷碟分了蛋糕,南窗有微风过,预示酷夏已近尾声。林林说:"仲芳,老老实实讲,医生啥结论啊?""讲我一切正常呀,就是子宫有一点点前倾,要候好排卵期 Ovulation Period。""哎,这个就要刘先生配合了嘛。"林林挤眉弄眼坏笑。仲芳说:"不要取笑人家好吧,跟林林讲老实话,就要取笑,不讲了。""哟哟哟,看看这位大小姐,我讲一句就紧张了。""医生还讲,问题不一定出了女人身上。""喔?""要男方也去查一查。""是刘先生出问题啊？这个事体就大了，男人是死也不肯承认自家有问题的，所以中国男人就寻理由，讨小老婆，讨了两个小老婆，一个也不养小囡，最后晓得自家出问题，这种事体多了。""又瞎讲了，正昌到现在一句话没讲，怀孕的事体还不一定呢，林林就是夸张，培明女中，林林出名的三张，夸张，嚣张，慌张。"林林愠怒："再讲，再讲我要打人了噢！"林林做出夸张动作，手握粉拳，伸到仲芳下巴处蹭两下，又说："培明女中，只有仲芳是公认冷美人，眼睛朝上，遗世独立，不过，心里热腾腾，闷骚，承认吧？""承认啥？培明女中，讲人家闷骚的，才是真闷骚呢。""好了，好了，吃蛋糕。哎，讲我听，是不是正昌姆妈急了要抱孙子。""倒不是，老太太开明人。""正昌的意见？""正昌啥地方有意见，正昌就是忙，现在租界里暴力活动多，杀人贩毒每天发生，前天，法租界杀了一个老头，讲是老早北洋政府总理，我问正昌，跟公共租界搭啥界，正昌讲，法租界巡捕房通知，凶手有几批，有的已经逃到公共租界里来了。我跟正昌讲，又是捉落帽风。"林林叫女佣续茶，二楼空间轩敞，阳光照进来，正好照到茶杯，绿叶翻滚，房间也有了清冽之气。林林说："仲芳，就在此地吃中饭，我叫阿姨去买点清爽小菜。""我本来想好，两个人，一道去霞飞路吃西餐。麻烦吧？""讲好了噢，仲芳再讲，就是假客气。""林林还是老脾气。"林林对女佣关照："阿姨，去小菜场买一条白鲳，黑鲳黄鲳不灵的，不要噢。再看看蛏子新鲜吧。茭白也称一斤。"林林又跟仲芳说："我晓得仲芳宁波人，海货最欢喜。"仲芳说："专职太太做出经验来了。""哼，专职太太，仲芳比我有经验，讲了老半天，仲芳啥辰光去做翻译啊？""我现在心里老乱的，正昌做巡捕，我一直是担心，看到社会阴暗面太多，当初圣约翰毕业，正昌可以去做律师，考法官。正昌的性格，就是欢喜冲了前头。""不错了，人人羡慕正昌的薪水。""有啥羡慕的，巡捕房一套规矩，中国人看不懂的，警龄奖励，完成任务，增加警龄，退休根据警龄拿钞票，不晓得等到哪一朝哪一代。我最担心，眼面前，生命危险，巡捕被杀也不是第一次。上个月，有人抢五马路珠宝店，老板报警，正昌手下的巡捕，看到一个劫匪往小弄堂里逃，拼命追，结果反而被劫匪近距离小肚皮上开一枪，劫匪是捉牢了，巡捕也死了，就死在正昌眼面前。"林林以手掩嘴："真吓人噢！"仲芳说："今年，巡捕已经死了第四个了，全部死了亡命之徒手里。所以，有啥意思，外加，上海这地方，现在太复杂，日本人一来，更加乱。日本人打到武汉，上海租界会进来吧？正昌讲，危险，迟早的事体。"林林说："人家是这样讲，上海好日脚彻底结束了，现在人人过一天算一天，醉生梦死，及时行乐。"仲芳说："没打仗辰光，上海多少好，上海就是十样锦，外国人到了上海也不肯走的，又赚得着钞票，又好白相。""是呀，楼下一对法国夫妻，来上海八年了，就是欢喜，讲东方巴黎，一点点也不逊色的。仲芳第一次来，看看阿拉房间。"

　　林林说罢，引仲芳上三楼，一间卧室，墙上有林林夫妇新婚照片，小捧花、白手套、珍珠项链、拖尾婚纱。仲芳说："真真登样，林先生白面书生，林林摩登美女，般配。""王开照相呀。""哦，怪不得，灵。我看过，王开照相馆橱窗里，胡蝶、张织云照片，上海太太小姐个个羡慕煞。"林林说："啊呀，靠化妆灯光的呀，仲芳去拍，还要好看咪。"林林拉仲芳看了书房，衣帽间，卫生间，仲芳感叹："辣斐坊真的好房子。""是法国人设计的，所以价钱再大，林先生还是要租下来。仲芳，晓得隔壁住啥人吧？""啥人？""姚玉兰。"仲芳摇头："不晓得。""唱京戏的，杜月笙四姨太，唱老生的。""喔？杜月笙来吧？""从来没看见，不过，有人看见半夜三更汽车开过来，还有保镖，一点声音也没，不晓得是不是。""听讲，东洋人一来，杜老板去了香港，没有带姚玉兰？""昨天我还看到，有人送一车平湖西瓜，叫，姚家有人吧。

这个女人不露面的。"正在说话时,女佣咚咚咚急匆匆上楼,嘴里叫着:"吓死了,吓死了!"林林不悦,问:"啥事体啦?急得这样子,哇啦哇啦。""太太,真吓人,小菜场电线木头上,挂了一只人头,舌头吐出来,还有血滴下来,一圈一圈的人,围了里三层外三层,巡捕房也来了,后来,挪一把竹扶梯,弄一只洋米袋,套牢,放下来。墙头上,白粉还写了字。""写啥?"女佣说:"我不识字呀,人家告诉我,看看看,抗日分子的下场,还有啥个,黄道会。哦哟菩萨保佑,我心别别跳。"林林说:"好了好了,去弄小菜吧。"林林仲芳两个,一下没了说话兴致。

厨房里镬铲响,女佣回头问林林:"太太,鲳鱼是红烧还是清蒸?"林林转身对仲芳:"我去看看。"林林查验结果,鲳鱼新鲜,可以清蒸,蛏子葱姜热炒,油焖茭白,外加红烧里脊,虾仁跑蛋,清炒荷兰豆,青浦新米。中午饭,红木八仙台,江南家常菜,小碗小碟,细嚼慢咽,同宿舍死党,第一次上门,林林兴致颇高。饭毕,两个女人继续讲张,从电影明星,永安公司新到美国乳罩,聊到上海滩今夏游泳热。林林突然冒出一句:"我看仲芳,近来有心事。""我有啥心事。""一定有心事的,瞒其他人可以,瞒我不来事吧。""瞎讲,林林又不是我肚皮里蛔虫。"林林手指轻点仲芳眉心:"怨气郁结,再看两颊绯红,如桃林落花,痴情哦。"仲芳嗔怪:"又来了,啥地方有痴情,差不多老太婆了,还痴情呢。"林林摇头:"我跟仲芳同学辰光,无话不讲,今朝,仲芳不老实。"仲芳皱眉头,说:"不要讲了,我讨饶。"林林开始认真了:"桃花啊,就看这是吉桃,还是凶桃,是墙内桃,还是墙外桃。讲,心里想啥?"仲芳不响,一歇,眼泪溢出,沿腮边落下来。林林一开始是噱,女中时代,常常玩的把戏,没想到仲芳真的流眼泪,林林倒有点束手无策,连忙安慰:"啊呀,碰到优秀男人,我也会心动的,人不可能一辈子,只对一个人动心,是吧。"仲芳抽出手绢,擦了腮上泪痕,说:"培明女中,林林跟我最要好,最保守秘密,是吗?""这个还要讲嘛。"仲芳喃喃低语:"我是欢喜一个男人了。"仲芳像个孩子,手绢绞来绞去。林林凑近来,轻轻问仲芳说:"啥人啊?""正昌同事,一个英国人。""哦。英国人欢喜仲芳吧?"仲芳点点头,又摇摇头。林林问:"到底欢喜还是不欢喜?"仲芳不响。林林一点不奇怪,仲芳这样的美人儿,即使哭,也是梨花带雨,让男人着迷,现在追问,也没有意思,让仲芳自己慢慢说。仲芳颓然,拿来手袋,拉开内层拉链,取出照片,递给林林:"就是这个人。"五吋照片,微黄,半身照里英国男人,阳光斜射,鼻管笔挺,高领毛衫,窄脸宽肩,唇上短髭更显几分英气,背景隐约是草地树丛。照片一角有草体钢笔字:to ZF 落款 Allen。仲芳说:"上礼拜,去老介福看毛料,出来荡大马路,有吉普车停我旁边,抬头一看,开车是艾伦,艾伦跳下来,问我去啥地方,我讲真巧,我帮正昌做衣裳。艾伦去对过工部局,邀我上车,等艾伦事体结束,开车去外滩爱多亚路英国总会吃咖啡。""老早跟艾伦熟吧?"仲芳点头:"经常来往。后来,艾伦嫌贬英国总会熟人太多,就选了法租界迈而西爱路(茂名南路)咖啡馆。再后来,艾伦讲,最近收留了一只史宾格犬,问我有兴趣去看看吧。我答应了。""仲芳去艾伦屋里了?"仲芳喃喃回答:"去了,以前,也去过的,这趟,看到狗了。再后来,艾伦香我面孔,再后来……"仲芳面孔滚烫,一下把脸埋在双手里。林林问:"就做了?"仲芳点头。林林又问:"这个英国人没有强迫仲芳?"仲芳摇头。"也没有粗暴对待仲芳?"仲芳还是摇头,在林林眼里,仲芳一头卷发稍显凌乱,颈下第一颗纽子也开了,女人在这个时候,像被融化了一样。林林说了句:"蛮好呀。仲芳还有啥不开心的事体啊?"仲芳面孔埋得紧:"我不晓得,艾伦是不是真的欢喜我,因为……""因为啥?""林林还记得珍珍吧?""就是巡捕太太,一道吃过饭的?"仲芳点头默认:"珍珍,跟艾伦关系也密切的。"林林啪地拍了一下手:"嗨!仲芳这记爱得深哦,爱出炉忌来了,看来不是一般的欢喜。""讲老实话,我是被这个英国人迷牢了。从来没觉得,一个男人这样有吸引力。"仲芳像在异性面前,裸露得一览无遗,把底都兜出来了,语调里带抖音。林林问:"艾伦啥地方迷住仲芳了,是派头还是卖相?""我也不晓得,听艾伦讲话,就是好听。英国人 lady first,不是嘴巴上讲讲的,艾伦手一搭上来,我就……"林林抢白:"就软下来了。"

"太太,太太,隔壁姚家女人出来了。"女佣叫起来。"不要哇啦哇啦,啥腔调,关照了多少趟,还是不听。"林林拉起仲芳,倚南窗斜望,只见隔壁娘姨手拷竹篮,慢悠悠荡出来,并没有期待中的女主人,林林说了声:"瞎咋呼。"女佣说:"太太看呀。"小天井侧窗,有女人身影晃动,不到一分钟,前门再次打开,女人出来,紫红色洋绸提花旗袍,大波浪卷发,是姚玉兰,南人北相,面孔方正,眉毛上扬,前后两个女仆,手提细软盒子,再看,弄堂转弯处,一辆黑色雪佛莱,露出车尾。女佣说:"太太不晓得喔,隔壁四姨太结婚,大房二房吵得一塌糊涂,坚决不让进门,吵得杜月笙老头子没办法,借此地房子。""包打听。"林林冷冷回了一句,回头看仲芳,仲芳已经坐回沙发,咬住手绢一角,泪痕未干。待女佣离开,林林问:"想啥啦?"仲芳幽幽回答:"我想正昌。"

9

廖夷生要出门,发动奥斯汀小汽车,心里烦透,说不出缘由,忘记档位,起步,猛踏油门,排气管一股浓烟喷出,奥斯汀急窜出去,不料,车轮碾压,花园草坪硬地之间,一排矮黄杨倒下,花匠叫起来:"哎哟,少爷当心!"廖夷生一脚刹停,跳下来,一看,倒下黄杨枝蔓,足有四五米,花匠叹气:"廖先生最欢喜黄杨,比枪篱笆边上英国蔷薇还要欢喜,完结了。"夷生问:"阿梁师傅,补种来得及吧?"花匠老梁摇头:"少爷不晓得,瓜子黄杨这种物事,十年只长一眼眼,现在辰光,啥地方去弄苗噢,没有花农上来。少爷没看见,每天早上,廖先生自己拿剪刀,横修竖修,修得煞平,哎,坏事体了。"廖夷生急了:"爷老头子要骂人了。"老梁说:"我想想办法,只好这样,我去对过人家移两棵过来,前面法国人花园再弄几棵,乘廖先生还没看到。""好好,拜托。"夷生准备拿钞票,想起母亲说过,不要随便给下人钞票,手缩回来,又一转念,还是拿出十元法币,老梁一看,不开心了:"少爷,这啥意思啊?"转身拿了园丁铲,单脚跪地,掘黄杨根。

老梁毕勋路(汾阳路)做花匠十几年,五六只门牌号码,老梁包下来,四季花植,草坪修剪。夷生五岁大,乘老梁不注意,偷偷摆弄割草大剪刀,两只手捏牢剪刀把手,咔次咔次,老梁吓得魂飞魄散,一把抢过来大叫:"小鬼啊,寻开心啊!"老梁有心,随手弄点昆虫草叶,送给夷生,一只大角蜢,两只金乌虫,一玻璃瓶萤火虫,一只白斑天牛,还曾经送过一只斑鸠,灰色羽毛,颈项间绕一圈翠绿,煞是好看,装在老梁自己做的鸟笼里,细竹丝鸟笼,有一扇上下移动竹丝门。老梁说,萤火虫是牛粪变的,现在牛赶到乡下去了,萤火虫也看不到了。老梁收拾黄杨断枝,手脚利落,一铲一个坑,看夷生呆立一边,问:"少爷,老清老早起来,去啥地方?""去蒲石路,犹太医院。""中国人,去犹太医院做啥?"夷生没回答。老梁说:"上海滩马路上,一看就晓得是犹太人,大热天,还是一身黑袍,头戴塌饼帽子,拉搭胡子,面孔铁青,眼睛笔直,从来不东张西望,我老早东家,就是犹太人,少爷看到过犹太人笑吧?只只面孔,拓了三层糨糊,邦邦硬,不晓得开心还是不开心。讲起做生意,上海人输给宁波人,宁波人输给潮州人,潮州人输给犹太人,犹太人最狠。少爷听到过吧,犹太人逃到上海,袋袋里没有一分洋钱,拿瓶外国老酒,洋瓶底打一只洞,酒水倒出来,灌进假酒,再封牢洞口,卖给人家,本事大吧。闲话讲转来,上海从来没人叫犹太人瘪三,只有罗宋瘪三。罗宋瘪三烂污货,掼出一只角子,地上爬三圈也肯,一吃老酒,胡天野地。罗宋女人做野鸡,抢本地女人生意,真是垃圾。"夷生笑笑。老梁的手不停,折断的黄杨堆成一蓬。

夷生今天还没出门,就不顺,心里一阵毛。一想,要跑好几个地方,还是上车,加大油门,老梁在背后叫了一句:"少爷当心噢!"家门口就是毕勋路,安静,少有行人车辆,街心花园,俄侨去年刚刚建立普希金铜像,石柱顶上,诗人神采飞扬,似有诗句酝酿,即将脱口而出。石砌台基,当季粉色小石竹,开得烂漫,与雕像衣纹中泛出铜绿相互映衬,煞是好看。铜像背后,绿树掩映,几栋德式大宅,细卵石墙,红瓦蓝天,如刻意裁剪。记得和文娟说好,来此地取景,现在,摄影和怀孕,这两桩不搭界事情,缠绕交错,让夷生心里挖塞。天底下多少人,一次偶尔失手,小小精虫,偷渡成功,铸成大错。上帝造人,这对快乐器官,暗藏巨大风险,宗教弄出禁果一说,本质是又喜又怕。夷生不是对女人不负责,他闯的祸,不想辩解,夷生对文娟是真爱,玩艺术的人,多少有点女性崇拜,文娟一笑一颦,如照片多重曝光,常在脑中叠忽显现。文娟脾气,并非任性,文娟的思路,自有文娟逻辑,如果在平时,夷生还能揣测,走到这一步,夷生五官六感滞碍,女人的想法,就不在夷生的猜度之中,原来亲密自然的交流方式,转眼变得无章可循,夷生真不知道如何收场。现在,只剩下自己和自己过不去。

夷生信马由缰,从毕勋路到蒲石路,不过两三分钟,转几个弯,过东正教圣母大堂,绕开洋葱头尖顶投下的巨大阴影,差不多就到了。医院坐落在亚尔培路西首,圣裔社犹太医院。在上海人眼中,犹太人是奇异物种,夷生不这样看。小学临近毕业,班级里来了个外国小孩，叫乔绪，和夷生比较投缘，一样喜欢踢球，礼拜六，夷生兴冲冲约乔绪，环龙路（南昌路）街面房子，乔绪姆妈楼上下来，柔声说，礼拜六（安息日），乔绪不可出来的，对不起。乔绪姆妈送一块饼，洋山芋泥煎饼，酥塌塌，冷冰冰，蜡纸衬好，夷生一只手肘夹球，一只手拿煎饼，快快回家。夷生从小憋尿失败，课间铃响，冲到厕所，定规第一名，法租界私立纳格纳小学，男生小便，一只只雪白搪瓷铅桶，三四个孩子围绕一圈，尿液注入，待装满，校工负责清倒。随着嘘嘘声，淡黄色尿液越积越多，大家嘻哈比赛，泡沫多的，是啤酒，泡沫少，是茶。夷生发现，乔绪小鸡鸡和别人不一样，头上一块光溜溜小肉，他偷偷告诉同桌，同桌说，乔绪是犹太人。夷生大了才晓得，犹太人从小割包皮。学期一过，犹太社区小学落成，乔绪转学，虽然很少联系，和夷生友谊还在。

圣裔社犹太医院从外部看，就是一栋大洋房，离身形巨大华懋公寓不远，门口铸铜招牌，读来拗口：B'nai B'rith Clinic。据说前面的拼音，来自古老的希伯来语。乔绪一身白衣，早在门内等候，随年纪渐长，乔绪已成高个子青年，削瘦苍白，和所有犹太人一样，鼻骨隆起，腮边透明绒毛换成青色。寒暄几句，犹太人节制，恪守本族礼仪，夷生没敢握手。底楼内阳台，有茶几靠椅，阳光透过落地玻璃窗，陶砖地坪，一串亮红铺满。夷生感觉自己和乔绪之间，总有一层厚厚隔膜。坐定，乔绪先开口："什么事？""我来替一个女生问一下堕胎事。"乔绪浓密眉毛下面，漆黑眼珠一动不动，像已经嗅到什么气味："明白了。夷生知道，我在这里，目前还是实习医生。""乔绪什么时候毕业？""还有三年。堕胎一事，对犹太教是禁忌，夷生应该理解。"犹太人说话，面无表情。夷生说："这么说，圣裔社医院不做堕胎手术？""稍等，我问一下。"乔绪离席上楼，夷生环顾四周，和内阳台连通大客厅，有十几人候诊，男人女人，个个是黑头发大鼻头犹太人,没有人发出声音,进进出出女护士,不戴馄饨帽,兜一块白色头巾,两侧顺鬓角轻垂,绾在颈下。夷生望过去,女护士五官分明,侧影线条弯曲有致,头巾和面颊阴影,融化进客厅幽暗氛围,大块浓黑与亮白,是格里高莱斯库笔下吉卜赛少女,如果是徕卡镜头,女性嘴角和眼梢细纹,一览无余,有生命特征的细节,真切如同镌刻。

乔绪回来入座,右手握拳,轻抵鼻勾,语意斟酌:"堕胎的事情,比较复杂,主任医生说,除非经过医生证明,母亲不适合继续妊娠,允许堕胎。这种查验非常严格,医院避免任何教规伦理冲突,夷生应该理解。""能不能详细解释一下,什么情况,在允许范围之内。""比如,孕妇严重的高血压、心脏病、肾衰竭、羊水异常。"夷生眼前,玻璃门和地坪上,树影虚焦,无数个圆圈闪动。乔绪垂下双眼,说:"要不,先帮那位女生登记一下?"夷生点头。很快,护士轻捷无声,拿来表格和笔。夷生逐格填写,问:"姓名可以填写英文名吗?""可以。"夷生一笔一画写了 Jane Van,写毕,又仔细检查一遍,几乎所有空格,已经填满,只有"妊娠开始日期"一栏空白。让夷生去回忆,哪一天,哪一时刻,极乐就在眼前,每一个毛孔欣喜欲狂,如果不去冲刺,几乎爆裂,实在勉为其难。

像上交一份认罪书,护士收走表格。夷生和乔绪无话,两人静坐。有哇一声婴啼,母亲抱哄,呢呢喃喃,厅里再无声音。一歇,女护士急急忙忙过来,说,有另一份表格,所填写内容一模一样,也是 Jane Van,21岁,因不适合继续妊娠,申请堕胎。夷生感觉,乔绪眼光直射过来,嗅觉再一次启动,夷生脊骨半截麻木,寒气从脊底上升。护士解释说:"两天前,一对中年夫妇来过,询问很长时间,留下这张表格,乔绪医生,请看一下。"夷生就差落荒而逃。毫无疑问,填表的不会是别人,就是文娟父母。夷生印象中,文娟父亲敏感得近乎歇斯底里,所有靠近女儿的男子一概是威胁。文娟母亲却相反,没有教会女儿一点防范经验。夷生从心底里排斥文娟父母,夷生认为自己和文娟的关系是超越世俗之爱的,这种爱,只出现在翻译小说,外国电影里,纯净无瑕,干净得如同水晶,而现在,一切都降低为贪恋肉欲,然后招来惩罚。

夷生碍于情面,礼貌告别,乔绪已经尽了朋友的义务。奥斯汀汽车往西,一过兆丰公园,市风大变,马路狭窄颠簸,房屋低矮破败,尘土飞扬,流民麇集,汽车开开停停,地摊牙医靠墙打瞌睡,各种牙齿,来路不明,有长有短,串成璎珞,一条条悬于墙头,算作招牌。卖膏药壮汉,上身赤裸,右手攥紧红砖,拍击左胸,砰砰作响。押注大小的露天赌台随处可见。脏水泥灰,混成一摊摊泥浆,穿绣花鞋搽胭脂女人,仿佛站在灰堆里,眼角轻瞟来往男人。再往前,沪杭铁路梵王渡车站换了膏药旗,成队日本兵驻守道口,矮个子日本兵让夷生停车,打开汽车后盖,刺刀挑来挑去,伸头探进车窗,细看仪表盘,随即缩回脑袋,算是放行。过了圣玛利亚女中,一上中山路,人迹渐稀,夷生心里烦闷堆积,过中山路桥,河水墨黑,夷生真想大叫一声,一吐浊气。

下桥就是大夏大学校门,原来林荫大道,如今荒草处处,石缝里马齿苋、车前草疯长,看门老头缩在木棚里,有汽车来,也不起身,眼看车子摇摇晃晃驶入。停课一年,学校已不复旧颜,礼堂歇山式屋顶掀掉一大块,窗玻璃没有一片完整,体操课双杠、肋木兀立荒草中。夷生停车,询问外地同学暂留宿舍,得到答复,开车至丽娃河东南角,一处老屋,小窗可见内里几顶蚊帐,窗台上空烟盒、袜子、短裤随手放置。敲门,一男生探头问找谁,夷生答:找政治系"班长"。对方说,到市区去了,几天没有回来。再问联系方式,对方嘭一声关门,夷生束手。想到家里寄存的勃朗宁手枪,还在壁炉烟道里,无法归还,"班长"行迹飘忽,夷生一块心病,至今未解。夷生此次匆忙返校,还为一件事,去年打仗,停课消息传来,夷生赶紧把学校暗房所有物品打包,坚壁清野,唯有自己的德国凯撒斜桥式放大机体积太大,请了三个同学帮忙,抬到文体馆顶楼储藏室,旧床单覆盖,圣诞节道具堆掩,纸花球、纸灯笼、假枞树、驯鹿玩偶,伪装成一堆旧物。夷生想起凯撒放大机,是因为配上罗敦司得镜头,处理48吋以下照片,影调损失最小,滤光技术,德国货无人可及。上海滩一众小开,新式纨绔子弟,自己配药水做后期,静心玩暗房,实在不多,小康一点的,玩英国蘭翎脚踏车,再上一级,玩美国哈雷摩托,速度加爆音,符合洋场小开快意人生。暗房里孵上半天,为一张照片,不是一般小开兴趣所在。大夏大学摄影系老师,知道凯撒品质,经常借夷生暗房做照片,暗房虽小,摄影系男女生最喜欢聚集。现在,同学各奔天涯,一个随军做战地记者,可能已经退到武汉防线。两个进入本埠报馆,剩下几个,和夷生一样宕在家里。夷生想寻机会,把放大机搬回家。沿丽娃河到文体馆,也就百步之遥,莺飞草长,水浊萍乱,文体馆似一座荒堡,轻推大门,一股烟尘腾起,黑洞洞大厅,传来一阵窸窸窣窣,不知道是野鼠还是鸟雀,空气里有犬科动物尿液骚气,夷生上楼梯,手触扶手,一掌黑灰,摸索至顶楼,储藏室门打开,满目凌乱,纸球纸灯笼全部倒向一边,床单覆盖放大机,孤立一隅,如一座灰色的坟。云散天青,刚好有阳光投射,四个金色方格,在烟尘里,像做了柔光。杂物后面,白色肢体移动,一个女人的身体,一只细削胳膊,一侧紧致圆润臀部,文娟出现,长发粘结蓬乱,裸露的皮肤,带着尘埃擦痕,文娟没有表情,视线投向远方,耻骨三角形阴影,触目惊心。阳光收去,阴影蔓延,爬上小腹,乳房,沿颀长的颈项,没过头顶。夷生大叫一声:"文娟!"整个文体馆发出嗡嗡回响,仿佛众人讪笑,大厦崩裂,夷生眼泪夺眶而出,两人对视,夷生伸出双手,想接住赤裸的身体,通常,文娟会慢慢靠过来,抱紧。文娟摇头,后退,带着一丝轻蔑的笑，渐渐隐去。

文娟的轻蔑，最不可捉摸，是夷生心里的刻痕。之前，文娟拉夷生去百乐门跳舞，夷生一口拒绝。这种风月场所，不是廖家公子兴趣所在。"不去？不去就此拉倒。""百乐门，啥好白相。""跳舞呀，还以为是做啥。""历史系大小姐，我不会这个。""再问一句，去还是不去？"文娟一侧嘴角上扬，一副不屑的样子。"要去，拉个会跳舞的人好吧。""我就要廖夷生。"拖拖拉拉，夷生像个陪绑犯人。

和文娟一道，踏进百乐门大厅，像踏进一个紫色的洞穴，紫色掩盖下，暗自寻欢的男男女女，所有目光投过来，人家是朝向文娟的，男人们眼睛一亮，一个穿西式连衣裙的清纯女子，仪态大方，舞女眼光复杂，有明显的敌意，这样的女人出现，肯定会抢风头。跳舞，夷生本不热衷，缩进角落，把玩手里徕卡相机。起先，文娟稳坐夷生一侧，几轮音乐过后，有人上来邀舞，文娟没有拒绝，华尔兹一响，文娟在男人怀里转起，舞步轻盈，沿舞池兜圈子，裙摆像风篷，鼓了起来，头发柔软，随节奏飘拂，带出丝的光泽。每一次转到夷生跟前，文娟总是抛一个轻蔑的笑，或者从男人掌心里抽出右手，朝夷生做一个按快门姿势。后来，男人们眼睛尖，见有人开了头炮，接二连三，邀请文娟跳舞。文娟来者不拒，舞姿松弛，廖夷生从来没想到，文娟交际舞跳得这么好。舞女们坐不住，交头接耳。夷生放开了，端起徕卡相机，咔嚓咔嚓揿快门。

"停！停！"有人高声叫道。乐队没了声音，舞池里男男女女停下脚步，勃勃兴致突然中断。"不许拍照！不许拍！"领班冲到夷生跟前："胶卷交出来！"夷生不知所措，文娟松了舞伴的手，缓缓过来："先生，没听讲，舞厅不可以拍照，是吧。""百乐门不可以！""这么，我倒要问一声，百乐门不许拍照条款，写了啥地方？"领班一下回答不出来。文娟说："跳舞，也是第一趟碰着，当中停下来，也算百乐门中头彩。"文娟这时候，一点不怯场，说话慢悠悠的，既不咄咄逼人，也丝毫没有退让。舞客带笑观望，舞女们叽叽喳喳声音不小。按照夷生脾气，立即收起相机，拉紧文娟就走，文娟没有走的意思，问领班："音乐呢？音乐没啦？"领班一看，场面僵持，收了气焰，音乐又响起来，文娟还是跳，跳得汗涔涔，脸上多了一层光彩，越跳越精神，一圈又一圈，完全忘记领班难看腔调。

出了百乐门，文娟还是一脸不屑："怕啦？看看廖夷生，瘪塌塌样子，百乐门也真小气，就跳几圈，大惊小怪，廖家大公子，一点没看出来？""看出来啥？""真笨，没看出来，舞女让领班出面，要轰我跟廖大公子走，可怜那些货腰女郎，听妈妈讲，混不成电影明星，来当舞女的，多了。"文娟眼神轻蔑，居高临下，一侧嘴角似笑非笑，带一丝骄傲。

事到如今，这个轻盈的身体里，一个面目不清的生命逐渐膨胀，每分每秒，啃噬廖夷生脆弱的心。储藏室积灰腾起，夷生不知是退是留，肃立无声，很久，魂魄收回来。夷生匆忙揭开床单，放大机冰冷依旧，夷生摘下镜头，镜片光洁，铜圈沉重，Rodenstock铭文清晰可辨，一如昨日，夷生包裹镜头，放入盒中，匆匆离开。

夷生很少流泪，成年以后，哭对夷生而言，仅有一次，是外婆故世。从大夏大学回市区途中，夷生泪眼模糊，泪滴顺鼻翼流到嘴角，微微发咸。过了静安寺，夷生把车转向爱文义路方向，停在戈登路口，马路对面，就是文娟弄堂，夷生趴在方向盘上，朝弄堂张望，希望下一秒，从弄堂深处走出来的，就是文娟。夷生没有勇气，冲到文娟家里，觉得自己在文娟父母面前，是罪人。

开车到家，已近黄昏，矮黄杨补种，还剩一小片缺口，看得出，花匠老梁尽了全力。夷生进门，还未入走廊，就听到姆妈的声音："廖夷生，想着回来了，在外面做了啥好事体？"廖太太很少直呼夷生全名,平时开口,总是宝贝宝贝,大概姆妈知道矮黄杨事情。客厅已经亮灯,像有异动,夷生快步穿过走廊,走进客厅,眼前情景,夷生呆住了,三个女人,姆妈坐沙发中间,漱芬侧坐一旁,站立一边的是文娟。三张面孔,灯光下蜡黄。文娟着一件薄外套,两手插衣袋里。廖太太面孔铁板:"廖夷生!讲,这个小姑娘认得吧?"一旁的漱芬脸涨得通红,文娟面无表情。廖太太声音又响起来:"廖夷生!跟自家姆妈讲。跟这个小姑娘啥关系?""姆妈!"夷生声音软下来。"不要先喊我姆妈,今朝这个小姑娘上门,讲肚皮里有廖夷生的小囡,是真是假?"夷生放低声音又叫了一句:"姆妈。""讲!还是不讲,天晓得,外头做了啥见不得人的事体,哑子啦?讲呀!"夷生犹豫半天,目光躲闪,点点头,漱芬哇地哭出声音,掩面起身,跑去隔壁房间。廖太太大怒:"好啊,廖夷生,在外面东搭西搭,现在人家要寻上门来算账。我哪能养出这样不争气的儿子。"文娟淡淡说:"廖伯母,我不是来算账的,我是廖夷生同学,我叫文娟。""哼!我教训自己儿子,小姑娘不要插嘴,廖夷生,瞒牢姆妈,做出这种烂污事体,真气煞我了,外面闯的祸,自己去收拾!"夷生急了,不知道怎么好,只好回过头来,对文娟说:"文娟,我正在想办法,我不晓得事体会搞到这种地步。"文娟说:"我只是想告诉廖伯母,请廖伯母原谅,年轻人鲁莽……"廖太太打断说:"有胆量做,还有胆量讲,这样的小姑娘,我也是第一趟碰到,现在年纪轻的人噢,叫我哪能去跟外头人讲,哪能去跟亲戚朋友讲噢,廖家面孔摆了啥地方噢。"夷生哀求:"姆妈,不要,不要这样可以吧?"廖太太:"真真气煞我了,我要活活气煞。"文娟说:"夷生,我想好了,该告诉的,也告诉了,我也没啥好遗憾的。"转身对廖太太说:"廖伯母,实在对不起,让长辈不开心。"说完转身就走,夷生追到花园,拦住文娟,拉紧文娟手,小手冰凉,夷生说:"不要走,听我一句话,我正在想办法。""想什么办法?""想办法把孩子做掉。""我晓得,当事人这样急,就是因为孩子。""我还有什么办法啊,文娟!"夷生快哭了。文娟平静:"说来说去,这个孩子,妨碍了廖夷生远大前程,碍了廖家门面,我懂了。"说罢想扳开夷生的手。身后咔哒一声,廖太太开了临花园的窗,大叫:"廖夷生,回来!"夷生手一松,文娟头也不回,消失在暮色里。

第三章

1

法商电车公司副总戈思默有点奇怪,法租界警务处打电话来,说要上门。俄籍女秘书端来咖啡,戈思默说:"娜莎,多准备些咖啡,有人要来。""好的。""等等,娜莎,今天报纸有一条消息,无国籍人员,可以到公董局警务处登记,俄侨也包括在内,宝贝,你有救了。""谢谢,是《柴拉报》(30年代上海俄文报纸)吧?这种消息,跟我没关系。"娜莎扭动屁股,绕过写字桌。戈思默说:"当然有关系,有了护照,你就可以跟我回法国。""跟你?一个法国花花公子,更换女人的速度,比得上鲁道夫·瓦伦蒂诺(早期好莱坞男星)。"娜莎走路,一颠一颠,戈思默搂她腰,像拍一个弹地皮球。"拿我和他比?他死的时候,八万个女人为他哭泣,我死了,为我哭泣的女人,不会超过八个。"娜莎说:"那我就管不了,你的注意力是办公。""要我的眼睛,从俄罗斯女人丰满的胸脯上离开?"戈思默双手,在自己胸前兜成两个夸张的球形。"去看狗屁文章?"戈思默扭动转椅,撩起几页纸:"增加运能,娜莎,你知道,什么叫运能。""不知道。""有一个公式,行驶里程乘以车辆容量,就是运能。""戈思默,说点别的,不要难为我。""看,去年计划,新增法租界至公共租界电车线路,共同筹资,因战争终止。终止好啊,否则,我还能舒舒服服坐在这里?"戈思默伸懒腰,两手握拳,伸向空中,呵欠连篇。"看完这堆文件,便秘三天。"娜莎说:"先生,你可以不讲话吗?""可以,只要你答应,今天晚上。""那请你继续说。"有人敲门,戈思默笑笑:"猎狗来了。"娜莎习惯拉展一步裙,扬声道:"请进。"大鼻子庞莱,怒气冲冲进来:"戈思默,黄猴子让我逮着了。"戈思默:"别激动,刚才娜莎说,说点别的。我正想,今天晚上,我们一起去哪里玩一把,跳舞?赌场试试手气?或者去你喜欢的拉都路夜总会,庞莱,别老是板着脸。"庞莱说:"机修间中国人偷黄铜导线,藏在下水道里,通过连接外部的下水道捅出去。戈思默,这里最短的下水道才十几米,一头捅,另一头抽,没几下就弄走了。总有一天,这里的东西,会被黄猴子偷光。""哦?"戈思默愕然。大鼻子继续说:"戈思默,我们法国人的脑子,看来是比不过这些猴子,你还记得吗,在巴黎,我们是怎么对付加纳猴子的,把他们吊起来,用皮带抽,只要他们偷东西,抽得他们嘴里吐泡沫,屎尿都拉在裤子里。要把法国人的道德观,放在猴子脑子里,还要一百年。"戈思默:"我不赞成残忍,你调查了?谁偷了黄铜导线?""四个猴子,没有一个人承认,Putain de merde(粗口)!我们就用中国人的办法,谁揭发,谁就留下来,不说,机修间四个当班铜匠统统开除。"戈思默想了想说:"不急,要看看会不会耽误电车修理,引起工潮。"庞莱鼻子发红,急了:"再不下手,哪一天,黄猴子会把架空线全部剪掉。"戈思默说:"不要太夸张,我们不能离开法律。"

娜莎给庞莱端来咖啡,面对娇滴滴小美人,庞莱尽量显出幽默:"整个租界的法国人,都说戈思默藏了个漂亮姑娘,看来不是谣言。"娜莎白了一眼庞莱,说:"都说庞莱喜欢恭维女人,看来不是谣言。"一旁戈思默大笑:"好!"戈思默知道很多人讨厌庞莱,说话喷口水,嘴里冒出难闻的酸腐味,对着女人,喜欢提高声调,不知道适可而止。戈思默揶揄道:"娜莎,你没听说,我们中间,只有庞莱是真正的爱国者。"庞莱抿了一口咖啡,神态昂扬:"当然,法兰西伟大,娜莎,连你们布尔什维克唱的歌,也是法国人写的。"庞莱来劲了,拉开嗓子:"C'est la lutte finale Groupons-nous, et demain, L'Internationale, Sera le genre humain."（《国际歌》法文歌词）戈思默把双腿搁在桌面上，打断说："好了好了，庞莱，你留着圣诞节晚上唱吧，娜莎跟布尔什维克没关系。"庞莱依旧缠娜莎，说："小姐，你一定听说过法国大菜，从来没有听说过英国大菜，美国大菜。俄罗斯红菜汤？那也称不上大菜。什么？德国菜？几根肉肠，一勺土豆泥，一根酸黄瓜，那是一堆狗屎。全世界，只有法国大菜，才是第一美食。你知道，今天报纸，最出风头的人是谁？不是日本人，也不是蒋介石。饶家驹神父，听到过吧，是我们法国人，收容十几万臭烘烘黄猴子难民，都说法租界公董局不讲人道，堵住租界入口，不让难民进来。饶家驹一个人，跑到美国去，募集七十万美金，七十万！拿来喂黄猴子。"话音未落，窗外一条忽闪，照得眼前雪亮，跟着乓一声巨响，一辆电车驶过，导线电弧炸开，集电杆猛然翘起，打得架空电网噼噼啪啪响，夹杂一阵焦味。庞莱伸出头去，叫起来："Merde alors（粗口）！一定是黄猴子在黄铜导线上做手脚！"说完冲出门，朝楼下跑。戈思默大笑："娜莎，你要原谅大鼻子庞莱，人人叫他猎狗。在法国，只有两种人，巴黎人和外省人，一看就懂。""我看除了声音大一点，庞莱人不错。""是啊，我跟庞莱认识是在巴黎，他做查票，经常和阿尔及利亚人打架，你看他肌肉，他从马赛来，地中海出天才歌唱家。后来说是受不了巴黎人的傲慢，才来上海。""他结婚了吗？""结了，听说那个女人跟人跑了，所以，要原谅庞莱情欲旺盛。""可怜的庞莱，他没有再找女人？""你看他在上海很快乐，认识几个女朋友，兴致好的时候，去拉都路夜总会消遣。""你也是，不要装正人君子。"娜莎斜眼盯着戈思默，两手叉在胸前，"我就搞不懂了，为什么庞莱老是叫中国人黄猴子？""他被中国人打了，差一点送命。"楼梯一阵响，庞莱气吁吁跑上来："见鬼了，知道谁闯的祸？"娜莎顺手递上续杯咖啡。戈思默："大惊小怪，谁啊？"庞莱笑得前仰后合："一只大老鼠，爬在导线上，集电杆滑履打到它的脚，老鼠烧焦了,等着吃烧烤。"娜莎皱起眉头:"真恶心。"

老鼠烧焦一刻,豁嘴张保罗就在不远,黑乎乎老鼠带一股糊味,滚落豁嘴脚边。豁嘴不像周围人大呼小叫,他保持优雅,大盖帽翘起,制服笔挺,和庞莱见面,两个大帽花乘机寒暄几句。除了几辆保养电车停驶,白天停车场空空荡荡,麻雀啄食,跳入铁轨凹槽,寻找食物细屑,在连续的人字形停车廊下不知疲倦飞来飞去。豁嘴内心并不悠闲,行动小组人员一个联系不上,制服纽扣肯定不是意外之举,戴老板每一个细节思考缜密,豁嘴领教,照此推理,自己肯定是一枚可有可无棋子。小薛说的也有道理,现在还没有到鱼死网破地步,戴老板也无意直接把自己和小薛送到租界巡捕房手里,只是戴老板要保护核心成员,豁嘴最大失望,自己被排除在核心成员之外,豁嘴一直认为自己足够忠诚,有足够行动能力,只能怪倒霉的嘴巴,在一生中带来无数挫折的那条疤痕。记得戴老板来特训学校训话,一口浙西国语,大声宣讲,矢勤矢勇,必信必忠,豁嘴记在脑子里。戴老板特别提到处变不惊,是特务人员第一要素,豁嘴略感欠缺,他承认自己慌乱,还没有足够坚强,各种情况下心跳不乱,血压正常,意态冷静。无法排遣的是,张保罗内心另有提悬,一种无处不在危险,不可预知,正在向自己合拢,他就是最后收束中心。两种矛盾感觉缠绕,豁嘴仿佛在摇摇欲坠中硬挺。

"张保罗,科长喊。"豁嘴应声:"来了。"随手掐灭烟蒂,晶亮黑皮鞋踩了几下。安全科长是张保罗顶头上司,开口就说:"上趟日本人撞车,受伤女乘客,自说自话从医院离开,赔偿也不要了。"豁嘴:"哦?是吧,滑稽的,太滑稽了。"科长说:"这个女的没有留下地址,就写了一个烟厂就职,电话打到华成烟厂,厂里讲已经退工了。保罗啊,看来要跑一趟医院,问问清爽,该结的账结了。"豁嘴应声答道:"有数了,科长。"豁嘴张保罗对付流利,是职业习惯。其实,他的注意力,全部在隔壁调度室,行车调度日报,半张写字桌大小,车辆编号,员工番号,密密麻麻,当日出车情况,一目了然。自从静安寺外国坟山和小薛见面,豁嘴时刻注意小薛出勤,只要在报表上,在值班调度指缝里,看到小薛4423工号出现,证明小薛无事,小薛无事,自己也暂时安全。

张保罗刚刚走出安全科,警车从大门口急驶而来,差一点擦着张保罗,警车一阵嘶叫,紧急刹停,跳下三个法国巡捕,三顶圆筒帽,像三只蛋糕盒子。豁嘴左眼皮猛跳,眼看巡捕直奔总督大洋房,豁嘴心病搅动,不知如何是好。

三个巡捕正是为谋杀一事而来。胖警长带头,肚子一颤一颤跑上楼梯,戈思默早在办公室门口迎候。"戈思默啊戈思默,我们见面,总是没有好事情。"胖警长动作夸张,拍戈思默背,拥抱,转眼望见旁边腰细腿长的娜莎,警长侧过身来:"哦,小姐,真想换个场合和你见面,你看我这身制服,完全显不出我的潇洒。"戈思默讪笑:"警长先生,你可以约娜莎小姐晚餐,不过最好不要当着我的面,免得我嫉妒。"娜莎扬起一侧嘴角赔笑,大家嘻嘻哈哈坐入沙发。胖警长端起咖啡杯:"嗯,好久没有尝到这么美味的咖啡了。""是娜莎的缘故吧?"胖警长点头:"是,起码一半是。戈思默,最近我经常头疼,睡觉靠安眠药,租界杀人事件,超过了我的忍耐度,我们就像狗,狗也有累的时候。一个礼拜前,福开森路杀了一个中国人,凶手跑得无影无踪。"戈思默笑了:"这就是你大驾光临的原因?我这里不卖安眠药啊。""不开玩笑,我们在现场发现了这个,戈思默,也许你会惊讶。"胖警官让副手拿出盒子,法商电车公司员工铜纽扣,蚕豆大,摩挲日久,沉暗里透幽光。戈思默瞄了一眼,笑了笑说:"警官先生,电车公司不是警务处下属机构,我们没有义务为一件凶杀案提供线索。""没错,你不配合也可以,警务处可以调看贵公司出勤档案,谁在那一天离岗,那就一清二楚了。""我现在就可以给你十打同样的纽扣,这种纽扣,退休的,开除的,在公司以外,超过一百颗,照你的思路,我也可以做福尔摩斯了。""戈思默,我们只是例行公事,如果我不来,警务处会叫另外的人来,他们也许就不会那么客气了。""把我列为凶手?""不不不,你依然是电车公司的副总,他们会把电车公司翻个底朝天,他们会很粗暴,对待娜莎小姐绝不会像我一样彬彬有礼。""为什么?""因为这个死掉的中国人是中国前任总理。日本人正催促公董局缉拿凶手。""又是日本人,警长先生,日本人有什么资格指使公董局?""不是指使,是逼迫,黄浦江上的日本军舰,已经多过欧洲和美国军舰了。我希望,我们只是装装样子,把这件事了了。戈思默,你继续弹你的钢琴,找漂亮的姑娘,你的喉音好极了,有时候,女人愿意投怀送抱,就是因为你有一副好嗓音。"胖警官喋喋不休,戈思默习惯了,他想快点结束谈话:"这么说,我们需要找出一个理由?""是的,一个你现在的员工和案件没有牵连的理由。""好吧,让我想一想,需要马上告诉你吗?""不需要,不过,最好快一点。"嘭的一声,门被推开,庞莱冲进来,大叫一声:"戈思默,偷黄铜导线的人,被我捉住了!"话没说完,看到三个警察在场,庞莱缩回头,想返身,一连串"对不起,对不起"。戈思默叫住庞莱:"别走,庞莱,你看看这纽扣,认得出是什么人的?"庞莱凑近盒子,细看:"我到上海,戈思默还在巴黎混呢,这纽扣我知道,五年前的最后一套制服,现在早就不用了,看,这个花纹上少了一点。"胖警官问:"几年发一套制服?""两年。""好了,戈思默,理由有了。"胖警官搓手,起身,拍拍戈思默肩膀:"严格来说,我喝你的酒,是违反警务处条例的,不过,真有这样的机会,我愿意。"说完,将两个指头放在帽檐一侧,朝上一挥:"没事了,戈思默,就说纽扣和电车公司没有关联,写个报告,不会麻烦吧。""就这个?""对。和美丽的娜莎说再见。""我会转达你的美意。"胖警官拉挺上衣,带着下属下楼梯。

送走客人,房间里就剩下两个人,面对庞莱,戈思默明显不悦:"庞莱,我知道你工作非常认真,我无话可说,但是,你的认真,超出了范围,会给周围的人带来压迫感,为了几米黄铜导线,用得着这样大惊小怪?""几米?黄铜导线已经割了一大段了,难道不应该惩罚偷窃?""你把自己弄成了判官,你觉得累吗?""戈思默,你没有被人用麻袋蒙住头,那个时候,死神已经掐住你的喉咙,只差半英寸,我就在另外一个世界了。""所以,庞莱,你应该享受生活,不要一天到晚把自己弄得紧张兮兮的。""我还能享受生活?戈思默,你没有看出来,黄猴子对我们文明人怀有最大的敌意。"戈思默正色道:"你说的是中国人,不,现在怀有最大敌意的是日本人,我有预感,日本人已经膨胀到了极点,他们太自以为是了,最后要把我们都赶走,你一点都没有看出来,日本人高喊,亚洲人的亚洲,是什么意思?"庞莱涨红了鼻子,摇头:"我没想过。""昨天,我们的外交部长已经说了,若他国对殖民地有所要求,法国定当予以拒绝。"庞莱没了声音,戈思默继续说:"中国人,还处在浑噩阶段,他们的文明已经奄奄一息,不会对法国造成威胁,国家衰弱的特征之一,就是盗贼蜂起,而你看,日本人的纪律,像钢铁一样。好了,我不跟你上课了,你抓住偷黄铜导线的人,你自己处理吧。"庞莱无趣,离开副督办公室,下楼梯时,狠狠跺一脚台阶,走出大门,迎面正是豁嘴张保罗,豁嘴故意守在门口,装着随意打招呼:"这么巧,庞莱先生,急急忙忙,什么事情啊?""没事,一点小麻烦。""刚才的警察是……""神经病,为了一颗什么纽扣。""哦?"豁嘴一阵心悸,他心里时时推演,只要证人指认,电车公司当天轮休的人,自己和小薛就双双落网,豁嘴内心深处发出一阵尖叫,没有人能够听到那声音,那是无声的惨叫,他知道自己掩饰得不好,每时每刻都有穿帮的可能,末日感渗入整个胸臆。

2

那天，做皮肉生意女人，眼巴巴看大雨从南面飘过来，盘算生意要泡汤。急色男人，不会在雨天上门，男人是来了就做，做了就走，一分钟不肯耽误的货色。有做完赖着不走，不过借打情骂俏，想还点价钱。或者，乘机再吸一口事后烟。蓝大姐是阿香对邻居的称呼，三不管地方，做皮肉生意，很多年了。蓝大姐概念里，男人就是粗鲁，肮脏，靠暴力在女人身上寻快乐。被那种恶臭，酗酒，斜眼流涎的男人压在身上，蓝大姐习以为常，别人看起来，她过三十岁了，营养不良，像有痨病在身，再过几年，白送也没人要。雨还是下，照例，带雷电的雨，不会长久，雨水越积越多，通往苏州河地沟堵住，倒灌，黑水漫洇，泥浆被雨点打出花来。天晴，泥浆化为齑粉，烟尘腾起，雨天又落下来，循环往复。蓝大姐眼前，雨帘里急匆匆奔过来两个人，等她看清楚，大叫一声："阿香！"陈阿香穿条纹病号服，旁边男人是阿六，挟大包小包。"阿香，手哪能啦？快快，进房间讲。"蓝大姐拿出阿香寄存钥匙，赶紧开门："哦哟，好端端出去，弄得这样难看相，洋伞也不撑一把，瞩下来，瞩平。"阿香靠上荞麦枕，眼神无力，望着蓝大姐，眼泪流出。阿六放下小藤箱："蓝大姐，阿香请多照顾喔，我车子在外头，还有人等了车子上。"蓝大姐一口应承，阿六湿淋淋冲出去。阿香换了衣服，收拾停当，两个女人说话，阿香倒出一肚子苦水，蓝大姐陪着掉了几滴眼泪："阿香，肚皮里小囡，来也就来了，我前两年辰光，也有了，讲起来是野种，没办法的呀。""后来？""生下来第一天，就被人家抱去，奶也没有吃一口，给好人家，算命好，讲不定，乘人不看见，掼了苏州河里，做人噢，苦透苦透。"阿香叹气："我也好不到哪里去，这个小囡，还没看见世界，就吃苦头。""观世音菩萨看见,来世会有好报。阿香,想吃啥,跟我讲,穷归穷,弄点吃吃还是有的。""啥也不想吃,想吃口泡饭。""好好,等一歇,火油炉子一烧就好。阿香,这个手,啊要请整骨郎中看一看啊?"蓝大姐一说,陈阿香想起劳勃生路江湖郎中,布幡飘荡,比床单还大,四角缚紧,上面画满人的五脏六腑,七窍百骸,地上一撮一撮虎骨,三七,豹鞭,接骨木,还有奇奇怪怪鳞甲,龟背,虫蛹。阿香想想也怕,忙回答:"不要了,医生讲,骨头接牢了,再讲,西医中医冲的呀,不好跳绷。"

一天过去,阿香还算正常,一早,蓝大姐去敲阿香的门,没有回音,再敲,还是没回音,推门一看,大吃一惊,阿香紧靠床角,曲成一团,下身一片红色,鲜血泡满床单,拨开阿香乱发,只见面色如纸,嘴唇雪白,裤头一大堆模糊血肉,蓝大姐晓得不对了,毕竟还是见过点世面,蓝大姐来不及换衣服,穿过成片棚户板房,直奔苏州河边上,华丰面粉厂,唯一一栋大洋房门口,对着看门老头叫:"老伯伯,救命救命!"老头一看,憔悴女人,两手紧拉铁门,一时不知缘由,大声喝道:"啥地方来的,跑开!"蓝大姐死活不走,就差跪下来,老头问啥事体,蓝大姐:"人要死了,叫救命车!"老头一听,人命关天,只有经理室有电话,赶紧跑到里头,经理总算通融,救命车一歇来了,司机抱怨:"啥个妖腻不三门牌号头,简直迷魂阵。"担架抬起,问:"送啥医院?"阿香这时才醒过来,微弱吐出两个字:"广慈。"

早饭吃毕,阿六擦干净黑色改装道奇,发动车子。收尸,一天也不能停的。襄理叫:"阿六啊,今朝要去开洋荤了。"阿六一时糊涂:"啥好事体,喊我去吃外国大菜?"襄理:"馋痨坯,只穷鬼,满脑子只有吃。""每顿咸菜洋山芋,肚皮里油水刮得精光,没力气做生活。""刚刚老板来电话,工部局卫生处要殡葬从业者开会,老板喊阿六去一趟。""滑稽了,我小巴辣子一个,开啥会?""阿六就不识相了,老板讲，阿六人聪明，拿得出，换一件体面点衣裳，头势弄清爽，去，只听不讲，晓得了吧。"阿六心里骂一句："册那，跟小老婆快活，要我顶包。"

工部局大楼就是飞来峰，四条马路包围，江西路，汉口路，河南路，福州路。上海人叫它石头房子，全部由火成岩花岗石构成，仿佛旷野上巨石阵，强悍莫名。工部局，并不属于哪一国管辖，名义上是纳税人自治体，租界秩序的维护者。进入汉口路工部局大楼，阿六变了模样，一件裹理的淡天蓝竹布长衫，手里一只牛皮公文包，也是裹理随身物，尽管里面空无一物，摆卖相也不错。头上发蜡，涂得均匀，平添几分小开腔调。刚进大楼，大理石台阶，阿六差一点滑跤，皮鞋不合脚，阿六格外小心。大堂宏阔，地坪溜滑，反射出倒影，让初来乍到者觉得身处异地，自我渺小。外国人擦肩而过，浑身喷香，不管认得不认得，见面打招呼，迎面过来外国老太太，朝阿六笑，阿六不知如何应对，窘态毕露。

开会在一个小会议厅，三四十人，阿六最年轻，一眼望过去，云石灯光下，一群吃死人饭老板，只只面孔像洋山芋。开头，外国处长没讲几句，走了。中国处长接下去讲，阿六好不容易听明白了，上海无人收殓弃尸，每年有五万具，战事以来，尸体暴增。靠慈善机构挖地掩埋，已力不从心，也无地可供，工部局卫生处协调，已经尝试，弃尸集体火化，既卫生又经济。工部局有意在本市设立永久火葬场。嗡嗡声四起，有人插话："静安寺外国坟山不是有火葬场嘛？"马上有人打断："洋盘，人家只烧外国人好吧。""老兄啊，烧外国人烧中国人不是一样烧啊？""喂，喂，不要叫，先听处长讲。"闹哄哄一阵。中国处长是个西装矮子，洋瓶底眼镜，讲台截去下巴，继续照本宣科，现在面临三个问题，选址，资金，风俗习惯。又有人叫："处长，中国人敬祖追远，烧尸为大不孝，难弄的。""人拼老命要睏棺材的，没人肯烧。"也有人插嘴："弃尸太多，马路上时常有，天热，疫病传开来，不得了。""现在做一趟丧事，少则几十，多则上百，火葬比较经济。""侬肯烧吧？我毛估此地没人愿意烧的，讲讲便当。"阿六看出来，外国处长没走，大家闷屁不响，现在一个比一个起劲。处长又说，火葬要靠各界推行，现在设备资金，各个慈善团体，较为踊跃，选址一事，比较麻烦。又有人议论："摆了浦东可以。""不要搞好吧，死人还要摆渡啊？""要么大场？""太远了，东洋人炸光了，再讲，车马费不得了。""乡下人一听造火葬场，不肯卖地，怕触霉头。"阿六看周围人，七嘴八舌，想想无聊，老板关照不要说话，便埋头玩皮包拉链，一上一下，一下一上。对面有年轻人立起来，说："依我看来，选址不宜太远，距离医院，靶子场，监狱应该合理范围。"大家没了声音。有人叫："龙华靶子场，枪毙鬼地方。"又有人叫："枪毙鬼当然要考虑。""喂，每年烧五万死人，要多少大炉子？""先不要管炉子，先看地方。"阿六听了半天，忍不住，乘大家沉默，立起来说："我看，徐家汇出去，朝南，过土山湾，梅陇不到，比较合适，离开市区不远，有漕溪路好走。听讲，当地地价也不贵，顶顶要紧，上海热天，十有八九刮东南风，烟灰不会吹到市区来。"对面年轻人接口："有点道理。"有人说："问一句，小阿弟，啥地方来的？"阿六笑笑："各位前辈，我是联义山庄谭阿六。"有人搭话："联义山庄广东老板不来啊？"有人小声嘀咕："广东老板，一向看不起殡葬协会，派了个小赤佬来。"会议闹哄哄，开到肚皮饿，没啥结果，大家散去。两个年轻人，汉口路圣三一教堂门口道别："阿弟，看出来吧，这点人，没一个讲得出名堂。"阿六答："开会比做生活吃力。请问大哥哪里高就。""叫我小顾，慈联会做会计。"小顾浙东人面孔，宽鼻小头，两人客气一番，挥手告别。

阿六赶到小沙渡，已经过了中午，来到阿香门前，敲门，蓝大姐门缝里看到一个长衫客,手提点心盒子,以为嫖客敲错门,开门问了句:"先生,阿是来白相?"阿六转过头,蓝大姐叫:"哦哟菩萨,总算回来了,阿香出事体了。""啥事体啊?""阿香小囡落脱了呀,性命交关,血答答滴,救命车送到广慈医院去了。"蓝大姐把昨天一早发生的事情,原原本本讲给阿六听,阿六急了,放下点心盒子就走。

一个小时以后,阿六坐在陈阿香病床旁边,阿香昏睡。护士走过来,轻轻说:"陈小姐家属是吧?"阿六点点头。"陈小姐流血过多,医生昨天输血两千cc,现在还不好讲已经完全脱离危险。"阿香头发焦黄,面孔煞白,像缩小了一圈,扁平的脸上毫无生气。护士又说:"小囡是没了,医生昨天刮宫,希望不要影响今后生育。"阿六呆坐,眼看日影渐渐西斜,医院静谧让人窒息,事关生死,所有的人都显得笨拙。护士进来,轻声叫了句:"陈小姐家属,有位先生来了,要跟家属谈谈。"病室门口立一个大盖帽,嘴上明显有条疤痕。大盖帽示意,请阿六到走廊,随即自我介绍:"我姓张,是电车公司稽查员。"张保罗眼前的阿六,长衫整洁,头发一丝不乱,眉目正气,不像粗人,"请问贵姓。"阿六回答姓谭。张保罗:"陈阿香小姐的病情,谭先生应该也了解,家属有啥要求,可以跟我讲。"阿六想了想说:"阿香乘电车受伤,电车公司应该有说法的吧?""没错,电车公司会赔偿医疗费,营养费,还有经济补偿,具体数字,可以查询的。其他方面,家属还有啥想法?"阿六犹豫:"嗯,一时想不起来。""我这趟来,是想提醒家属,陈阿香流产,是车祸造成,也可以申请补偿的。""是吧?没想到。""听好,请家属记牢两点,第一,陈阿香小姐的流产,是因为撞击引起,一定要医生证明,口头讲没用。第二,这笔钞票,电车公司是不会主动赔偿,要由受害人申请,必要的话,由律师代理提出。"阿六迟疑:"请律师事体,一点不懂,要一大笔钞票吧?""这种案子,律师晓得肯定是赢的,一般也愿意接,甚至不要委托人钞票。""喔。""最要紧一点，陈小姐离开医院两天，是软档，一定要记牢，先兆流产，在入院前已经发生，离开医院，是为了聘请律师。好吧，我讲完了。"豁嘴张保罗不等对方有反应，转身朝走廊尽头走去，一转弯，看不见了。

护士急匆匆过来："陈小姐醒了。"阿六赶紧推门，跑到床边，只见阿香眼神朦胧，眼皮像有千斤重，抬不起来。嘴唇动了动，想说话，又发不出声音。阿六凑近，只听到阿香气息微弱："我要走了，阿六，去挪长乱喊来。""阿香，不要急，现在没办法叫到长乱，有话，我可以传达。"阿香合眼，摇头："长乱来，我要亲口讲。""好，阿香先休息。"阿六拔腿离开，医院门口叫了辆黄包车，直奔静安寺百乐门。

长乱这几天不开心，领班说话难听，经常旁敲侧击，看到长乱和舞女搭讪，就说："长乱，有苗头了。"长乱帮姚姚订餐，马上跟一句："掼记派头，加一只菜嘛。"话里意思，旁人也懂。话说回来，姚姚在长乱眼里，越来越好看，三分笑夹一分骚，眼梢常有媚光抛来。姚姚每次来百乐门上班，总是把话梅、鸭胗干塞入长乱袋袋，没人注意，香一记面孔，然后像不认识长乱，急匆匆跑上二楼。长乱有自知之明，谈不上神魂颠倒，女人腰腹的美妙，和她们脑子里装的，不是同一种东西。

百乐门大门口，新式冷气吹得人细汗收尽，行人路过，都会留下噢的一声，然后感叹："适意适意。"回过头来，看一眼长乱，再盯看一串串美女，像看西洋景。经理郁克飞当着长乱的面说过："人家以为舞厅生意好做，去年打仗，一歇过来要灯火管制，一歇又不许开冷气，没冷气，跳屁的舞啊。"想想香烟厂汗流浃背的日子，想想现在大暑的黎里乡下，狗热得恨不得把舌头全部吐出来，我在这里孵冷气，长乱有点自得。

黄包车叮铃一声，停在脚边，跳下来的人叫："长乱。"长乱抬头，面熟陌生，再一看："阿六啊，今朝不认得了，来白相？"阿六把长乱拉到一边,详详细细,把阿香事情告诉长乱,长乱摇摇头:"我跟阿香,三个月光景没联系了,这桩事体,不要算了我头上。""长乱是人吗?睏觉,起劲的。现在,人还有最后一口气,长乱做得出。""不要怪我,天下世界,男人女人,哪怕夫妻,也不过是同林鸟,更不要讲,这种露水鸳鸯关系。""好啊,长乱原来是这种人,就不怕绝子绝孙,今朝跟我走吧?"说罢,一只手去扯长乱领子。没想到阿六动了肝火,还要相打,长乱担心,让领班撞见,顿时软了几分:"阿六,不要动气,我讲的也是实话,现在,我也走不开,是不是过……""走还是不走!"阿六面孔通红,样子像要吃人,长乱晓得,这记犟不过去,只好和同事打招呼,跟了阿六,往法租界跑。等到两个人立在阿香床边,天已近黄昏,阿香病房,西晒太阳撩到一只角,橙红一块,虽然突兀,给冰冷房间带来些许活气,也帮阿香的苍白做了掩饰。阿香迷糊中,两块颜色,一块墨黑一块天蓝,飘飘忽忽,睫毛里搅动,勉强睁开眼睛,一看正是两人,眼泪大颗大颗顺眼角流到枕头上,男人呆若木鸡,阿香开口说话,气息微弱:"长乱,啥辰光带我回香烟厂。"长乱心有触动,毕竟这个身体,自己熟悉。阿香好像看见了:"让我跟小姊妹讲讲闲话……长乱晓得吧,落掉的小囡,是长乱的,本来,可以做爷了……长乱总算来看我了。"阿香嘴角抽了一下,眼光暗了下去:"阿六,我走了,金戒指挪回去,共总七只,寻个好女人……"阿香闭上眼睛,仿佛又睡过去了。

3

晚上10点15分,值班室电话铃拼命响,刘正昌大叫:"小山东,值班人呢?"冲进值班室,拿起电话,对方口气急促:"我是中央捕房,让刘正昌听电话。""我就是。""刘Sir,东区巡捕房和黑帮交火,地点在虹口港百老汇路（大名路），对方火力很猛，火速带队支援。"刘正昌一听，知道事态严重："明白了！"挂上电话，按响警铃，片刻，所有中区巡捕房的人，都集中到门前空地上，艾伦已经穿好防弹背心，让司机发动汽车。刘正昌叫道："防弹背心都准备好了？"迟到的印度巡捕，拿来两件背心，让他的同乡穿上。其他的人回答："准备好了！"刘正昌一挥手："Go！"四辆警车加上刘正昌和艾伦乘坐的吉普车，摇响警报器，冲出贵州路 LOUZA POLICE STATION 大门，朝外滩一路过去，南京路上行人密集，听到警报声纷纷避让。浙江路口，有轨电车正好塞停路当中，警车司机没减速，猛打方向盘，一个急转，绕过电车车尾，一侧轮子已经压到人行道上，车身歪得几乎要倒下来，发疯一样狂奔而去。刘正昌手下，二十几个巡捕，真正配步枪的不到五个，其他人都是手枪，刘正昌敲了一把艾伦："我想起来了，今天不是你休息吗？艾伦，你就不用去了。"艾伦回答："你没听说，虹口港是鸦片交易集中地，正好和我近期接手的案子有关，很多鸦片藏在斐伦路（九龙路）沿河仓库里，我们正需要证据。""现场你不用下车，和司机在一起。""看情况吧，日本人在虹口港一带安插了眼线，说起来，虹口港属于公共租界，日本人还在暗地里走私桐油，东区巡捕房没搞到证据。我就不明白了，谁规定的，上海的水道，一律属于华界，罪犯一旦跳入河里，我们就没有办法抓捕了？"刘正昌摇头："条例里是这样写的。"

车队经过外滩还算顺利，上外白渡桥，过百老汇大厦，靠近苏联领事馆，已经听到枪声了，声音不算密集，零星几下，车上所有人神经抽紧。车子在百老汇路塘沽路口停下，距离河道短短一个路口，路灯全都不亮，马路一团漆黑，毫无疑问，黑帮事前做了手脚。东区巡捕房有人过来，喘着粗气告诉刘正昌，黑帮已经退到虹口港东岸狄思威路（溧阳路）一带，留下二十几箱鸦片。刘正昌眼前，虹口港宽不到二十米,不远就是黄浦江,上游接沙泾港和俞泾浦,一条肮脏狭窄的潮汐河,水波浓稠而油腻,两旁仓库林立,驳船经常停满。现在就担心黑帮反扑,亡命之徒为了鸦片,决不会善罢甘休。斐伦路和狄思威路正好左右沿河,子弹随时会射过来。东区同事引路,巡捕猫腰,一列纵队,跟在后面,向斐伦路移动,凉风夹带河水腥臭味道,灌入衣领。领头巡捕,示意停步,刚一探头,一颗子弹从对面射过来,乒一声,水泥墙崩裂,比人稍高处爆出一串火星。刘正昌大叫:"小心!"拔出手枪做射击准备。艾伦靠近正昌说:"声音像连发枪,黑帮的武器很好,我们的人散开来。"立刻,二十几个巡捕分成三队,正昌轻声问:"知道鸦片仓库位置吗?"全体回答:"知道!"兵分三路,一队从苏联领事馆门口的黄浦路绕过去,一队从熙华德路(长治路)包抄,逼近虹口港。

枪声时起时停,苏联领事馆门口有卫兵,笔直站立,对枪声充耳不闻。艾伦指着领事馆门头上镰刀锤子说:"这东西好玩,流亡的哥萨克,经常到这里闹事,烧镰刀锤子旗,巡捕房拿他们没办法,打不过他们。"

正昌和艾伦摸索着来到河边,除了河水发白,周围黑乎乎一片,啥也看不清。突然,对面狄思威路传来汽车引擎发动的声音,艾伦对大家说:"来了。"果然,话音未落,一辆卡车从对面码头翻越水泥桥,冲了过来,几乎同时,对面仓库屋顶上,窗背后,连发枪一起朝这里开火,正昌大叫一声:"来抢鸦片的,对准汽车打!"手枪射程有限,艾伦一把夺过印度巡捕手里的33毫米口径卡宾枪,以水泥电线杆做掩护,朝卡车车头射击,对岸枪手找到火力点,子弹全部朝艾伦倾泻过来。电线杆火星四溅,乒乒作响,另外两队巡捕同时也开火,但是火力明显不足。乘乱冲过来的卡车,撞开仓库大门,跳下五六个亡命之徒,急速搬运鸦片,还用手枪四处乱射。噗的一声,艾伦身边印度巡捕应声倒地,侧倚柏油马路,一条腿不断抽搐,面相痛苦,嗷嗷喘气,显然是脚踝中枪，两个巡捕冲上去，抬走伤者。卡车疯狂吼叫，车尾别出仓库，车头冲向桥堍，看来已经装好了鸦片，急着逃跑。艾伦见状，跃出电线杆，瞄准驾驶员位置，一梭子子弹出膛，卡车司机被击中，汽车偏转了方向，带倒一串沿河护栏，撞歪了消防水喉，一头撞向石墙，轰的一声，像一头被割头的巨兽，彻底熄火。匪徒见状不妙，纷纷跳落河中，河对岸的枪手也哑了火，正昌不敢贸然行动，让手下保持原状，守紧路口。艾伦垂下枪口，笑嘻嘻对正昌说："怎么样，枪法还可以吧。"话音未落，背后一声枪响，艾伦晃了一下，左手手臂鲜血冒出来，顿时染红一片。正昌急了，高声喊道："快来人，送工部局医院！"两个巡捕扶艾伦上车，司机拉响警铃，载了艾伦就走。河对岸长时间没有动静，正昌指挥巡捕上卡车搜查，踢开车门，司机已经当场身亡，子弹从挡风玻璃射入，正中司机喉管，颈部血不停往外涌，皮质座椅满是血浆，还有几分温热。鸦片散落一地，正昌让手下赶快收拾。东面有人过来报告，亡命之徒已经向提篮桥逃跑，一部分躲到黄浦江边耶松老船坞，可能会乘着夜色逃向浦东。"停止追击！"正昌发布命令。正昌担心，北面就是虹口，日本人势力范围，过去会有大麻烦。巡捕重新集合，此时，正昌才感觉头重脚轻，浑身发冷。

半夜，仲芳打了好几个电话，回答都是刘Sir出外勤了。仲芳心里七上八下，不晓得发生什么事情。"正昌也不来个电话。"王妈陪着织绒线："没事的，太太，要么，太太先去睏，先生回来我会开门，淴浴水烧好了。""怪了，正昌不会超过十点钟回来的。"王妈昨天开结的绒线背心，已经完成一半："太太，这只颜色配吧？"王妈拿起一团英国鸭颈绿绒线给仲芳看。"配的。"仲芳心思不在绒线上。自己对不起正昌。自从独自到艾伦家以后，仲芳心里像塞进一块东西，看正昌的眼神也不一样。原来，老公是不要多看的，出门，胡子有没有刮干净，衣服上是不是粘了细绒，起了皱，仅此而已。现在，仲芳会注意正昌表情，眼角眉梢的些许变化，床上功课也格外小心，老公每一个动作，每次摩擦，是不是和以前一样自然流畅。即使有时候身心疲惫，毫无爱意，照理应该柔声拒绝，仲芳换成了尽力敷衍，把戏演下去。仲芳希望，她和艾伦巫山云雨，只是一次意外，她把它咽下去，让它石沉大海，和正昌过正常的日子。可是，那些零零星星片段，时时会冒出来，缠绕她善感的心。艾伦的短髭，是那样撩人，仲芳嘴唇像着了火，艾伦的冲击，是那样热烈奔放，让仲芳敞开的不止是肉体的门户。当一切归于平静，相互间既相干又丝毫不相干的时候，艾伦给予仲芳最温柔的抚摸和诗歌般的甜言蜜语，仲芳心底埋藏的，最最放肆最最无视一切的欲望被激发出来，这是正昌从来没有给过的，她觉得那是人生的巅峰。

门外响起汽车引擎声音，王妈放下手里的绒线针，快步去开门，仲芳紧跟在王妈后面，门开了，正昌一脸疲惫，衬衣纽扣扯落一颗，线头还挂在领口。"正昌，出啥事体了？"仲芳吓坏了。"仲芳，屋里避瘟散还有吧？""有有！""我头痛，没力气。""噢，急煞人了。快快坐下来，换鞋子。"王妈赶紧拿来拖鞋："我去准备淴浴水。"正昌："浴明早再汰吧，我想休息。"仲芳问："到底发生啥事体啊，半夜三更回来，不像人样。"正昌摇摇手："让我睏觉。"仲芳："人家要急出毛病了呀。"正昌："刚刚跟毒贩开火了，艾伦中了一枪。""啊！"仲芳尖叫，为了掩饰自己的反应，仲芳连忙改口："正昌没伤着啥地方？"正昌："我有老婆保佑。"王妈递上热毛巾，仲芳一遍遍给正昌擦脸，解开衬衣，擦拭胸脯，手上枪管烟熏，有点焦黑，正昌迷迷糊糊睡着。仲芳心乱如麻，不晓得艾伦有没有生命危险。两个女人实在没力气抬正昌去楼上卧室，仲芳只好叫王妈拿来三张靠椅，让正昌顺势平睏下来，先对付着，客厅过一夜。

仲芳坐沙发上，几乎一夜没合眼，眼看正昌睡得深沉。快三点的时候，听得对过房顶，有猫打架，嘶叫声音，忽长忽短，忽高忽低，音调像小孩夜哭,穿插攀爬撕咬的狞叫,更添心中烦闷。仲芳索性起身,正昌呼吸平稳,额上亮光光一片,仲芳想起,避瘟散正起作用,内毒随汗一点点发出来,便拿来干毛巾,慢慢揾吸。天快亮了,东窗泛出青色,电车轮轨声隐隐约约,王妈早早起来,看到仲芳倒在沙发上睡了,轻手轻脚,进厨房准备早餐。

早上八点,天大亮,仲芳醒来,不见旁边老公,问:"王妈,正昌人呢?""先生正淴浴。"仲芳赶紧起身收拾,薄毯和靠枕拉到一边。门外传来汽车声音,门铃随即叮咚一声,王妈匆匆忙忙从厨房出来:"啥人啊?老清老早就来敲门。"笃一声拔了保险插销,有人推门进来,仲芳一看,差一点扑上去,艾伦面色苍白站在面前,左臂缠绕厚厚纱布,身后两个巡捕,跟进门来。"刘太太早。"艾伦没称仲芳,礼貌叫了声刘太太,仲芳眼睛一热,一句话也说不出来,睡衣还敞着胸,仲芳赶快用手遮掩。正昌听到汽车声音,连忙从楼上下来,头发一路湿答答滴水:"怎么从医院跑出来了?艾伦。""有要紧的事情。""手怎么样了?""肱二头肌打断了,还好没有伤到骨头。""快坐,什么事情,要你亲自跑过来?"王妈迅速撤走卧具,端出早点,给来客准备咖啡。仲芳上楼换衣服,稍稍拨弄几下头发,从盥洗间门口朝下看,透过楼梯栏杆一角,正对餐台,男人们抽烟,腾起的淡蓝色和晨光里金黄色交汇,融成斜照的光带。艾伦的喉音:"正昌,事情比较严重,东区巡捕房抓住一个受伤的家伙,据供认,巡捕房有人通知了毒贩,我们所有行动,毒贩早就一清二楚。所以,除了那个倒霉的家伙被抓,其他人都逃跑了。""是吗?""死掉的司机,也是临时叫来的,他们为此付了很大一笔钱,司机身上,没有任何可以证明身份的资料,驾驶执照也没有。"正昌把三明治递给艾伦和同伴:"嗯,看来我们巡捕房出了问题。"什么食物到了艾伦这里,都是美味,艾伦用力咀嚼,总能让仲芳泛起不一样的感觉。"今天一早打搅正昌的原因,就是这件事情,仅我们四个人知道,不要再告诉任何人。""我明白了。"仲芳看得真切,艾伦左手缠着吊带,右手拿起餐巾抿嘴,警服左袖甩在身后,衬衣显出结实的肌群,棕色短髭没有整理,胡子拉碴,反倒更吸引女人。艾伦挺直身体,靠上椅背说:"哈,真想放松一下,哪里有最最刺激的Show?比如,丁香花园?"刘正昌不解:"就看门票两角的猢狲出把戏?""你看报纸上说,丁香花园有惊人技艺表演。"艾伦从纱布里抽出报纸一角:"这是医院里捡的,生吞五毒,沸油捞物,手握炽铁,足踏利刃。"正昌哈哈大笑:"艾伦,你的中文太厉害了。""不懂,五毒是什么?""大概是蝎子蜈蚣眼镜蛇吧。""把活的眼镜蛇吞下去?太不可思议了,去看去看。"正昌笑得肩膀一抽一抽:"艾伦怎么会想到看这个。""我上次在宝山路,看到一个人吞宝剑,真的把一把剑插到喉咙里。""真是洋盘,这个你也信?""喔,好长的一支剑哦,快有两英尺了。"艾伦用手比画。仲芳看男人们说完公务,从楼上下来,秋香绿枫叶印花旗袍,波浪长发垂向一边,居家随意打扮,仲芳感觉艾伦目光投过来,有点兴奋,又不敢目光对接,脸上有反应。两个巡捕还在吃早点,看来一个晚上都没有好好休息。"正昌,丁香花园我也要去的噢,难得白相相,"仲芳边说边招呼,"王妈,再挪点心过来,让两位先生多吃点。正昌也是,不问问艾伦肩膀伤势,讲来讲去就是公务,多讲有啥意思。"仲芳出现的时机,总是恰到好处,男人们松弛下来。仲芳坐在正昌旁边,斜对艾伦,说话对视也不会窘。仲芳问:"艾伦先生,肩膀的伤势,医生哪能讲啊?"艾伦回答:"缝了十几针。""还痛吗?""麻药过去了,有一点点。""真吓死人了,手指可以动吧,大概要多少辰光可以康复啊?""医生没讲,大概两个礼拜吧。""不会吧,伤口结牢也不止两个礼拜。""刘太太,在英国,男孩打架出点血是家常便饭,学校里,班级和班级打,学校之间也打,切尔西和肯辛顿打,每次不到头破血流不会收手。""为啥?"正昌插话:"讨女孩子喜欢?""就是无缘无故,有时只是输了球,你不打,就别想从这个街区过。看我的疤。"艾伦掀开额发,里面藏着一条凹痕,"我个子小,挨打,还被记了过。进高中,我拼命练肌肉,对方打不过我了。听到过切尔西小流氓吗?我们就是。不过,没人拿枪,大家赤手空拳。"正昌说:"此地也打,愚园路宏业花园和诸安浜打,诸安浜野蛮小鬼凶,宏业花园富家子弟打不过。"仲芳停下削梨的手:"正昌还好意思讲,真是野蛮。"仲芳的手柔弱无骨,十指纤纤,转啊转啊,一只梨就皮肉分离,在英国人眼里简直不可思议。何况,这双手,艾伦切身体会过,在那个要紧时刻,所触之处,销魂蚀骨。仲芳将晶莹梨块分装入瓷盘,插上牙签,递到客人面前,随手,挑起一块,放在正昌嘴边,正昌回头,一口咬住,生脆的咀嚼声,仿佛是一种暗示,艾伦像通了电一样,伤口的痛感,完全消失。

4

郁克飞办公室窗口,可以看到愚园路一只角,弯头上鞋帽店,旁边的中西照相器材店,遮去半幅视线,静安寺电车总站一向热闹,每隔三五分钟,发车铃声一响,满座电车开出去,后面电车接上来,乘客又是一拥而上。不远处得利车行,新到英国凤头牌脚踏车,克罗米锃亮,弹眼落睛,橱窗前,围一众上海小开,推来新车显摆,风头十足,从早到晚不散。参茸店比较老派,旗幡滚一圈狗牙边,颜体参茸鞭芝四个大字,风吹猎猎作响。梅兰照相馆,老板时常会上门,让郁克飞介绍几个红舞女,拍广告照片,橱窗里做门面。自从楼下聘了大泼尸长乱做"傍门板"(上海人对看场子的俗称),百乐门太平不少,小偷不见,讨钞票瘪三,全部转移到寺庙门口,敲诈勒索流氓,至少不敢在舞厅大门口一带出没。所以,要不要开除长乱,成郁克飞一桩头痛事体。郁克飞叫来领班,又问起长乱事:"长乱还跟姚姚一道?""昨天打烊一道走的,有人看见,长乱搭牢姚姚肩胛,朝胶州路荡过去。"郁克飞说:"长乱真会搭讪,放勾子,姚姚就上了,有啥证据吧?"领班说:"这就难讲了,又不好开口问,看上去粘得蛮牢。"郁克飞说:"长乱另外有啥偷鸡摸狗事体?"领班说:"没,不好瞎讲。"郁克飞说:"姚姚这个女人,应该不算烂污货色。"领班说:"经理,百乐门女人是不是烂污货色,只有天晓得。"郁克飞说:"这样讲,我要不开心了,至少,百乐门一百多个女人,名声还是可以的,当然,有种事体,也就是天知地知,你知我知,总不见得盯到每一个女人床上。"领班盯住窗外:"经理,看,长乱来了。"四楼望下去,长乱一身黑衣黑裤,显得精神,长乱没有直接进大门,在鞋帽店转角上抽烟,比较笃定。良久,领班叫:"哟,姚姚也来了。""看看两个人做点啥。"郁克飞和领班面孔贴到玻璃窗上,姚姚轻巧,从乐村饭店横穿马路,正好走到长乱跟前,说了几句话,姚姚拉开手袋拎攀,长乱手伸进,好像是拿出一个小纸包,姚姚笑笑,离开了。郁克飞摇头:"假使长乱开了头,百乐门人人勾搭舞女,侬搭我搭,生意就不要做了。我老早讲过了,外头人来搭,越多越好,全部是我生意,让百乐门服务生,扫垃圾的,看门的,瞎搭八搭,百乐门迟早打烊,领班也跟我当心点。""我也算勾搭舞女啊?""嗯,以为我不晓得,老早我就看出来了,我不过眼开眼闭,做领班也要识相。"郁克飞冷笑,"再看长乱一个礼拜,盯牢,甩几句闲话给长乱,看看有啥反应。就算炒长乱鱿鱼,立时三刻,到啥地方招一个人顶替?这桩事体,搞得我头晕煞。"

长乱眼看领班西装笔挺,出百乐门,朝自己走过来,心想,还没有到正式上班时间,无所谓,从烟盒里抽出一支金鼠,递过去,领班接过,问:"长乱,立在此地,每天香烟收不少吧?""自备车司机客气,看得起我,领班,多挪几根去。""我啥地方有辰光吃香烟,每天头头转,生意不好头痛,生意好脚痛。我看,几个舞女,也经常送物事给长乱。"长乱一听,话中有话:"领班天天有舞女包围,妹妹送,姐姐送,我没这个福气。""先头姚姚送了点啥?""领班真关心,挪去看看。"长乱口袋里取出一袋话梅,领班哂笑:"长乱哪能像女人一样,欢喜这种酸叽叽东西。下趟少吃点,少从舞女手里讨便宜,晓得吧。"说完,扔了没点的香烟,回去了。长乱心头一把火,人模狗样的东西,如果在香烟厂,一拳头就打过去了,长乱是出名的,"拿摩温"也敢打。现在吃这碗饭,没办法,压下这口气。自从几天前从广慈医院出来,长乱心里就烦,阿香说,肚皮里有过一个长乱的小囡,这话不能白说,要拿出证据,难道就不会是阿六做的好事?现在,管他是谁的,谢天谢地,这个孽种没有了。康家桥房东要涨价,一涨就是翻倍,说租给长乱是亏了。长乱的钱是要带回吴江黎里老家去的,他有个老母亲,还有个低能的哥哥。

当天晚上,百乐门来了一批日本人,头面人物腔调,西装笔挺,一个个轮流鞠躬,很正式的样子,汽车司机一律白手套,一句话不说,坐在司机位置上不下来。服务生匆匆忙忙下楼,长乱上前打听:"东洋乌龟来了?""嗯,难弄的,领班喊我去买清酒,日本人讲,洋酒不吃的,统统挪走,百乐门哪里来的清酒?""册那,矮冬瓜到上海来充大卵。""还讲,今朝夜里包场了,中国客人全部回头,包场么,早点讲呢,急煞人,没办法,我去弄东洋夜壶水。噢,领班关照,现在来的客人,抱歉,舞厅客满,如果是老客人,每人奉送一张舞票。"服务生走了,长乱也乐得清闲。十点刚过,几个黑衣人,从乐村饭店摇摇晃晃过来,满口酒气,说话舌头打结,为首的手臂有刺青,其中一个手指广告照片,咧开口:"这个女的,我认得,先施公司楼上跟我睏觉,光板子。"其余几个哈哈大笑。"啥?今朝客满,舞厅有客满?上海滩第一趟听到,啥个路道啊?进去看看。"长乱立刻上前,两手抱拳,"各位先生,交关抱歉,今朝是客满了,请大家原谅。""啥,客满?客人呢？阿拉有钞票，关照老板，寻两个漂亮面孔，没毛的不要。"一阵怪笑，刺青的家伙开始推推搡搡，手指着长乱，"跑开，软脚蟹，让阿拉进去！"长乱心想，寻鲋势的来了，连忙说："上海滩大家白相，就是为了开心嘛，百乐门送各位先生，每人一张舞票，欢迎下趟来跳舞，可以免费。""当阿拉穷鬼啊，进去！"长乱和门卫再用力，也挡不住几个壮汉，没几下，长乱被推到一边，门卫跟跟跄跄，差点倒下来。衣帽间服务生闻讯，跑出来拦一把，当场摔了一跤，眼看几个人进了大堂，嘴里不干不净，要上楼梯。长乱明白，好话没用，上了二楼，事情就不可收拾。长乱毕竟不是嫩豆腐一块，自己还高过为首的半个头，长乱一伸手，揪住刺青的衣领，大叫一声："出去！"对方先是一愣，随即一帮人朝长乱冲过来，拳脚相加，长乱渐渐不支，手就是不放，就在此时，大门外传来一声"八嘎"，一群白手套司机冲进大堂，挥拳就打，开始几下，流氓还想回击，没几招，就被懂西洋拳法的司机打翻在地，刺青家伙血披满面，嗷嗷怪叫，另一个流氓被按在角落，衣袖撕开，露出手臂上青龙，脑袋顶住痰盂，一冲一冲，发出哐当哐当声音。前后几分钟，流氓逃得无影无踪。长乱回头，司机一个不见，出门再看，一个个都坐回汽车里。

日本客人从楼上下来，已经快十一点了，毕恭毕敬的样子，像列队的黑乌鸦。郁克飞和领班跟在屁股后面，不断点头，腰身一欠一欠，学得很像。

"长乱阿哥，还是分开好。"姚姚依在长乱身边，顺极司菲尔路往西，今天要和长乱多说几句，姚姚也不在意绕弯。"领班难听闲话，一句句笃过来，好像所有事体，全部一清二楚。"长乱不响。百乐门的灯灭掉以后，长乱站在对面马路行道树底下，姚姚卸妆要一刻钟，等姚姚从边门出来，黑漆漆马路上，长乱会迎上去，拉一下手，这一个月来，大致如此。"大不了换一家舞厅做吧，百乐门算啥稀奇！"长乱愤愤然。姚姚:"阿哥不晓得,舞厅不是想进去就进去的,领班哪一个不是色鬼,骗财骗色,今天领班来问我,平常欢喜啥零食啊,是话梅还是加应子?送点给我啊,明明就是吃豆腐。""就当放屁。""领班还讲,长乱蛮好,身坯扎足,力气大,功夫好,百乐门人人欢喜,意思多少下作。""我早就想打这家伙。""阿哥不要打打打,眼面前,老板肯定要弄我跟阿哥,我晓得老板脾气,上趟,一个小姊妹就是跟音响师好了,音响师莫名其妙失踪了。"路灯下,姚姚身体更显单薄,低头看,鬓角粘住粉腮,愁眉不展。"阿哥,没办法,还是分开吧,阿哥晓得,有口太平饭吃,不容易的。"两人转弯,走入两头通小弄堂,接新闸路。新闸路灯光比较亮,小弄堂更显暗,长乱一把抱住姚姚,怀中女人,对自己是最好的,给自己擦身,洗脚,水换了一盆又一盆,每次陡峭楼梯上上下下,又怕邻居听见,长乱第一次领略带香味的毛巾,姚姚仔细,长乱全身沟沟坎坎,一点不漏。长乱把脸紧贴姚姚,感觉湿湿的,是姚姚的眼泪。所有的话都是多余,一直慢慢走到康脑脱路口,前面就是姚姚的弄堂,姚姚说:"回去吧,忘记我,阿哥不要担心,我晓得,男人欢喜漂亮女人,阿哥大腿内侧有一颗血痣,老法讲,会抱得美人归。"长乱:"我就是恨,要弄点事体让这帮家伙看看。"姚姚哀求:"阿哥不要去弄,弄不过人家的。"长乱抱住姚姚,姚姚身体在发抖,顺从靠紧,长乱很长时间才放手。

后来,两人确实有段时间没有联系,一天,乘姚姚休假,长乱到康脑脱路,希望看到姚姚,刚进弄堂,恰巧姚姚下楼拎马桶,穿着随便,一双脏兮兮旧拖鞋,薄短衫,头发乱蓬蓬,长乱轻轻叫了一声:"姚姚。"姚姚一惊:"阿哥,讲好不再见面的,现在也不方便,小姊妹楼上睏觉,阿哥还是请回吧。"眼前姚姚,完全不是印象中的,口吻冷漠,长乱眼看姚姚上楼,马桶落了漆,一步一摇,和光彩照人姚姚,彻底脱节,仿佛不认识。楼上到底是小姊妹,还是别的男人,或者另有隐衷，姚姚冷冰冰的眼神就是阻隔，长乱无法逾越。

郁克飞跟长乱谈话，就在日本人包场两天以后，通知长乱的是领班。吃过中饭，长乱出现，百乐门对过鞋帽店转角抽烟，领班过来讲了句："长乱现在有苗头了，郁克飞老板亲自邀请，到经理室谈话。"看到领班讪讪样子，长乱一句话不说，过马路上台阶，直奔四楼。郁克飞看长乱进门，开口就说："真不好意思，上趟流氓上门，长乱不怕威胁，硬顶，听讲也受了点伤？""家常便饭。""假使这点流氓上楼，事体就不可收拾。长乱不晓得，客人啥来头，日本驻上海副领事，上海日侨协会会长，还有东亚同文书院院长，全部是日本大人物，百乐门门面要撑下去，我哪能敢得罪这批人。""东洋乌龟。""对的，东洋人不是东西，我是做生意的，一百多个舞女也要吃饭，所以，场面上要应付，中国人看我，是难看相，日本人是霸道，日本人眼睛里，中国人低人一等，我有感触的。""郁老板有啥闲话直讲。""长乱，我讲闲话，不欢喜兜圈子，有两桩事体要讲，第一，长乱受伤，我是老板，应该慰问，等一歇，账房领慰问金。""谢谢。""第二，我讲了长乱不要不开心，长乱跟姚姚好，人之常情。"郁克飞停顿了一下，看长乱眼色，凭着上海滩多年经验，他看得出，一击便中长乱要害，郁克飞继续说："不过，在百乐门，我不可以点头的，还记得吧，长乱来百乐门，我就闲话摆了前头，啥东西都可以碰，百乐门女人不可以碰，这是规矩，长乱离开百乐门，跟姚姚好，好到结婚，我管不着。""老板意思我卷铺盖跑路啰。""这就难听了嘛，我给长乱两个月薪水补偿，应该对得起长乱了吧。"长乱对这个结果早有准备："我晓得了，谢谢老板。"在这种时候，要放软档，磕头求饶，长乱是做不出的，反正在上海滩混，肯搏，饿不死人的。长乱要显出英雄气，显得老板辞退无关痛痒，即使心如锥刺也不让老板看出来，长乱说了一声："郁老板还有啥关照？""没了。"长乱大步走出经理室，一路楼梯下来，正好领班对舞女指手画脚,长乱走到领班面前,胸口迎上去,用手指着自己下巴:"记牢我面孔,后会有期的。"领班一脸愕然,呆在女人堆里:"啥意思,啥意思啊?"

长乱终于有机会退到远处来看百乐门,长乱的愤怒可以理解,长乱哪里晓得,此时日本人已经横扫半个中国,重要的铁路干线津浦路完全陷入日本人之手,委员长声嘶力竭呼吁友邦援助,英美仍在观望,苏联动作不断,日军轰炸粤汉广九铁路,武汉保卫战勉力支撑,日军突破庐山阵地,九江沦陷在即,中国十几年资本积累,正遭遇全局性毁灭。长乱脑子里,在上海滩活出人样,才是第一要务,和几乎所有上海小市民一样,无论男女,此时此刻,喘息在租界最后的回光返照之中。长乱相信自己会找到出路,无非就是"出外靠朋友"江湖警句,带给他的勇气。

5

襄理拿出一大叠工单,扔在阿六面前:"死人越来越多,阿六忙不过来啊,看看,现在连东区的死人,也派到联义山庄来了。"阿六啃嚼手里实心馒头,四处寻杯子,干馒头顶嗓,烧饭老太婆舀一碗米汤,端给阿六,问:"毛腊子只棺材,长远不曾看见了嘛。"阿六哼了一声:"毛腊子,心太花,一心想要赚大钞票,三天两头旷工,不晓得混到啥地方去了。"老太婆说:"只小鬼,时常到烧饭间问我,乡下头啊有捉鱼的人认得,我问做啥,小鬼讲,弄点河鳗,要跟东洋人军需官做生意,讲河鳗两个日本官老爷欢喜,好赚大钞票。""毛腊子小赤佬就是定不下心来,"襄理说,"上个月,发工钱,毛腊子讲,这点铜钿,哪能过日脚,口气大了一塌糊涂,我看小赤佬不学好。"老太婆说:"毛腊子一讲么,我关照同乡人送来十斤河鳗,小赤佬挪去了,半个月没回音，人也不看见了，我哪能跟同乡人交代，嘿，只赤佬。"老太婆骂了几句，走开了。襄理问："阿六，现在搭班的龙根，还可以吧？""龙根人是老实，就是有点笨，字不识几个，我跟龙根讲，死人，人头不好弄错，名头要对好，拿错死人，丧家要拼命的。"襄理叹口气："没办法，死人饭，啥人愿意吃。"阿六接了工单，粗略看一遍，上海每一个停尸房，借厝所，殡仪馆，太平间，墓地山庄，立刻在脑子里构成一张地图，最经济的路线安排，不需要纸和笔，随即成竹在胸，叫了一声龙根，发动汽车，龙根应声来了，道奇收尸车摇摇晃晃从共和新路往市区去。尘土飞扬，汽车密封性不好，驾驶室土味呛鼻，阿六问："龙根，门头上联义山庄几个字，啥人写的晓得吧？""不晓得。""康有为晓得吧？""不晓得。""吃饭晓得吧？""晓得的。""册那，龙根戆瘪三啊！爷娘养龙根这样的宝货，也是前世修来。""师傅，不要骂人好吧，师傅叫我做啥，我肯做的，死人我也不怕，我好好做，赚钞票，下趟讨娘子。"阿六笑得方向盘也握不住。"那么，龙根，东洋人晓得吧？""晓得的，坏。""四马路晓得吧？""晓得的，有交关标致女人。""上海一点花里巴拉地方晓得的，龙根本事真大。"眼看中山路到了，日本人岗哨就在路口，阿六降低车速，沙包前停下来，日本兵横端着枪，看到车身一侧"殡"字，挥手放行，阿六重新起步，日本兵突然又拦住去路，要阿六拿出驾驶证，看完，指着龙根，也要看驾驶证，龙根摇头，没有。日本兵一把将龙根拉下车，龙根吓得不知如何是好，阿六上前，示意龙根是帮手，做了个抬担架的动作，日本兵哇啦哇啦说了一串，啪一巴掌，打了龙根一个耳光，叫龙根坐到后车厢去。龙根只好捂着脸，爬上棺材架子。车开远了，到了中华新路口，阿六让龙根重新坐回副驾驶座，龙根捂紧脸哭，阿六劝说："东洋人打龙根，就是乌龟脚爪，猪猡蹄髈，不怕，下趟要打还的。""师傅，一定要打还的，啥辰光好打还，讲给我听，我去打还。"

龙根确实做事情巴结，配合得好。一个上午，几家医院太平间运尸，送殡仪馆，还有一车从万国殡仪馆运棺木去虹桥路中外公墓，全部弄妥。车站路有一个火车轧死的，阿六将车子开到现场，一具男尸躺在路轨上，衣服被钢轮绞得稀烂，大块肢体像刀切猪肉，皮肤上叮满苍蝇，龙根也不怕，断肢拾起来，收拢，还有一捧一捧黏稠的柔软物体，细帆布尸袋装好，和师傅一起，抬进车厢，送黄浦江救生局停尸所。差不多午饭时间，阿六肚子咕咕叫，救生局离大兴街停柩所不到一公里。两个礼拜前，髹漆师傅大癞疤寻了肮脏女人，一记中招，急性淋病发作，此后就再也没有联系，看在老朋友面子上，无论如何，应该去一次的。车子沿陆家浜路往西，到了苏州面馆门口，阿六拿出钞票，说："去，弄点虾仁面，大肉面，龙根欢喜吃啥，自己点，问老板借两只大一点钢钟镬子。""晓得了。"不过十来分钟，龙根和面馆伙计，一人一只镬子，送上车来。阿六打开盖子，滚烫面条，一股热气直冲，另一只镬子，一碟碟白切大肉，清炒虾仁，酱爆鳝丝，码放得整整齐齐，龙根一把零票塞回师傅手里，阿六顺手给了面馆伙计，叫了一声："家生吃好送回来！"伙计答："不碍的。"

通往大兴街停柩所的路依然难走，小摊贩吵吵嚷嚷，地摊摆到马路当中，板鸭，黄金瓜，活鸡，小棠菜，篾席，藤拍，扫帚，千层糕，芝麻糖，驱鬼符，冥币，洋风炉，砧墩板，应有尽有。阿六发现，多了不少贩火油的，一个个铁皮罐子美孚火油，一打听才得知，日本人打到山西，煤运不过来，不少人家改烧火油炉。车子慢得像蜗牛，阿六抱怨："看来今朝要吃烂糊面了。"

大癞疤看到阿六和徒弟拎两只大镬子进来，问："阿六，变啥戏法啊？""快，面要胀脱了。"大癞疤放下手里漆刷，揭开镬盖："噢！快，小把戏，拿碗筷。"热腾腾汤面，大癞疤吃得满面红光，血液循环加快，脸上沟壑填平一半，"我就是喜欢这个大肉。"大癞疤苏北话，大肉说成大楼。阿六放下碗筷,说:"大癞疤,今朝看上去蛮神气,裤裆里事体好啦?""命保下来了,钱没得了。"大癞疤长叹一口气,"德国医生见面,开口三只指头。""啥意思?""一针三十块。""打几针?""打四针,一百多块钱没得了,这个钱,回老家,讨个女人足够,我是兜底翻,勒妈妈,现在是一分钱没得。"阿六说:"想当初,大癞疤口气大,人家跑堂子,我也要去,去出事体了吧,好了,钞票出送,求太平。"大癞疤说:"裤裆这个东西,害死人噢,后面工场间两个漆工,发工钱,开心了,骨头轻煞,到打浦桥寻野鸡,价钱谈好,就要上,啦个晓得,还没来得及做,拆白党连档模子老早等好了,跑出来一顿打,两个人钞票撸光。一个漆工算头子活络,看到野鸡枕头底下有一只绢头包,顺手拿了,回家打开一看,我的爹爹,全部是钞票,比撸掉的钱还多。""这叫啥,一报还一报。"龙根在一旁收拾镂子碗碟,大癞疤手一指:"换了个徒弟啊?"阿六招手说:"龙根过来,叫声师傅。"龙根恭恭敬敬叫了师傅,大癞疤朗声应答,龙根说:"师傅,此地棺材不得了。""后面还有多了。""为啥棺材堆得这样高?"大癞疤说:"没听到过吧,离地三尺即成佛。懂了吧。"回头跟阿六说:"这个小把戏蛮好,听话又勤快,毛腊子不来啦?"阿六讲:"毛腊子家伙心太活,吃不准啥地方混。"大癞疤说:"阿六你不晓得,上个礼拜,毛腊子到这块来,问我跟漆工借钞票。""哦?""我是彻底穷瘪三,啦块有钱啊?漆工又不熟,没得人借把他,他讲,现在在做生意,半年,钞票翻倍,大家有机会,一道发财。我问他做啥生意,他讲,日本人这块有路道,上海滩,做生意要靠日本人,到底啥生意,这位爷叔,闷了不讲。""少听毛腊子吹。今朝忙啊,下半天,还要跑几车。大癞疤,太太平平寻个女人结婚,不要东想西想,发财轮不到阿拉,听我一句话。龙根,走啦。"

离开了大兴街停柩所,阿六车子穿过法租界,去山东路仁济医院,工单上写：英格兰人，外国名字，送静安寺外国坟山火化间。跑太平间，阿六是家常便饭，仁济太平间一样，阴气逼人，天花板一盏低支光电灯，照度有限，四周暗黑，看不清。阴角里，硬邦邦人形物，包了好几层，药水味道重，死亡证明写了 Pulmonary tuberculosis，外国字，阿六不识，阿六疑惑，拿了证明，请教医院门口挂号护士，护士讲，肺结核，阿六还是不懂，护士说，肺痨晓得吧？阿六张大了嘴巴，听说过，过了这个毛病，必死无疑的。阿六拿出两只备用口罩，半年没用的老古董，一人一只，硬顶刺鼻药水味道，让龙根抬脚，自己抬头，屏牢呼吸，一发力，死人装上车。车子沿爱多亚路朝西，一直开，看见烧死人外国大烟囱，转个弯，就到了。天气还算帮忙，落阵头雨之前，车子开到火化间门口，阿六龙根跳下车，动作麻利，打开车厢后门，阿六顺势一抽，龙根一接，嗨哟一发力，担架抬起来，火化间出来一个印度人，收了阿六手里的死亡证明，又伸出一只手，"啥？"阿六问，印度人说："防疫证明。""啥防疫证明？医院没有啊。"印度人脸色大变："no，no，重症病人，没有防疫证明，不可以的，回去，回去！"伸手一拦。阿六觉得手上死人够重，被印度人一拦，要放下担架，印度人急了："不可以，不可以！"此时又出来一个白人，脏兮兮口罩兜住下巴，一看就是比罗宋瘪三好不到哪里去的家伙，一面孔不耐烦。阿六央求："先放下来，我马上去医院拿防疫证明，可以吧？"白人拼命摇手，示意印度人将阿六赶出去，说："Go，Get out of here！"阿六恼了，叫："龙根，放下来，册那，今天看啥人狠。"说完将担架往地上一放，印度人急跳起来，用手指着阿六，又不敢上前拉扯，白人转身往后跑，不一歇，警车呜哇呜哇从大门开过来，一个西捕端枪在前，三四个华捕紧跟，围成一圈，"不许动！站在原地！"龙根怕了，要哭出来，阿六两手叉在胸前，闭眼，不偷不抢，随便吧。巡捕也不上来，僵持着，又过了一歇，又有汽车进入墓园，跳下几个戴口罩穿白大褂的人，阿六一看，是工部局防疫站的，冷笑一声："大惊小怪，龙根，今朝开开眼界。"白人跟防疫站白大褂交头接耳，白大褂转过身来问："防疫证明没有吗？"阿六："去问仁济医院。""你确定，死尸是从仁济医院运过来的？"阿六："先让巡捕房枪放下来。"白大褂和西捕交涉，西捕带手下离去，白大褂回过来一通问话，阿六："册那，从来没有的事体，要回去，叫外国赤佬运回去，啥人晓得狗屁防疫证明。"白大褂给仁济医院打电话，交涉半天，才让阿六把担架抬入火化室，阿六一包气，当着白人的面，重重把死人担架往尸台上一掼。回头一看，防疫站正给运尸车喷洒药水，白大褂过来打招呼，要阿六龙根两手浸药水，二十分钟，才放人。龙根问："师傅，手上气味重咪，要紧吧？""就当碰着烂带鱼，死蟹，泔脚水。"

阵头雨下来，一歇歇工夫，也就停了。阿六继续开车，龙根乖乖坐旁边，阿六说："我就不要看印度人背后的家伙，什么里个东西。烧个把死人，在中国人面前老奎，叫巡捕房，有屁用。""巡捕手里有枪。""怕啥，就吓吓老百姓，欺负中国人。真的碰到拼命的，老早不晓得逃哪里去了。今朝还有最后一车，天黑前头回去吃夜饭。龙根，看看最后一张工单，啥地方？"龙根一个个字念："东区，巡捕房，停尸所。""嗯，现在识字了，多看看，多读读。龙根今年几岁啊？""叫名十六。""一九二二年生，是吧？""是，腊月廿一。""老早做过啥？""北新泾杂货店学生意，东洋人来了，老板讲生意难做，北新泾强人头，上门讨保护费，借维持会名头，一趟又一趟，老板只好关门，我就停生意了。"很快，车子到了提篮桥，寻到大连湾路汇山捕房，门岗一看，来的是带"殡"字的收尸车，车上两个人，黑马甲，门岗招呼："跟我来！"指挥车子，倒进夹弄，拿出钥匙，三下两下，铁插销"哐当"一响，打开铁门，门岗问："担架有吧？""有。"门岗说："前天夜里，强盗抢鸦片，一人一把枪，乒乒乓乓打得一塌糊涂，现在是，巡捕房打不过鸦片贩子，这只鬼，开了装鸦片车子，吃了一枪，撞了墙头上，翘辫子哉。"阿六扶了担架，到尸床前，掀开白布，只见死者颈部一个枪眼，后脑已经全部炸开，酱褐色黏液和头发搅成一坨，龙根抬脚，阿六抬头，担架抬出来，夹弄光亮，阿六看死者有三分眼熟，再细看，哇，差点松手翻了担架，死者竟然是毛腊子！阿六死人见得多了，从来没料到，竟是自己弟兄，一时心塞，难以名状，抖着手，扶正担架，送入车厢。一路上阿六一言不发，龙根问："师傅有啥不开心？""龙根啊，这个死人，就是师傅老早搭班毛腊子。"龙根不解："年纪不大啥呀。""比我小一岁，一四年生。"阿六心情复杂，现在晓得了，毛腊子一直帮忙发动车子，移车子，原来私底下偷学。阿六所有抱怨，全部释怀，毛腊子到处寻出路，结果寻到一条死路。"龙根，单子上写啥？"龙根递上单子，阿六看清上面八个字："偷运毒品，枪伤致死。"

天快黑了，联义山庄有点阴森，阿六高叫："毛腊子死啦，毛腊子死啦！"山庄里人陆陆续续出来，襄理，雷光头，妆殓间女人，掘墓男工，眼看担架抬下来，毛腊子硬得像一根木头，一只脚没了鞋，袜子后跟一个大洞，脚踵墨黑，颈部枪眼正好打在喉结上，血口里面，柏油状物体模糊不清。烧饭老太婆跌跌撞撞赶来，哇一声哭起来，几个见惯死人的女人也开始饮泣。毛腊子平时喜欢调笑，常跟这些女人嘻哈。襄理问："毛腊子哪能死得这样难看？""帮鸦片贩子开车子，被巡捕房打死了，看这张单子。"阿六把死亡证明递到襄理手中。"哪能去跟鸦片贩子搭了一道？""大概人家肯出大钞票。""毛腊子没学过开汽车呀。""聪明人，自家东摸西摸，没几天学得像模像样的。""可惜了，老早是叫毛腊子去学开车，哎。"众人唏嘘。

老太婆伏在担架旁，两手拍打膝盖，边哭边唱：玉皇大帝么观音娘娘，开开眼睛么做做好事，天下穷人么苦去苦来，走投无路么作死作活，毛腊子因么毛腊子因啊，两眼一闭么重新投生，下世做人么有吃有着，前有财神么后有菩萨……老太婆哭得发髻散开，缺牙嘴大张，几滴老泪。当晚大家为毛腊子打点，雷光头手里丧家存货不少，弄来几件干净衣服，还有一顶博士帽，女人们为毛腊子清洗面容，头发上血痂用开水化开，梳理整齐，喉结处塞了棉花，封上纱布，脸上打了腮红，木匠找出一只最结实松木棺材，一切收拾停当，雷光头神色黯然，说："婆婆唱过了，我就不唱了，好吧？"大家默认。阿六看过去，毛腊子睡梦一般，乌黑丝质博士帽，遮住开花的后脑，衬出苍白面色，腮红勉强，更显出死肉。大家一起鞠躬，联义山庄，从来没有一个人入殓，全体参加。木匠盖棺，钉上钉子，聪明过人毛腊子，当夜埋入山庄义冢。第二天一早，阿六起身，到后面坟地兜了一圈，西北角靠近水塘，多了一抔新土，插一块木牌，上面写了：毛宝元之墓，是襄理的正楷。

6

浙江路芝罘路口小旅馆，班长横躺床上，辗转反侧。上海盛夏湿热，让北方来的班长很不习惯。双肘粘住席子，不过几分钟，手臂两摊汗渍。枕头席子发黑，多少客人的油垢，留在缝隙里，散发一股焗宿味。房间几乎没有隔音，板墙上部，菱形篾条，漏空格栅，一阵阵嬉笑肉麻声音，无遮无挡。昨天晚上，做生意妓女跟客人扭扭捏捏，捱到零时，班长以为可以安然入睡，又来了一对野鸳鸯，缠斗不止，淫声浪语，持续到半夜。一早，浙江路上电车铛铛铛开过去，班长短暂梦境，瞬间打破，他后悔，和联络人见面，不应该放在这个叫偷鸡桥的地方。联络人的面孔和语气是严肃的，组织上看好大夏大学政治系班长，除了他可靠的家庭出身，几次学生中的动员工作，还算有号召力。出于对年轻人爱护，也对班长提出严厉批评。联络人对纪念卢沟桥事变一周年，七月七日搞的"素食聚餐会"并不满意，告诫，在现在的局面下，不要和租界当局发生摩擦。特别提到，钱要用于事业。当时，联络人坐在班长对面，压低喉咙说："请来那么多同学，关起门来吃饭，还让功德林送素斋，美其名曰纪念七七素食聚餐会，和大众的联系何在？""我也请了新闻界的人。""客观效果呢？社会的反应呢？""我没有想到。""钱还是要用，要严格控制，给你在中华劝工银行开了新户头，别忘记，南京路328号。""我明白了。"联络人很神秘地说："要学会策略，保持灰色面貌，利用外围力量。"

班长头上，斜顶天花水渍，像一幅泼墨山水，淋漓而下，白墙上瞬间凝固。上海市区沿街，独多这种房子，杉木砖瓦结构，一楼铺面，二楼住家，假三层，带老虎窗。建筑成本低廉，空间利用大，全部本地材料。英国人在上海设煤气公司，炼焦下脚料，做油毛毡，铺垫屋顶瓦片下面，防水能力差。事先，班长听到风言风语，说班长喜欢场面上做文章，大手大脚，班长反应迅速，选街面廉价小旅馆，和联络人见面，也想表现爱惜经费一面，联络人离开之后，班长有些愤愤然，七七素食聚餐会的主意，并非自己凭空想出来，全部是国文系李凯提出，当时没有反对，一是被李凯绘声绘色描述吸引，二是一个北方来的穷学生，怎么会拒绝上海滩美食呢，再说，借一个盛大的，具有仪式感的场面，让女同学在自己面前惊讶，班长并非没有考虑。现在，联络人的批评，让班长联想到李凯出身，一个文具店老板的儿子，这样的同路人，是应该继续合作，还是立刻排除在队伍之外？联络人的一句话"保持灰色面貌，利用外围力量"，利用，这个词点到了要害，打消了班长所有顾虑。

茶房敲门，说有人来拜访，班长立刻起身，咚咚咚楼梯响，来了四个同学，声音最大的是李凯："东洋乌龟到上海，上海闲话讲不来，米西米西炒咸菜。怎么样，沈大成条头糕，不想吃一点吗？"李凯手里，软塌塌糯米条头糕，豆沙馅料，香喷喷糖桂花味道，一扫霉潮房间沉滞空气，李凯把糕分给众人："告诉各位，学校后面，杀了一个日本兵，游击队下的手，就在季家库旁边。"有同学问："李凯怎么知道的？""日本人大队人马来收尸的，季家库全部包围起来，学校不让进。""你去过学校了？""嗯，大夏大学招牌被人拿走了。"大家交头接耳，班长没有发言，要显出沉稳。等同学们说完了，班长说话："我们有我们的任务，从今天起我们要开辟新的战场。"李凯问："班长，新的战场这句话，你说过很多遍了，又有更加新的战场？"班长说："李凯同学的观点是错误的，难道我们每一天不是新的？""那你说说吧，哪一个是新的，哪一个是旧的。"班长一时语塞，有人插话："班长，不要新的，旧的，我们听委员长的，战线越延长，日本人的消耗越大。我们要想办法消耗日本人。"大家你一句我一句："对！我们大学生可以去募捐，用钱支持国军抗战。""已经很多人在做了呀。""可以组织人，去慰问谢团长孤军，他们在胶州路关了大半年了。""这个就别凑热闹了吧，你没看见，这几天慰问的人多了，昨天教师公会去了。""今天邮政公会还带了现金慰问品。"班长说："大家想一想，我们要做别人没有做过的事情。"一房间人沉默。电车开过，地板轻微摇晃。李凯咽下最后一口糕，搓着油腻的手，摇头晃脑："让我脑筋开动一下。"边上的同学拍了一下李凯的头："说！"李凯说："我想卖一下关子，你们知道，现在我想到了谁？""谁呀？""不会是你在新闻系的女朋友吧。"李凯摇了摇食指："你们，通感能力太差，除了女朋友，没有其他想象力。我现在想到的人是，廖夷生。""哦？""想到这个资产阶级少爷？""想到每次让你搭他的破车？"李凯："这样说就没意思了。我想到的是照片。"同学："照片怎么样抗战救国？""不要打断，让他说呀。"李凯说："我们可以在八月十三号，举办八一三照片展览，问各个报馆和外国通讯社去借去年八一三的照片，廖夷生同学手里也有不少。""对啊！重温八一三，唤起民众。""展览可以放在敏体尼荫路基督教青年会。"班长暗中一喜，联络人的说法是有道理的，利用外围力量，自己一句话不用说，李凯又贡献了好主意。同学插嘴："借外国通讯社照片，租界当局是没有办法干预的，新闻自由。""就叫八一三图片展。""谁来做照片的放大工作？"李凯："还会是谁呢？"

一个上午很快过去了。大家分了分工，联系报馆和外国通讯社的事情，一个个对应，李凯去找廖夷生，其他人找廖夷生都不合适，这个公子哥儿轻易不会出马的。大夏大学都知道，李凯和廖夷生走得近，摄影系举办学期汇报展览，凡是廖夷生作品下面，都有李凯的诗，为此还引起过误会。一个胖小姐肖像照片下，李凯的题句是："耳环新穿真见血，茶渣再煮试减肥。"另一个女生肖像下写上了："看着你的影像，为青春无声地哭泣。"为此，有传言称，廖夷生和李凯交换了女朋友，理由是，那个胖小姐被李凯嫌弃了，而廖夷生给了她最漂亮的角度，这种捕风捉影，在大夏大学传得快，消失得也快。

李凯到毕勋路廖夷生家，廖夷生套了条沙滩短裤，两腿细长苍白，头发蓬乱，一副没睡醒样子。李凯问："去过学校了？"夷生点点头。"碰到老师同学吧？"夷生摇摇头。"什么事情不开心。""没。""想让廖大公子弄点照片。""啥照片？""我的照片，不肯帮忙？""这还要多讲。"廖夷生家忙乱，佣人进出，两个修沙发工人，客厅里打泡钉，工具摊了一地，三人沙发翻过身来，弄得乒乒乓乓，李凯说："走，出去转一圈。"夷生去盥洗室冲了一把，换了条长裤。毕勋路一转弯就是霞飞路，漫步到Tchakalian兄弟咖啡馆，两个干净男生，一看就是上海滩有底子人家出来的。李凯："同学讲廖夷生不关心时事。"夷生："关心有啥用，有人关心我吧？""有没有兴趣做一件轰动上海的事体？""没兴趣。""完结了，廖大公子一定是为情所困了。""今朝不谈，啥照片要弄，讲。""当然和我有关。""女朋友的也可以。""比女朋友刺激多了。""下流照片不要找我。"李凯说:"廖大公子,严肃起来也蛮可怕的,下流的标准是啥?""不用我讲。""肢体暴露肯定是有的。"廖夷生理解李凯,他们曾经一起交流过关于女人,在这个年龄,对异性的困惑,找个人掏出隐秘,对证床上床下的相同遭遇,再平常不过。李凯有把事物形容过头的能力,夷生眼里,国文系的人,大多有这个毛病。夷生:"闲话少说,先看看底片吧。""现在没底片,首先要答应我。""我从来不事先答应,再讲,我的放大机还在学校里。""哦,同学,宝贝放大机,我已经弄到市区来了。"夷生这下发怒了,李凯居然知道放大机藏在什么地方,放大机连带了多少和文娟有关的影像,行为,意念,放大机的行踪,几乎就是自己和文娟交往的历程:"好啊!李凯。"夷生几乎要把咖啡泼到李凯身上去,李凯讪笑:"看看廖大公子还有多少秘密。"夷生几乎是逼问了:"放大机搬了啥地方?""要我如实招供?先答应我。""好吧,我答应。""基督教青年会。"

  班长伏在小旅馆,给联络人写信,退房之前,赶快把信完成。窗外,电车轮毂和铁轨的摩擦声,打骂孩子的吵闹,叫卖芝麻糊的广东口音,绍兴戏的哭腔,修洋伞补套鞋吆喝,卖棒冰拍打声,轮番搅动耳膜。住家生炉子呛人烟味,掺入余油条镬盖气,夹杂夏天低气压引出阴沟的腥臭,给班长一种身心不悦的都市体验,他和许多来自北方穷乡僻壤的正派青年一样,对都市既投入又抵触的心情,常使自己处于矛盾之中。他们喜欢都市,因为它变化无穷,他们厌恶都市,一部分原因是厌恶资本原罪,无数来上海讨生活的人,能够出卖的仅是身体,无论男人女人。另一部分来自刺目的都市风俗,尤其是无处不在的暴露,女人露出手臂和白腿,不远处的七重天,将这种暴露做成生意。在班长概念中,是把人性引向邪恶。班长的信总算写完了,在信中,他详细描述了八一三计划,说是经过慎重考虑的设想,他在信中也检讨了以前的工作,斟酌词句,将原因归纳为经验不足。离开小旅馆，班长把信折成叉状，交到约定的烟纸店老板娘手里。联络人的行踪，不在班长预知范围，他是捉摸不定的，他从来不在同学面前露面，他的神秘感让班长升华成崇拜，班长这样的年龄阅历，很容易生出类似的感觉，凭联络人语音沉稳，语调舒缓，用词精炼，对年轻人不乏吸引力，尤其是班长这类志向远大空蒙的青年。

小旅馆向南就是南京路，沿电车道，过两个路口就到。班长最最要紧事情，找到南京路328号，中华劝工银行，验证那笔钱。沈大成点心店门前，印度巡捕红头阿三手持警棍晃荡过来，沿街小贩们一看苗头不对，迅速收拢五香豆、香瓜子、杨梅、花生糖、香烟，夹起家什，逃进先施公司内廊，巡捕走开，一个个恢复原位。对过永安公司大门，新增罗宋司阍，裤筋上红色镶边笔挺，一副殷勤礼貌样子。班长眼睛里，有钱人的消费是不道德的，这个世界终将颠倒过来，对花花绿绿橱窗，班长没有丝毫兴趣。找到劝工银行不难，转弯朝东，没几个路口就到了，营业大厅，跑街先生进进出出，柜员帮班长查了账，户头上有余额五百元，班长一身轻松，这笔钱，等于一个普通职员一年半薪水，班长觉得，和联络人背后的组织更紧密了。

廖夷生到基督教青年会时间，事先和李凯约定，大约在上午十点钟。廖夷生的奥斯汀小汽车，同学面前名声不太好，是二世主的代名词，开始夷生是不打算开车的，后来一想，要带上好几个搪瓷药水盆，玻璃量杯、灌装药粉，切纸刀和几大盒放大纸，夷生还是开车了。他没想到，李凯叫了好几个同学，早就在青年会大门口等待，夷生一到，迅速帮他拿走一车零零散散装备。夷生食指差不多要点到李凯的鼻子上："好啊，到底是你的东西，还是你们的东西。""当然是我的东西，我早就跟你说过，要让你先看暴露的肢体。""李凯，啥时候变得下流了，我声明在先，不三不四照片，我不会弄的，到此为止，彻底结束噢。""廖夷生同学，你想多了。"

电梯直达青年会四楼，李凯借房间，带卫生间，取水方便，朝向敏体尼荫路窗口，已经蒙上黑布，李凯大声关照同学："量杯、水温计放旁边台子上，谁打掉谁赔噢，搪瓷盆放盥洗室，先浸在浴缸里，小心切纸刀，切了手指活该。喂，放大纸盒，千万不要打开来，你做什么？不能打开来。"李凯一把夺过两个放大纸盒。夷生暗暗佩服李凯的细心。李凯命令："你们四个男的，放大机抬出来。廖夷生同学，我算领教，放大机太麻烦，奥斯汀肯定装不下的。还好租到卡车，为了你的宝贝和一堆东西。"四个同学抬出蒙着灰布的放大机，摇摇晃晃，放到李凯预先安排的大桌子上，夷生上前，揭开灰布，德国凯撒放大机，硕大光源箱和皮腔，两根平行轨道，朝天倾斜，一尘不染。李凯得意："廖家少爷，你的底片夹，测焦仪，都包得好好的，如果还有什么不满意，请吩咐。"夷生笑笑："你肯定有不可告人的企图。""就算我有吧，同学们，你们先去吃饭，吃完了过来，隔壁大世界周围，全是小饭店，比学校饭堂好吃多了。"

房间里只剩下两个人，李凯说："夷生，我把所有底片带来了，全部是从上海各家报馆借的。""什么？新闻照片？""是的，有力报，大公报，新闻报，大美晚报等，你先看了再说。"夷生打开读片器电源，小心翼翼抽出蜡纸袋内底片，夷生的眼睛聚焦在胶片上，尽管是负像，他看出来，是废墟，还有爆炸现场，全副武装士兵，簇拥在青天白日国旗下面，战场上的尸体，老百姓的尸体，被轰炸的大世界门口……廖夷生问："全部是？""全部。这就是我说的，暴露的肢体。"廖夷生沉默良久，问："你打算……""打算展览。廖家公子，振作一点，不要这样冷血，所有照片，没有一张不是发生在上海。""少废话，我先回家。""跑了？""回去拿罗敦司得镜头。"

班长今天有点得意，联络人的回复，刚刚从烟纸店老板娘处得到，馆阁体毛笔字："此份生意甚好，盈利可期。"班长意气风发，这是联络人对班长最高评语。他快步朝大世界方向疾走,现在是他出面把控全局的时候。等他到达青年会四楼,同学们也都到了,"大家都等什么?"班长发问。有人回答:"等李凯和廖夷生。"班长说:"总有人在拖事业的后腿,人呢?""班长,你不是摄影系的,好像不太懂摄影吧?李凯在煮开水,融化药剂要温水的。廖夷生嘛,去拿放大机镜头了。"班长停顿了一下:"联络外国通讯社的同学为什么没有回复?""别当我们什么事都没做,人家说了,底片不能出借。""这就是回复?""人家可以直接提供照片。要我们把尺寸告诉他们。"又有人问:"班长,发生的费用怎么处理?我们不像廖夷生那么有钱。"班长说:"都是争取进步的同学,好意思在钞票上兜圈子?钱的事情,现在不谈。"

有同学帮忙,当晚完成照片五十多张,大多24英寸。等到放大48英寸,放大机转过角度,对准白墙,如同放电影,廖夷生手法熟练,局部曝光遮挡,几乎张张成功。所有照片浸入浴缸,打开龙头,放水漂洗。李凯开了大灯,灭了红灯。本来,李凯想说几句例如"颗粒饱满,层次丰富"诸如此类的话,看廖夷生红灯底下一脸严肃,专心盯着照片,曝光读秒,就没开口。之后李凯让同学收了工具,倒了显影剂。夷生靠住墙,眼睛有点酸,拇指和中指揉眼球。李凯过去,拍了一下夷生肩膀:"结束了?""还要我做啥?""没了。""就等这句话,以后这种事情不要找我。""不找廖大公子找谁啊?""我不管。找班长。""班长懂个屁。"夷生眼角一瞥,发现班长在暗角里,同学都在忙碌,班长没动,眼睛东张西望。夷生上前轻声问:"枪,什么时候来拿?""手枪?哦,你不说我都忘了,不要了,你怎么处理都行。扔了。"

7

小薛这几天看动静,风声应该过去了。和张保罗一个礼拜没见面。

趁爹爹姆妈外出，揭开被橱搭扣，手伸进去探了探，棉花胎里面硬邦邦的，没有变化，小薛心放下来，取出，匆忙数过，钞票一共是整两千法币。小薛抽出一叠，新票子割手，食指搭馋唾水一点，正巧一百，做赌本正好，说不定明朝变两百。几个打牌的朋友说："阿薛，现在落手大了嘛，家底厚了是吧。"小薛不作回答，临场下注，沉默最好。牌桌上，钞票当场结清，过了不认账，家底厚不厚，根本没必要多讲。赌铜钿辰光，来打牌的，号称朋友的朋友，别转头，大家不认识，更没有必要啰唆。打通宵的机会又来了，来"沙蟹"刺激，最后一手牌，就是心理战，大家吓大家，精神吊足，脑子里全部是对手前四张牌的配置，暗牌揭开一瞬，情绪高涨，输赢立现，赌金落袋，尖叫与错愕，狂喜与失落，全放在台面上。小薛喜欢这种气氛，脑子里这根筋比较发达，设陷挖坑，藏拙露巧，诈败佯输，装神弄鬼，一切面对面，骤起骤落。小薛的心脏血管，在某方面比别人强大，可惜，他的猴腮，到今天没有长出肉来。话说回来，近来小薛识相很多，通宵打牌，只是休息天的上一个夜晚，天亮回家睡大觉。偶尔，打一个晚上，睡三四个小时，睡眼惺忪去上班。不过，牌搭子看出来，小薛落手狠了，大票子一张张押上台面。

豁嘴张保罗心定不下来，自从巡捕房来问及纽扣，张保罗一直提心吊胆。他单枪匹马，坐在八仙桥小酒馆里，点了甜腻的素鸡，烤麸，油氽果肉，此时的豁嘴张保罗，是另外一种派头，穿着随便，像一个收入不高的跑街先生。伙计过来问："先生，要点啥酒，温还是不温？"张保罗摇摇手，说："来一壶茶，花茶。"伙计应声而去。透过沿街玻璃窗，可以看到来往电车，每一辆电车，每一个开车卖票，张保罗烂熟于心。后面一辆车应该是老严和小薛搭档，张保罗放下筷子，看着绿皮车厢缓缓驶来，老远就看到车头老严，叮叮叮一脸严肃，小薛收钱撕票，没有异样。昨天，张保罗和法国查票庞莱闲聊，听到总管戈思默对巡捕房敷衍搪塞,张保罗知道戈思默脾气,几年接触中,戈思默无非海外殖民地散漫马虎做派,法国同僚私下议论,戈思默有诗人的无政府倾向,对权威天然抵触。不过,如果巡捕房追查,戈思默也不会打回票。张保罗感觉事情不会简单了结。

张保罗抿一口茶,酒馆暗淡,老旧硬木柜台,乌黑发亮,几十年来,渗足各种酒液,散发一股醪糟香气。柜台端头,紧贴一块立匾,红底泥金,太白遗风四个大字,猪血老粉底子,裂而不掉,反倒像历经朝代的古董。电车公司高级职员,绝对不会到这样的小酒馆里来,周围三三两两,都是独饮者。老板是个胖老头,几茎白须,坐在柜台后面,背景一排酒坛,不少封泥未拆。老板开口搭讪:"先生,不来点黄酒?我此地花雕,元红,加饭,善酿,香雪样样有,啊要来点加饭?吃口霞气和顺。""谢谢老板,一歇要上班。""不碍的,算我奉送,过两天先生来,就吃不着了。"说罢,端了一小盅,放在豁嘴面前。豁嘴问:"哦,为啥?""过两天,八一三周年,所有商铺关门,先生不晓得?家家人家讲好,插青天白日旗。"老板从柜台下面抽出长竹竿,国旗裹紧杆身,"今朝打烊,我就插好,给东洋赤佬看看。"张保罗咧嘴笑笑,无意接口。一个人独坐靠窗位置,素鸡对胃,酱汁茴香浓郁。

有报童经过,高喊:"南阳桥东洋人入侵法租界,四行孤军守卫国旗两人牺牲,日本飞机轰炸汉阳,华漕维持会长被游击队枪毙。"张保罗眼前景象,和报童呼喊内容大相径庭,八仙桥沿街商铺人来人往,生意兴隆。路轨中央,矮脚安南巡捕头戴笠帽,懒洋洋指挥交通。电车转弯处,恩派亚大戏院,半球形屋顶,油光水亮,像刚出炉的罗宋面包。身后南京大戏院,巨幅海报上椰树海景,米高梅立体电影《蓬岛乐园》登陆上海,每位赠送红绿眼镜一副,飞男飞女闻讯而来,麇集在罗马式连券拱门周围。

豁嘴目之所及,火辣辣阳光下面,两个女人,旗袍大开衩,姹紫嫣红，横穿麦高包禄路，高跟皮鞋踏到滚烫铁轨，袅袅婷婷转眼变鸡飞狗跳。豁嘴笑不出来，他思来想去，要保证自己的安全，保证谋杀事件滴水不漏，了无踪影，最稳妥的办法是让小薛失踪。这几天，张保罗一有机会，打电话联系行动小组，没有任何回音，这帮家伙肯定是安全了。要让小薛失踪，总不见得让他死，张保罗不是那种不计旧情的冷血杀手，对于杀人，张保罗比小薛还要胆小，尽管张保罗在特训学校受训，学过杀人技巧，细绳勒毙，割脉放血，药物毒死，刀刃致命，教官说得非常详细，对于毙命耗时，都有具体记录，最让豁嘴张保罗记忆深刻的是，每个学员面前放一盆水，头没于水中，教官强按脑袋，不让抬头，要学员体验人的濒死状态，张保罗几乎呛昏过去。这些都不是张保罗热衷的，甚至心有抵触。他无意伤害小薛，只有一个办法，让小薛离开上海。

对，让小薛离开上海。

小酒馆门被推开，一个穿制服的人进来，张保罗抬头一看，是自己公司的员工。酒馆老板招呼："落班啦？"那人说："老花头，半斤。"手提包一放，正好坐在豁嘴张保罗对面。伙计送上几片酱鸭，一碟盐水花生，那人拿起酒盅，深抿一口，仿佛酒液是回魂药，那人咂了咂嘴，长出一口气："先生，吃电车饭是吧。"张保罗奇怪："啥地方看出来？""先生调了衣裳，当别人不晓得。""眼睛尖的。""是大帽花张保罗吧？"张保罗一愣，大帽花是贬称，一般人不会当面称呼，张保罗想起来，来人是978号司机，一个说话大声的宁波人。张保罗说："978老宁波，人家叫酒吃饱，看来蛮像。"电车公司叫工号，长此以往，不少人忘了原名。"张先生行头不对嘛，一眼看不出来，噱头好的。""啥地方有老宁波噱头好，一大一小，两个老婆。""一个汏衣裳烧饭，一个领小囡，乡下女人，不出趟的。"据张保罗所知，法商电车公司所谓劳工阶级，两个老婆的不在少数，张保罗顺口恭维一句："享福人噢，老酒咪咪。""现在,咪老酒钞票也没了。张先生不上路啊,上个月,给我一只卵泡凸,讲我停站没靠安全岛,害得我扣脱五块洋钱。上个礼拜,又是张先生,讲我铁栅没关就移动车子,再来一只卵泡凸,张先生看我不顺眼是吧?"那人酒气上来了,眼睛开始充血,张保罗说:"冤枉了?我跟法国查票庞莱一道出卵泡凸,不是我一只眼睛看到。""今朝落了两只大帽花手里,算我倒霉,这个世道,啥人收作啥人,还不好讲,张先生,风水轮流转,转到啥人头上,天晓得,下趟当心点。"那人夹一块酱鸭送入口腔,切肉碎骨声音被放大。张保罗对这类恐吓,早已家常便饭,回了一句:"978老宁波,规规矩矩听我一句,下趟开车子,当心点,一碰夜壶水,弄得昏头昏脑,轧着人要吃官司。"对方看张保罗坐着不动,憋出一句:"蛮好,今朝领教。卖票4423,小薛晓得吧?""啥意思?""啥意思自家清爽。外头捞横档,弄了一笔大铜钿。是吧?"那人呸一声吐出鸭骨,紧盯张保罗,瞳孔混黄,像某种野生动物。张保罗如冰水淋头,此事非同小可,一个底层司机,居然知道这件事情。"哈哈哈哈,看到人家手里捏大钞票,眼热了是吧?"张保罗故作轻松。老宁波说:"不是眼热,钞票人人欢喜,打仗辰光发洋财,张先生有法道的。""老宁波包打听嘛,今早这种日子,啥人还去管人家发财的路道。"张保罗拿起老板奉送的酒,和对方碰了碰。老宁波拿起酒杯:"不是跟小薛打牌,我还不晓得。小薛现在出手大,一张张赤刮里新的钞票掼出来,眼睛霎也不霎。"张保罗一听,明白了五六分,说:"哈哈,老宁波眼睛里,赚钞票只有电车公司。"张保罗边说边摇头,装作很不屑样子。老宁波说:"我也难般摸摸沙蟹,小薛小瘪三,一夜天赢我十五只老洋,娘希匹,我两个礼拜工钱,眼睛一霎,就到了小薛袋袋里。我老宁波不是戆大,拖牢小薛请客,小薛犟不脱,一瓶老酒下去,不要半个钟头,总算一面吐,一面讲了实话,张先生要听听吧?"张保罗瞥一眼老宁波,知道他要卖弄,有意不回答。"张先生不要听？小薛讲，屋里还有一箱子钞票，我看，就是大帽花张先生，跟小薛搭了最牢，赛过弟兄道里，我问，是不是张保罗挑小薛赚钞票，只小瘪三口风紧咪，以为我老宁波不会轧苗头。"张保罗说："黄酒蛮好。"老宁波说："张先生一点点看不出嘛。""要我讲啥呢？江湖上有句闲话，有钞票不看卖相，赚钞票不问来路，各人各人命吧。我算认得978老宁波了，吃一只卵泡凸，哇哇叫，这种腔调，哪能会来大铜钿。"老宁波说："我铆准张先生的，有赚钞票机会，下趟也关照关照。"眼看老宁波前倨后恭样子，张保罗担心，钞票一事，必然会外传，与其纠缠，不如趁早离开，说："我今朝不好答应，生意来了，我自会留心，就看978老宁波口风。赚钞票，不是人人可以答应。此地就不便讲了，一道觅机会吧。"随即起身，摆出久经江湖架势，拍了拍对方肩膀，扔下一张票子，走了。

小薛上班瞌瞌睡连连样子，法国查票庞莱印象恶劣，他总想找机会，惩罚这个中国猴子。庞莱很多次暗查小薛票款情况，没有作弊迹象，偶有逃票漏票，尚在允许范围之中，一车乘客，几十个人，抓住一个逃票，公司也无法将责任加在卖票头上。开关门，上下客，4423没有轧痛轧伤记录。电车铁栅门，铁枝菱形交错，开合全靠手动，一把L形熟铁方头钥匙，插入锁孔，顺势一扭，拉开铁栅，乘客上下，用力一推，嘎哒一声，车门关牢。乘客拥挤，关不上门，力气小一点卖票，往往满头大汗。稍有不慎，弄痛乘客手指。轧伤乘客，轻则记过，重则开除。如果有乘客跌落，吃官司也有可能。车门并无玻璃遮挡，刮风落雨，卖票照淋不误。电车车头，也无挡风玻璃，司机首当其冲，无论寒暑只好硬顶。好在公司发双排纽羊毛大衣，冬天开车，御寒没有问题，如遇风雪，只好套上雨衣。

霞飞路吕班路口，北向电车到此打弯，弧形轨道蹭得光亮，电车依循，不偏不倚，透迤而过，从此直入红尘，顺霞飞路往东，驶向十六铺。培恩公寓门口，庞莱又一次跳上小薛的车，庞莱不喜欢小薛的原因，除了那次袭击，很大一部分来自漫画书，欧洲漫画里，中国人形象大多尖嘴猴腮，愚笨奸诈，小薛面孔，仿佛书中模特。庞莱接过小薛票款结账单，眼睛一瞄，阿拉伯数字印入脑子，叫一声："查票了。"乘客纷纷拿出车票，庞莱一张张对号，一圈下来，一无所获。查到一个小姑娘，身高超过免票高度。庞莱面色难看，鼻头通红，拉牢小姑娘跟陪伴老太婆，推到小薛面前，小姑娘眼神惊慌，嘴巴一瘪，要哭，庞莱伸出手指，敲敲小薛票板，嘴里半生不熟上海话："出票过失。"要小薛补票，老太婆委屈，低眉顺眼，绢头包里掏出角子，递到小薛面前，小薛不接，晓得这只法国猪猡要寻觸势，俯下身去，脱了小姑娘布鞋，让小姑娘再量免票高度，一车乘客扭过头来，小薛用票板一压小姑娘头发，一对刻度，离开免票高度还差一公分。乘客暗笑，小薛一句话不讲，让小姑娘重新穿上鞋子，庞莱尴尬，车一到站，扔下结账单，悻悻而去。小薛招呼："马浪路（马当路）下车还有吧？小姑娘不要吓，大家看到吧，只法国猪头三要扳我错头，今朝吃瘪。"一众乘客笑。

开车卖票交接班，票务间门口热闹，豁嘴张保罗今朝接公司临时通知，负责关照所有员工，明朝八一三周年，市面会有变化，抗议示威，随时可能发生，暴力活动，不可预估，希望开车卖票谨慎，一旦冲突，避开为要。注意事项，印在公文纸上面。

八一三周年期届，法租界于前晚起，已将通往公共租界各横路，加以堆塞。唯开放江西路，大世界，东新桥，同孚路四处。本公司所有电车路线，途经敏体尼荫路等，均受影响。凡属本公司执勤员工，如遇滋事者，一概避免冲突，不可与之纠缠，以保护车辆及乘客为要。如遇捕房盘诘，应配合。车辆班次，亦有更改，详询总调度室。警务电话：九一四六八。

张保罗手里一叠公文纸，进场员工，一人一张。有人开始调笑：

"张格里,发兑奖券啊?""张格里,跑马票还是跑狗票啊?"最欠打的,问:"哟! 黄纸头啊,有人做阴寿啦?"豁嘴也不客气:"带几张回去烧。"然后相互呵呵一笑。眼看小薛去票务间,转眼票款解完,正欲离开,豁嘴上前耳语:"一歇,隔壁馄饨店碰头。"

天色暗下去,两个人选了丰裕馄饨店角落,一人一碗小馄饨,撒了蛋皮葱花,两人没动调羹。周围开车卖票,浮言谑语,嘻嘻哈哈,热腾腾馄饨,小窗口递出来,有人装入饭盒离开,有人堂吃,加辣伙,或蘸醋碟,外面叫:"汤头多点噢。"里面回答:"有数哉。"张保罗先开口:"小薛,钞票哪能可以走漏风声!""啥?""978老宁波,哪能会晓得钞票事体?"小薛吃惊:"是吧?""不是我要讲小薛,保密意识全无,问题严重。老宁波讲,小薛一瓶老酒落肚,一面吐,一面讲,屋里还有一箱子钞票。"小薛瞪大眼睛:"哦哟! 我老酒吃糊涂了。""为啥挪新钞票出去赌?""我不晓得呀。""老宁波只大喇叭,问我啥地方可以擦外快,捞横档。老宁波讲,吃准,是我张保罗带小薛赚着这笔钞票。"小薛一时无言以对。张保罗说:"不要三天,电车公司人人晓得。现在还好,老宁波搞不清具体数目,小薛还可以混过去。"小薛骂:"老瘪三。"张保罗说:"赶快存进大银行里,去了外地,也可以提现,小薛要快。"小薛说:"老宁波输了钞票不买账,只野狐禅,人家事体也要刨根问底,只怪我酒量差,吃得胡天野地,嘴巴漏风。"张保罗停顿片刻,说:"小薛听我一句,唐绍仪事体,不会轻松了结,上个礼拜,巡捕房拿了制服纽扣,让戈思默提供线索。现在,还不晓得巡捕房接下来会做啥。""张先生,我已经头晕煞了,这桩事体,我是离得越远越好。""离不开的!""啥?""当初,是我拉小薛落水,我承认,今朝,巡捕房寻上门,一个也逃不脱!""我看没必要紧张嘛。""小薛到现在还糊里糊涂,这个事体穿帮,是要做枪毙鬼的!"小薛猛一惊:"张先生害人精!""我现在要救小薛,也就是救我自家。""我不懂。""小薛最好暂时离开上海,去外地避风头,斩断唐绍仪事体所有线索,巡捕房一出租界,只顶屁用。""要走,张先生走,为啥要我走。""阿弟,唐绍仪手下,记牢啥人面孔?""啊?"小薛慌张,脸色转白。张保罗说:"我可以保证,凭我的本事,风头一过,小薛回上海,照样可以回电车公司做卖票。""大概,要多少辰光?""半年。""让我想一想。"小薛闷头不响,心尖如蚁爬,调羹在碗里拌来拌去,馄饨皮散开,薄如一层绵纸,白瓷碗里,半沉半浮。小薛终于开口:"这样,张先生,眼面前,还没到非走不可,假使真要走,我就等张先生消息,应该可以了吧。"张保罗犹豫一阵说:"一般情况,我不会轻易决定,小薛答应我,只要我关照,小薛马上离开上海。""真的要离开?""不离开就死定。""这么,就算讲好了。"

8

"长乱!长乱!死脱啦?开门!开门呀!"嘭嘭嘭敲门声,震得楼下鱼贩夫妇的婴儿哇地哭起来。"天火烧,烧死只长乱,死不掉的瘟生。开门!"沙哑的老女人声音,在楼梯陡峭的老楼里,像鞭炮爆炸,三层阁漏风木门,几番摇打,终于吱呀一声开了,长乱睡眼惺忪,一手倚门框,问:"老清老早的,啥事体啊?郭师太。"女人手里香烟灰积得老长:"还早?小菜场也收摊了,长乱倒好,睏扁头了吧。钞票呢?""啥钞票?""房钱!""房钱郭师太不是拿去了嘛?""啥?讲好这个月,房钱要调价。""调价也没这样调的,辣豁豁,翻一倍。""今朝明讲,此地不是收容所,长乱要蹲下去,就调价,不调,请跑路。"长乱底气不足,嘀咕道:"赛过抢钞票,跑就跑,狠煞了,册那。""哎!嘴巴清爽点噢。""我嘴巴蛮清爽。""长乱,心里想啥,以为我不晓得,不是长乱百乐门做,我哪能会放侬进来?去外面问问,上海滩康家桥郭家,啥人敢跟我出花头。"这几句话,面相刁横郭师太不是讲给长乱一个人听的,楼板里,砖缝里,粗粝声音激荡开来,传到每一个房客耳朵里,这间街面房子,除了长乱,还住了贩鱼的,外国人面包厂做机修工的,南货店出货收账的,听到郭师太叫喊,家家割肉之痛,也只好默不作声。长乱心有不甘说:"这个月,总让我住到月底吧。""啥?住到月底?15号给我搬出去!啥人也不要想在此地揩我外快。"

长乱现在真正尝到离开百乐门的窘境了。牛肉煎包不吃了,吃最最便宜的阳春面,面汤上寥寥数滴油花,无奈加一大调羹辣伙。晚上买一块羌饼,羌饼店老板收摊前,一铲子,半张饼全给了长乱。康家桥的房子,再过几天就要退了,尽管三层阁,夏天热死,冬天冷死,在上海,要找这样的窝也不容易。长乱晃到阿香住的药水弄,板房还是老样子,隔在一大堆破烂棚户后面,曲曲弯弯,两个肩膀宽的夹弄,天好,勉强过得去。老早辰光,阿香租房,长乱住十天半个月,阿香也不会出声音,现在物是人非。隔壁做皮肉生意蓝大姐还在,阿香一间,新来一个单身女人,穿一身印花薄绸短衫,面孔上涂了粉,看上去,不像做正经生意。蓝大姐对长乱一向没有好感,不搭腔,矮凳上二郎腿一翘,像看到空气。长乱心里空落落,退回去。长乱熟悉的药水弄,再也不会回来了,这条肮脏腥臭拥挤不堪的路,曾经联系着一个女人身体,长乱的欲望,很多时候靠这具肉身释放,回忆中,泛着汗酸,腋臭,各种难以描述考验嗅觉的骚气,长乱有点感伤。这样的感伤没有持续多久,长乱必须马不停蹄,去香烟厂工棚,找工友。上海滩,落脚地方最要紧,睡桥洞下面,就是彻底瘪三。

天热,造币厂桥下过夜的人不少,人家是临时纳凉。香烟厂工棚,工友没找到。太阳已经西斜,挂在宜昌路救火会瞭望塔上,浮云四塞,热风黏稠。正巧,华成烟厂跑街孟先生,竹布长衫,牛皮公文包夹紧,从马路对面穿过来,长乱一眼看见,不想搭讪,头一别,眼睛看别处。"哦哟,长乱,长远不见,巧的巧的。""孟先生忙啊。""香烟厂人人传,长乱百乐门做领班了。有人看见,百乐门门口,长乱出风头的,身边标致女人,进进出出。陈楚湘老板讲过,啥人要上进,就学长乱,厂里看不出,外头市面大。"长乱不知道是要解释,还是领受这份夸奖,尴尬笑笑:"孟先生讲得好。""厂里近期生活忙的,好的切丝工招不着,长乱是不会回来了,这点工钱,不够百乐门一只零头。""做切丝工也不错。""开玩笑,长乱现在眼界,哪能跟切丝工比啊。百乐门我是没进去过,听讲有钞票人家,出手大,一夜天,吃吃,白相相,弄脱几百块小意思,是吧?长乱。""是,是。""香烟厂,跟长乱一道几个小兄弟,这趟升级做工长了,一个做了车间长,加了工钱,没喊长乱一道吃老酒啊?""晓得,晓得,大家忙。"长乱勉强应付,心里想,街边说话,孟先生不会停下来,借口还有事体,摆脱姓孟的,顺戈登路,漫无目的行走。长乱是要面子的,姓孟的一番话,提醒长乱,如果真的去华成烟厂工棚,和单身工友挤在一起,等于承认自己被百乐门敲掉饭碗,承认今天处境,还不如一年前切丝工,更为重要的是,华成烟厂,一个关于长乱色彩斑斓肥皂泡破裂,每一个人,都会鄙视长乱,有多少羡慕,就有多少嫌弃,用最难听的话刺激长乱,就要长乱下不来台,昨天风光,换做今天一坨狗屎。设想哪一天,长乱回去香烟厂,这种话,当着长乱的面,一句句像子弹,长乱永远抬不起头。

夏天黄昏,电线杆上成群蝙蝠盘旋,飞行路径有别于鸟,急速转弯,翅膀一扇一扇,似乎招呼同伴,轻微吱吱声,忽近忽远。中国人认蝠为福,西人却认为不祥。新闸路口,一只蝙蝠掉在长乱脚下,老鼠样身形,极其丑陋,半透明翅膜颤抖不止,长乱一脚踩在这只倒霉的蝙蝠身上,发出吱的一声。长乱所有怨恨都在这一脚,他恨,恨什么,自己也不清楚。过了爱文义路,戈登路静安寺路口,市面明显热闹，犹太人时装店，印度人珠宝店，罗宋人皮草店，前前后后，洋场百态尽显。转角上，大都会舞厅已经亮灯，电珠骨碌碌一闪一闪，大都会和百乐门不同，两枚低音喇叭，正对路口，放送乐队实况——夏威夷草裙舞，汤沸油滚，喧嚣腾扬，压过汽车喇叭。一大堆红男绿女，等熟客的职业舞娘，轧闹猛的路人，暗猎男人的流莺，长乱望过去，一目了然。彩色广告牌一角，贴出招人告示。长乱心里一亮，穿过马路，一个女人立于广告牌下，见长乱走近，飘忽眼神移过来，轻轻问："先生，啊要去白相。"长乱无心搭理。看清告示上文字：本舞厅招司阍一名，应者内洽。长乱从大门进入，与门口侍应生讲明来意，被引入经理室，这类程序，长乱早已熟悉，经理西装领带，鬓角涂满发蜡，纹丝不乱，面相和气，对长乱打量一番，请长乱一边坐下，问："先生应聘司阍。""是。""是否有从业经验？""百乐门做过一年。""哦，经理是郁克飞，郁先生。""对。""为啥离开百乐门？"长乱一时语塞，不知如何回答，他应该准备一个故事，至少讲一个理由。长乱停顿了一歇，脑子一转，答："跟领班不开心。""噢，可以理解。先生条件不错。"经理眼珠一转，继续说，"不过，大都会有难处。先生是不是叫长乱？"长乱一惊："是。""先生听我一句劝，最好调一个行当做，我实话告诉先生，郁克飞已经照会舞厅同业，先生的情况，各个舞厅是不可能录用的，大都会也无能为力，请先生谅解。"经理客客气气，将长乱送出大门。街灯已亮，拉出长乱三四个影子，长乱顿时觉得，自己被毁了容，涂污了脸，就像电影《夜半歌声》里男主角，硫酸泼面，皮开肉绽，可怕到极点，成了凡人眼中吓人的鬼魂。

长乱一路无精打采，他感觉要被这个城市抛弃，驱赶的棍棒，已经在头上挥舞，他就是一脚踏空的可怜虫，无处栖身的丧家犬。不知不觉，如鬼使神差，长乱踱步至静安寺，回到乐村饭店门口，抬头就是百乐门玻璃塔，它并没有因长乱离开，热力有丝毫减退，它仍旧是上海滩最最摩登所在，倚红偎翠的顶级场所。长乱眼前，一个身穿黑衣黑裤的男子，正殷勤招呼私家车，中式大裆裤，三折腰穿法，和长乱一模一样，裤腿扎紧，贡呢黑布鞋，几乎就是长乱的翻版。无比残忍的是，长乱心目中，属于自己的地盘，随时可让人取代，长乱就是出局的那个人。一阵喧哗，夜场餐舞时间到，舞女们一个个流光溢彩，粉肩相依，玉臂相挽，巧笑盈盈走上大门台阶，檐廊灯光密集，勾勒纤腰红唇，珠翠水钻闪烁，唏嘘之声四起。长乱第一次感到，自己失去了某些东西，不是钞票，不是女人的肉身。仿佛高墙从天而降，光艳夺目的百乐门，从此间隔。长乱第一眼认出慧慧，粉红洋缎旗袍，长发梳拢，挽成一个髻，黑发上镶钻发卡，火头十足。被遮挡的是姚姚，长乱心揪起来，姚姚是一块冰，一团火。印花府绸旗袍，白色小背心，姚姚永远是小一号的，姚姚小心翼翼跨上台阶，回头看皮鞋后跟，纤腰一扭，说不出是贵妃醉酒还是黛玉葬花，长乱的心被轻抚，揉搓，掰开，撕裂。

隐隐约约舞曲，身后有人拍肩膀，拍了一下，又一下，长乱回头，头发枯皱的一张脸，带着三分讥笑表情，是曹家渡赤发鬼。长乱没好气："做啥？"赤发鬼不慌不忙说："我看我的小把戏。"长乱朝前一望，愚园路西头，私家车阵容里，小瘪三窜来窜去，赤发鬼嘻嘻一笑："你不做了，我就有生意了。""册那，叫小赤佬偷人家车子里东西，赤发鬼就做这种昂三（on sale 低档，不上台面）事体。""呵呵，你以为百乐门不昂三？勒妈，不管男人女人，啦一个不是靠昂三吃饭的？百乐门骚皮秧子，不做昂三事体，啦块来钱啊？""去，去，少跟我啰唆。""哦，不要装正经，饭碗敲掉了，现在啦块混啊？""少管闲事。""长乱，不识好人心啊，我赤发鬼，跟你关过一个巡捕房，大家难兄难弟，你怎么一点不记旧情？就是看我长相难看，一口苏北话，就不当我是朋友？

好,我不啰唆,我这块有生意,我还是想着长乱,大家一起发财嘛。"说完递上一张名片,"黄道会,上海沪西分会,会长,池发贵。"长乱接过名片说:"发香烟牌子?啥狗屁会长。"一捏,放入衣袋。赤发鬼看长乱不经意样子,说:"长乱真缺死,我还当你兄弟,你当我垃圾,闲话讲了前头,长乱没得事,到曹家渡忻康里来找我。"

长乱的心在百乐门,脑子里晃来晃去是姚姚影子,这个夏天,很多美妙瞬间,是和她在一起。姚姚虽然不算出众,有舞客评价说,一旦细品,相隔寻丈,已觉温馨着人。姚姚许多小伎俩,是降服长乱手段,搔长乱腋窝,给长乱的糖果纸里包一块肥皂。有一个女人,在旁边作,又不觉得讨厌,甚至觉得窝心,这种感觉,这辈子第一次体会到。姚姚让长乱开了窍,舞厅里,舞女叫"龙头",舞客叫"拖车",陪客人聊天叫"坐台子",吃零分的叫"汤团舞女",只买一元票的舞客叫"丹阳(单洋)客人",小费塞在舞女手心里叫"塞狗洞",乐队叫"吹打",歌手叫"肉喇叭",易装男人叫"雌不雄",小开叫"拔毛",大老板叫"大扑尸"(Big boss)。现在,眼前这些,已经和长乱没有任何关系,姚姚只是一个幻影,长乱此身,曾经跌落软红十丈,今日何以自拔?长乱应该在百乐门前放声歌哭,挽回昔日情爱,长乱没有这个气质,一个粗坯,百乐门会当他疯子,叫印度巡捕来驱赶,屁股上蹬两脚,巡捕房过一夜。谁知道,姚姚眼里,长乱是否可有可无,在这个多欲年华,长乱也就是一个中途小站,一个舞女临时的消愁客。

长乱回到康家桥三层阁,推门,屋顶瓦片白天吸储的热气,轰一下逼过来,长乱脑袋一涨,啃咬昨天半块羌饼,倒在草席上,口干舌燥,杯子里没水,长乱起身,蹑手蹑脚下楼,在贩鱼夫妇水缸里舀了一杯水。还有五个晚上,他就要搬离此地,不知如何是好。天亮时分,长乱被尿憋醒,溜出门,隔壁弄堂阴沟解决,见牛奶车停在一旁,抽出两瓶,冰冰冷,塞入裤裆,逃回楼上。一觉睡到十点,两瓶牛奶早已落肚,百无聊赖,突然觉得腹中绞痛,里急后重,慌忙咚咚咚奔出三层阁,马路对面茅坑,拉下裤头,一泻千里。整个上午,长乱浑身发软,眼睛盯着天花板,口袋里钞票一点点少下去,补偿的两个月薪水,一周前托人带回黎里乡下。半个多月没有一分进账,内外夹攻,濒于绝望。也不知道过了多少时候,空无一物的口袋里,掏出一张捏皱的名片:池发贵。长乱一下坐起,地址曹家渡忻康里,距离康家桥也就一站汽车路,步行不过十分钟,说起来那里是歹土,三不管地区,黄赌毒样样来,为了活路,低头去看看山水。

"哈哈哈,长乱把我面子,来了。"赤发鬼敞怀,露出一排肋骨,坐在藤椅上,一个小跟班模样,拿葵扇扇风,赤发鬼嫌风太小,拿过扇子,扑拉扑拉猛扇几下,焦红头发,随风一耸一耸。老式弄堂联排房子,一楼小小一间,带一个脏兮兮天井,看不出什么道会香堂样子。墙上不见关公周仓赤兔马之类的画,月份牌美女倒有几张。"赤发鬼啊,牛皮吹得蛮大,沪西分会,原来是这个样子。""长乱讲的不错,就是一块牌子,我这个会长,刚刚封了一个礼拜。黄道会晓得吧?""不晓得。""我也不晓得,哈哈哈,有钱,管它什么会噢。"长乱奇怪,问:"做啥生意?""生意多了,没听讲,曹家渡一带燕子窝多嘛。""册那,赤发鬼鸦片馆收保护费,是吧?""不不不,这个是另外生意,我晓得,长乱是正经人士,我们生意另外一块,就是专门替人家看场子,这个钞票来得快,长乱有兴趣一道做吗?""看啥场子?""比方讲,有客户看人家不顺眼,要把人家赶了跑,我们就去赶呐。长乱身坯好,你看,比我高一个头,轰走几个小赤佬,不成问题。""这个可以,钞票哪能讲。""哈呀,你担心钞票,一趟生意,你拿二十块钱,勒妈妈,比你一个月房租还多吧,我问你,你康家桥房子一个月多少钱啊?""十块。""哎哟喂,赚嘹!"长乱说的是涨价后的房租,也是最令人坐立不安的原因。赤发鬼慢悠悠说:"长乱,我这块,几个小把戏,乡下出来,百乐门擦外快还可以,看场子不行,你跟我一道做,保证你有吃有喝有女人。""闲话不要多讲,啥辰光上生意?""后天,老板有一单生活派下来。"

第四章

1

仲芳身上燃起一股烈火,这火不是来自心脏,而是来自丹田之下,来自子宫,来自女人最隐秘的地方。如果用欲火焚身来形容,一点不为过。连王妈都看出来,仲芳坐立不安,心有旁骛,王妈知情识趣,能够猜出个大概。自从仲芳又一次远赴艾伦家去以后,这把阴燃的火,终于熊熊燃烧起来。仲芳向王妈说了谎。仲芳还没有出嫁的时候,王妈就是贴身娘姨,前后快十年,仲芳几乎没有欺骗过王妈,今天,仲芳说谎的时候,连声音都是颤抖的。"王妈,我到高中同学小牧屋里去白相,晚点回来噢。""太太,先生回来,哪能交代啊?""就讲同学一道吃饭好了。""要留小菜吧?""随便,反正我也吃不了多少。""太太,当心头发,衣裳,搭着人家香水味道。"仲芳脸上发烧,心里发冷,说:"晓得了,谢谢王妈关照。"

仲芳的心已经飞向艾伦,像一个初恋少女,着了魔,去见自己的心上人。租车公司电话,仲芳事先打好的,上车地点,改在平安电影院西侧,沧州饭店门口。一来可以避人耳目,二来离家不远,叫三轮车短驳,也就几分钟路程。谁知,刚出弄堂,爱文义路路口开挖,抽水机带出泥水,淹了整个上街沿,三轮车纷纷改道,绕去新闸路。仲芳双脚湿透,丝袜粉红色化开,洇到雪白高跟鞋鞋帮上,仲芳只好自我责备,买丝袜看走眼。仲芳站在马路边,半天,也没有拦到一辆三轮车,仲芳心急如焚,好不容易到了沧州饭店,司机提出,要加等候费,仲芳一口答应。出租车上,仲芳不断看表:"快,快。"司机说:

"小姐，我已经油门踏到底了，再快要轧死人了。"匆匆忙忙，赶到艾伦虹桥路住处，迟了一个多小时。仲芳跳下车，拎起旗袍下摆，踮起脚，沿草丛红砖甬道，朝树丛后孤零零小洋房，直奔过去，即便是高中体育课短跑训练，仲芳也没有这样，用足全身力气。洋房大门紧锁，再三敲打，没有回音，仲芳浑身无力，要瘫下来，一手扶柳桉大门，胸口一起一伏，大口喘气。旗袍开衩处，大腿上部，细汗让皮肤显得更加光亮。正当仲芳气促力竭，一只大手从背后搂住仲芳，紧得让仲芳窒息，仲芳乖顺，没有挣扎，她知道，她的人来了。另外一只笨拙的手，一层一层，解开仲芳身上所有附着物，慢慢的，仲芳成了一条银色的鱼，双乳闪烁鱼鳞般白光，双腿如鱼腹，雪白光滑，带着流线的清畅。艾伦强壮右手，托起仲芳，缠绕纱布左手，推开柳桉大门，鱼游进无边水域，地毯就是河床，鱼在碧绿河床腾跃，艾伦是附着河床的水蛭，强力吸盘，紧紧吸附，缠绕左手纱布散开，宛若随湍流漂拂的水草。生命活泼，阳光稀薄，穿透层层水幕，化为绿光，鱼身和波纹一起摆动，浪涌水湍，如同幻影。绿色梦境是抚慰，仲芳抱紧艾伦，亲吻他带髭的唇，她的饥渴，幻想，此刻变成肉体风暴，所有忌讳和羞耻束缚，全部挣脱，仲芳就是妖，就是无所畏惧的女魔，是淫荡的鬼魂附体。

刘正昌坐会议桌正中位置，左右各两个巡长，其中两个华人，一个英国人，一个白俄。刘正昌明白，要协调他们之间的关系，所有努力都是徒劳，只有用任务、考察、级别来压制他们，让他们像马戏团动物一样听话。巡长们纷纷抱怨，租界的警务问题越来越严重，各种谋杀层出不穷，低级别的犯罪，每时每刻都在发生。租界警务处和万国商团，白俄警队，各自为政。华人巡长先开口："刘 Sir，万国商团在五马路围捕入室盗匪，一定要我们捉拿，盗匪逃入英国总会（现外滩华尔道夫酒店），万国商团又认为英国总会是他们管辖范围，不让我们进入，我们两头不是。"刘正昌摇摇头，说："你让万国商团去忙，你就和警队的人一起喝下午茶。"英国巡长说："刘Sir，既然工部局警务处已经发出警告，以后捕获参与暗杀伪组织官吏囚犯，将送交日本宪兵。为什么我们还要关押刺杀塘湾镇维持会长朱敬斋的囚犯？"刘正昌回答："如果这个囚犯是英国人，你会交给日本宪兵？我宁可让他经过特刑庭审讯，关在提篮桥西牢里。"白俄巡长说："刘Sir，警队印度锡克巡捕，不听指挥怎么办？"刘正昌笑了笑："我和这里的所有人，都被要求服役六年之内不得结婚，而你的同胞，结了婚的，却招到警队里来，你去问印度锡克巡捕，他们服不服气，明白了吧。"英国巡长又说："刘Sir，苏州河靠近天后宫桥一带，天黑以后，大批乞丐划舢板靠到岸边，乘巡捕下班，混入市中心乞讨，这个夏天，人数越来越多，有些人不惜弄残身体，博取同情。我们真不知道怎么处理。""没有办法，把他们赶回中国管辖区。""已经没有中国管辖区了。"刘正昌叹了一口气："他们从哪里来，就把他们赶回哪里去吧。"

　　刘正昌看四个人不说话了，打开文件夹："工部局文件，正式通缉常玉清，打击其党徒组织黄道会。我宣读文件：常玉清者，组织黄道会，迭次指使党徒，潜入租界，制造恐怖事件，其总机关设于北四川路新亚酒店六楼，常之足迹亦不出虹口区域一步，工部局为欲肃清恐怖党徒，并维持租界治安计，特下通缉常玉清令，同时通告苏州河南各地驻军各警务人员，无论何时何地，如遇常玉清，则必立予逮捕。各位巡长，明白了？"四人齐声回答："明白了。"刘正昌文件夹内取出常玉清照片三帧，摊于桌面，中年男子，肥头大耳，两腮积肉，致使颈脖粗短，如菩萨中弥勒，大脸盘上，鼠目贼眉，不成比例。刘正昌说："各位，当心手里咖啡杯，照片怕水，老闸捕房只有三张，我还要请照相馆翻拍。小山东，小山东人呢？"旁边巡长说："我去叫。""不用了,可能走开了。"中国巡长拍打手里的本埠日文报纸,说:"看,昨天出版的,称'常玉清为维新政府之父,努力推行推翻蒋介石之计划,以谋东亚和平'。这种货色,日本人再吹也吹不起来。"另外一个巡长说:"三百斤的胖子,不抓他,也跑不了,估计这家伙一辈子都不敢进租界。""作乱的是他手下党羽,一帮流氓亡命之徒。""等着被爆头吧。"刘正昌插话:"静一下,各位,现在我宣布,在艾伦恢复健康以前,他的工作暂时由汤姆负责。"刘正昌手指向一边英国巡长,"汤姆还是老闸捕房打击黄道会项目负责人。汤姆,你说几句。"汤姆站起来:"我将联合打击刑事犯罪小组,重点目标是黄道会恐怖活动,特别是谋杀爆炸等。昨天,在劳勃生路英华里,抓获黄道会两名女犯,搜出手枪两支,另一男犯在逃。手枪号码已经刮去,经技术科查验,一支枪号码为九九三四三,另外一支仍在查验。黄道会招募的人员,背景复杂,以前以流氓为主,现在无业游民所占比例非常高,为了金钱,铤而走险。据同伙招供,黄道会成员,大多持有武器,为此从案人员要特别当心。"

绿色终于退潮,换成昏黄,银色的鱼还在。虹桥路荒凉,偶然有小洋房兀立农田薄暮中,夜的序曲,蚊蚋嗅到鲜活肉体的芬芳,在纱窗外聚集,轮番冲击,苦于无法入内,掀起一波一波嗡嗡声。仲芳头枕艾伦右臂,轻扯艾伦胸毛,史宾格犬匍匐一旁,默不作声。夕阳残照,收拢在远端地平线后面虹桥机场,为爱的高潮,降下帷幕。两个人,很长时间没有说话,这个下午,语言是多余的,令人颤栗的抚慰,胜过所有的口头表达。艾伦怀里的鱼,安静,呼吸均匀,卷发侧向一边,额头光洁,翕动的鼻息,吹到艾伦胸前,她的眼神迷蒙,带着期待和不安。艾伦的心被哀怜包裹,在远东,在战争阴云笼罩的上海,有一个娇小的女人,在自己的怀中寻找慰藉。艾伦轻轻自言自语:"我要把你带走。"仲芳的食指封住艾伦的嘴,她圆润的乳房紧贴艾伦块状的胸肌,她多么希望时间停滞,太阳永远不要再升起来。"我要把你带走。"艾伦笨拙的左手搂住仲芳光洁的腰,声音在空阔的房子里,变得模糊不清。仲芳摇头,对着一双蓝色眼睛,她不是否定,她是本能。"带我去哪里?""苏格兰。""为什么是苏格兰?""那里是我的家乡。""你不是在伦敦长大?""我的苏格兰口音,曾经是我挨打的原因。""为什么?""在同学中间,我就是一个乡巴佬。""哦?""在英格兰人的眼睛里,苏格兰人只配做园丁。"仲芳双手围绕艾伦脖子,嘴唇紧贴他的喉结。她想起来,她的衣衫都在门外,她想起身,艾伦搂住她,说:"再抱一会儿。""怎么会到上海?""二十岁,我入伍,皇家坦克部队在印度服役四年,退役后,听说可以去上海碰碰运气,我就来了。""一直没有找漂亮姑娘?""找了。""谁?""你。"艾伦用力吻她,吻得她透不过气来。艾伦轻轻放下仲芳,从地毯上站起来,去拿门外衣服。仲芳眼里,艾伦臀部肌肉结实得像岩石,像一匹种马。

两个人靠上沙发,地毯恢复平静,停电了,艾伦找出火柴,点燃蜡烛,青蓝色空气,有橙黄点缀,烛焰摇曳,四周影影绰绰,蜡烛放上壁炉架,左右对称的铸铜壁灯,幽幽反射,仿佛镏金。仲芳这时候才看清楚,艾伦左臂还在渗血,她惊慌起来,艾伦说:"没事,本来已经好了,今天上午去运煤,在煤站铁漏斗上撞了一下。""运煤?""说好煤站会送来,他们汽油配给用完了。"仲芳突然没头没脑说:"艾伦,我们会不会一起死掉?""死?我们一起离开上海,坐船去香港,然后去加尔各答,最后回苏格兰,我已经计划好了。""去苏格兰,我能做什么?""就做艾伦太太。我们有农场,养羊和牛,种无边无际的燕麦,拿去做威士忌和脆饼。冬天,我和父亲叔叔去北海捕捉鲸鱼,鲸脑油卖给瑞士人,只要一滴,钟表就会走一辈子。""我什么都不会。""你负责照看孩子,我们会有很多小孩,三个,最好五个。"艾伦半侧面部透亮,眼瞳里烛光闪烁,笑得像个孩子。夜虫受烛光引诱,开始撞击纱窗,噗噗作响,壁虎比米粒还小的眼睛,绿光炯炯,匍匐在黑暗处。一阵夜风钻入纱窗,无声无息溜过去。

史宾格犬呼一下站起,竖起耳朵,远处传来汽车声音,艾伦说:"车子送回来了。"大光灯随引擎声晃动,照亮树丛,枝丫叠影顺白墙横走。艾伦拉开柳桉大门,叫:"修好了吗?""好了!油管坏了。钥匙没拔,油加满了,我走了。"

艾伦扶仲芳上车,虹桥路弯弯曲曲,没有一盏路灯,也没有人,四野灌木丛随车灯跳跃。虹桥路是个奇怪的地方,土洋对立,各得其所。艾伦开得飞快,吉普车一路撒野,仲芳问:"艾伦,你喜欢这里的房子?又远又偏僻。""这里像我的家乡,你闻一下空气。"田垄漆黑无声,乘夜色释放土腥和植物根茎气味,夹杂浑浊难辨牲畜低嚎,仲芳既害怕又觉得新鲜。车灯下物体变形,一个瞬间,万国公墓哥特式连券围墙,沿右车窗晃动,仲芳就怕这种镶缀十字架诡谲样式,似有幽灵躲在围墙后面。

前面出现光点,转眼成为光团,沪杭铁路,日本人岗哨,沙包,太阳旗,黑白相间斑马栏杆,就在百米开外,仲芳叫起来:"日本人!""不怕,他们不敢对你怎么样。"艾伦放慢速度,到岗哨跟前,眼睛朝上,食指和中指夹着通行证,日本人盯着艾伦,好像认识这辆吉普车,没有盘问,栏杆升起,放行。

有路灯了,车外景象换成嘈杂街市,"艾伦,就把我放在沧州饭店,他回来之前,我要回去洗澡换衣服。"分手的时候,两人深吻,仿佛最后告别。仲芳一个人站在沧州饭店门口,招呼黄包车,细心的人一眼就看出,一个放纵不羁的女人,一朵开放过度被雨露浇润过的花,头发散乱,妆容不整,旗袍布满皱褶,一侧攀纽脱开,露出腰间一小截白肉,高跟鞋皮面布满水渍。黄包车一来,仲芳像遇到救星,蜷曲

停电了,艾伦找出火柴,点燃蜡烛,青蓝色空气,有橙黄点缀,烛焰摇曳,四周影影绰绰,蜡烛放上壁炉架,左右对称的铸铜壁灯,幽幽反射,仿佛镏金。

在座位上,说了两个字:"快,快。"

刘正昌摘下帽子,扔桌子上,天热,警帽里头油汗渍,很容易焗出一股难闻的馊气。四大公司灯光放亮,江风徐来,伴有周璇的歌,今天总算平安过去。

这几天,所有捕房接到通知,不放假,八一三周年还有两天,就怕有突发事件。刘正昌已经布置,关键路口,堆置铁刺架,增加人手。水上警务也已经做出安排,苏州河船只一律不准停靠,新垃圾桥以东河道全部清空,临时入沪船只,必须停泊北新泾以西。连接公共租界与华界的铁门关闭,进出人员需仔细盘查。前往北火车站的5路、6路、7路有轨电车,在七浦路法院门口调头,不再北行。刘正昌约来巡长汤姆,汤姆一脸疲态,瘫坐在沙发上。"刘Sir,今天已经拘押可疑分子五十几名,有一个人自称是大夏大学的学生。他在南京路浙江路口发传单。""传单的内容是什么?""我看不懂,是中文,华捕说,跟八一三有关。""人呢?""在。""把他押过来。"

嫌犯进办公室,戴手铐,眉目俊朗,一脸学生气。刘正昌问:"姓名。"对方不紧不慢回答:"李凯。""年龄。""二十二岁。""什么学校读书?""大夏大学。""什么专业?""国文系。""校长是谁?""第一任校长马君武,第二任校长王伯群,校董吴稚晖,吴铁城,孔祥熙,何应钦……"李凯一连串报下去。刘正昌叫:"好了,看守,除去戒具。"警卫拿出钥匙开锁。刘正昌问:"知道散发传单是扰乱治安行为吗?""长官,不是传单。""那告诉我,是什么?""邀请函。长官可以看一看。"刘正昌叫:"看守,没收文件拿来。"一叠卡片放到办公桌上。刘正昌拿起一张,"八一三周年沪上中西各报摄影集锦展览"兹定于八月一十三日上午十时,于敏体尼荫路123号基督教青年会四楼开幕,欢迎光临。鸣谢:大陆报,大美晚报,力报,大公报,字林西报,时报，北华捷报，新闻报，申报……总共二十几家。刘正昌看完，转身问："汤姆，你想过没有，我们用什么理由起诉这位年轻人？"沙发上的汤姆一时无法回答。"你的部下太敏感，他们看到'八一三'三个字，神经就紧张起来，你知道这个年轻人手里是什么东西？An Invitation of Photographic exhibition. 还嫌我们的罪案不够多，我们的监狱不够大。看守，把这个年轻人放了，我来签字！"

2

沈太太已经很长时间没有去廖家打牌，自从女儿漱芬上次从廖家回来，哭诉廖夷生外面弄大女人肚皮，沈太太就一百个不开心。"我从来没有想过，要拿女儿硬塞给廖家做媳妇，看看廖家老头子，为了一点点橡胶生意，巴结老爷的腔调，就晓得廖家的人，有多少小家败气。漱芬，哭啥，不值得，硬气一点。啥纸头，扯得一塌糊涂？"漱芬手里，一大团废胶片纸卷，撕得一道一道："夷生哥哥对我不好，夷生哥哥心里只有人家。""还一口一个夷生哥哥，这种男人，漱芬跟定，还不晓得是祸是福。""夷生哥哥是好人，就是不欢喜我。夷生哥哥欢喜另外的姐姐。""漱芬，这是人家事体，做小姑娘，要懂规矩，心里要分清，跟自己没关系的事体，不要去用感情。"漱芬："那个姐姐看上去蛮好看的，还是大夏大学的同学。"漱芬幽幽流眼泪，"姆妈跟爹爹，就是不肯让我去读大学，我讲了多少趟了，就是不肯。"沈太太叹了一口气："哎，不是姆妈不让漱芬去上大学，漱芬出生辰光，是难产，产科医院里，两天两夜，医生用产钳，挪宝宝头钳出来，漱芬脑子是受过伤的呀。我做姆妈的，哪能会不让女儿受高等教育呢。"漱芬手里撕开的纸卷拼拢，反反复复。漱芬说："我晓得，假使我是大学生，夷生哥哥也会欢喜我的。夷生哥哥答应教我拍照，讲好的事体，夷生哥哥一定会教的。""好了宝贝,现在不谈宝贝的夷生哥哥,后天,爹爹朋友戚先生儿子过生日,漱芬要去的噢。新衣裳也替漱芬准备好了,一套象牙白乔其纱西式连衫裙,现在时髦衣裳也怪了,连衫裙要配手套,我也不懂,又不是大冷天。""我不去,夷生哥哥的大学,寄来摄影展览开幕式邀请函,我要参加的。"沈太太不开心了:"瞎讲。小姑娘啊,啥辰光让姆妈不要操心啊!"

"太太,廖家太太来了。"佣人到漱芬房间门口来关照。"快,快,去,请廖太太先到客厅里坐。漱芬,自家房间弄得乱七八糟,也不收作,快,弄弄清爽,调件清爽衣裳。"漱芬不敢怠慢,梳头,佣人拿来一件刚刚熨烫平整旗袍。楼下,夷生母亲让司机拎食盒进来,两个深红大漆食盒,有点分量。沈太太还在楼梯上,一连串"哦哟廖太太""哦哟沈太太"招呼声已经传到漱芬耳朵里。沈太太疾步下楼,带着一股亲热口吻:"廖太太,客气得咪,来白相,用不着带这样贵重的物事呀。"夷生母亲打扮得体,蟹青真丝旗袍,戴了一条米黄色珍珠项链,脸上笑意盈盈:"沈太太,没啥贵重呀。前天,屋里调了饭师傅,新的广东师傅,老早大三元酒家做厨师的,昨天开始试菜。""我晓得,廖先生是美食家,欢喜广东菜的。"两个女人刚刚坐下,还没等佣人上茶,夷生母亲招呼司机:"阿三,小菜让沈太太过目。"司机连忙应承,端上其中一只食盒,揭开盖子,一股豆豉香,蒜香,椒香混合气味,沈太太眼看金碗银盏,各色美食铺满食盒笼屉,说:"不得了,真是好手艺,饭师傅本事大的。"夷生母亲介绍:"这是虾球,这是脆皮乳猪,这是鲍汁鹅掌……下一层是点心,有种名字,我也叫不出。"沈太太:"看看就开胃了,现在,啥地方去弄这点小菜噢。""广东帮有办法的,饭师傅讲,每天煲老火汤,半个月不同样。""广东汤最讲究了,我欢喜的。"夷生母亲忙不迭:"今朝跟沈太太沈先生带来两盅,师傅要露一手,味道做得不一样,阿三当心,纸头盖不要落下来,广东人噱头的,汤钵头上头蒙纸头。""司机师傅本事也大唻,一点点没有泼出来。谢谢谢谢。""客气啥,试味道,不灵再调呀。"两个女人一直讲菜式,只口不提夷生。

"廖伯母。"漱芬一边招呼,一边袅袅婷婷从楼上下来,夷生母亲抬头一看,漱芬穿一件烟霞紫府绸短旗袍,本来皮肤就白,更显得肌肤如雪,心想,漱芬真是越长越好看了。"漱芬妹妹,哪能长远不来白相呀。"漱芬坐定,紧靠夷生母亲,刚刚想说,是姆妈不让我来,又把话吞了回去。漱芬说:"廖伯母待我最好了。"沈太太也在旁边说:"是呀。小姑娘就是讲,跟廖家姆妈最亲了。"夷生姆妈看到漱芬乖乖女样子,越发喜欢,忙对司机说:"阿三,车子上一只包,帮我挪下来。"司机转眼取回包。夷生母亲打开,拿出一件熨烫齐整的衣服:"上趟,跟漱芬做了一件印度绸旗袍,不晓得合身吧。"说罢,抖开旗袍,漱芬开心,伸手搂夷生母亲肩膀,沈太太在一旁插话:"小姑娘规矩晓得吧?去,穿给廖家姆妈看看。"漱芬拿定新衣服,雀跃上楼。夷生母亲说:"阿三,到车子上去,我跟主人家讲闲话。"司机识相走了。夷生母亲犹豫了一下,说:"嗨,儿子不争气噢,闯出这样的穷祸,廖家哪能出这样的事体。"沈太太不响,也想不出什么安慰的话,夷生母亲说:"沈太太是看夷生长大的,夷生一直是听话乖小囡,从来没做过豁边的事体,我也搞不懂,是不是大学思想太新派。"沈太太轻声说:"廖太太,不要嫌贬我传闲话,我听外头讲,那个女的,是电影导演文鲁的女儿。""哦,我一点不晓得。文鲁名字听到过的,好像有几部热门电影。""听讲,是个蛮好的女小囡,我跟廖太太,也是从年纪轻辰光过来的,有种男女事体,也看在眼里,是好是坏,不好讲煞。"夷生母亲听了对方的话,心里松了不少,抽出斜襟上缀着的手绢,轻擦眼睑,说:"是的,我总觉得,对沈太太一家,有亏欠,沈太太不要嫌贬,有空,请过来打牌,宝贝漱芬,也过来陪陪我,儿子是从来不晓得陪娘

夷生母亲招呼司机:"阿三,小菜让沈太太过目。"司机连忙应承,端上其中一只食盒,揭开盖子,一股豆豉香,蒜香,椒香混合气味。

的。"说着说着,廖太太似乎要流眼泪。

"廖伯母,看呀。"漱芬欢快得像只小鸟,楼梯上一路下来,印度绸旗袍,又轻又薄,豆绿底,上呈淡咖啡和肉色的几何线条,把碧玉年华的身体,衬托得玲珑有致。"哟,好看煞了。"沈太太看到女儿样子,稍稍灭点火。夷生母亲说:"我还担心,老裁缝落手不准,尺寸偏小,现在看来正正好好,漱芬欢喜吧?"漱芬笑成一朵花:"欢喜!谢谢廖伯母!"漱芬转身:"姆妈,我就穿这件旗袍,参加夷生哥哥摄影展。"沈太太脸色一变:"瞎话三千,小姑娘讲闲话不晓得轻重,听好了,戚先生儿子生日,答应人家的。"漱芬嘴一噘:"哼。"

廖夷生挂完最后一张照片,大家噢一声,齐声欢呼。夜风里,传来海关大钟声音,黏腻的空气让钟声低沉迟缓,八点了。近一百张照片,一个下午,全部上墙,同学们累倒在展厅里,男同学大字形躺倒在地板上,女同学坐一边,手绢当扇子,希望减低潮热。有人问:"廖夷生,为什么每张照片高低位置都不一样?"廖夷生说:"自己看嘛,讲半天也没用。""讲呀,卖啥关子!""懂人体工学吗?人的最佳观赏高度是一米六十五。你去核对每幅照片的中心点,懂了吗?""哦,还有这个讲究。""没注意吧,外国通讯社送来的照片,尺寸都不一样。我们每张照片的中心点,都保持在同一刻度。"又有人说:"廖夷生,为什么难民过外白渡桥的照片,要放得这么大?""你没觉得?气势。""对,有气势。"有女同学说:"大世界门口轰炸照片,太血淋淋了吧。"廖夷生说:"没办法,那你就不看。""廖夷生,我帮你收授课费,每个问题一元,够我们宵夜了。"大家拍手赞成。一个女同学说:"我出十块,问廖夷生十个问题,第一,你现在的女朋友是谁啊?能告诉我吗?"同学起哄:"讲!"廖夷生脸一沉,把手里的卷尺扔在一旁,一时冷场。班长从隔壁房间过来,表情冷漠:"同学们,现在有个很严肃的问题。""什么问题?"班长说:"我们中间,有人出卖了大家。""出卖?谁啊?""不会吧,谁是犹大?""班长,怎么神经兮兮的,像真有那么回事情。""出卖给谁啊?开价多少啊?"班长眼睛扫了一圈:"李凯,你怎么回来了?"大家的视线一下子集中到李凯身上。李凯笑笑:"我走回来的,老闸捕房离这里不远。"班长:"进巡捕房是出生入死的事情,你怎么会一点没有问题,就被放了?"李凯:"嘻嘻,我有轻功,飞檐走壁。"班长:"你跟巡捕房说了什么?"李凯:"说啦,我是大夏大学国文系学生,第一任校长马君武,第二任校长王伯群,第三任……"班长打断:"你有没有泄露机密?""什么机密,同学们都在,你告诉了我什么机密?"班长说:"我们的行动就是机密。"李凯:"同学们,班长说了,我们的行动就是机密,你们有没有把今天布置展览的事情,告诉自己的朋友或者家长?"同学们嚷起来:"机密,什么是机密啊?""班长,你的话听了汗毛凛凛,不就是一个展览嘛。"班长铁板着脸:"既然李凯说不出在巡捕房的表现,我宣布,明天的开幕式,李凯和廖夷生不能参加。"同学们吵起来:"这些照片都是廖夷生出材料放大的,这样做合适吗?""班长,不好吧,李凯是策划人啊。"又有同学插话:"李凯你说说,到底在巡捕房发生了什么?"李凯:"妈的,你们不相信我就算了,和廖夷生有什么关系?班长,如果你不收回决定乱来,我现在就把照片全部扯下来。别以为我做不出来。"班长身边,政治系同学窜过来,拉住李凯:"你敢!"站在一旁的廖夷生说:"算了算了,什么大不了的事情。既然弄得大家不开心,我们走。"一个同学说:"班长,不能让李凯走,廖夷生也不能走,我们是群体,散开不好。"又有同学说:"李凯一走,法租界社会局要展览登记,还没去办呢!"李凯:"你们以为我李凯是笨蛋,等到今天才想到登记事情啊?早在三天前就完成了。我宣布,这个展览跟我没关系了。告诉你们,你们是合法的展览。走,夷生。"展厅里,大家没有了声音,眼看李凯廖夷生拉开大门,嘭一声关上。

两人走出青年会大楼，"沪上中西各报摄影集锦展览"标题，已经挂上大楼门楣，蓝底白字，比较醒目，去掉"八一三"三个字，也是担心过于敏感，租界当局会出面阻挠，所有正式宣传品，全部回避八一三。

正巧是大世界生意黄金时刻，黄包车三轮车挤满爱多亚路转角，去年八一三轰炸现场，一点痕迹也没有留下，红男绿女，香风阵阵。大世界塔楼，灯珠璀璨，如银河坠落，一方天空，霓虹灌顶，艳光烛天，人人如趋光动物，欣喜雀跃。"平剧影戏话剧，越剧歌剧申曲，露天歌舞，入水浴舞，一片春景。"通亮大字，一闪一闪，谁会想到，去年此地血肉横飞，天降大煞，多少沪人，命丧大世界门口。贪欢如上海人，悲喜相倚，极乐不过瞬间。

摩肩接踵人流里，李凯见夷生默不作声，说："去前面远东饭店，弄点吃的，肚皮不饿啊？"夷生不响。李凯和同学在一起，说国语，两个人，又恢复讲上海话："我现在真吃不准，班长要做啥？"夷生紧盯大世界灯彩，说："不去研究，研究了也没啥意思。"夷生眼睛随光珠一起转圈："仔细看，就凭这点照度，不用辅助光，也可以拍出好照片。隔十五秒，彩灯通亮，开最大光圈，扣牢节点曝光。听说过美国摄影大师达达曼雷吧？最擅长这个。""廖大公子，少讲摄影好吧，我看出来了，班长想一个人面对新闻界，明朝四十几家报馆上门，就想等这次机会出风头。""让班长去出风头好了，李凯也在乎这点清水台型。"李凯："真以为这帮家伙有民族大义、社会责任啊，一脑子小算盘。"廖夷生没有回答。李凯愤愤不平："开幕式，我非要到现场的，廖大公子也去。""我不去。"李凯急了："不去，让班长这样的人钻空子。""让我冲到前面，对所有来宾讲，这照片是我弄的，有意思吧？真正让人触目惊心的是照片，是图像，语言在此地就是废话。废话让班长去讲。""好好好，我讲不过廖大公子，先填饱肚皮。"

大世界向北,没几步就是远东饭店,一楼茶座,客人有八成,冷气开放,中西式茶点任选。跑堂的见两位公子进门,招呼空位落坐,李凯叫了江南风味点心,擂沙圆子,莲心粥,赤豆糕,南翔小笼。李凯饿了,大口吞下几味,见夷生吃得很少,问:"啥情况弄得廖大公子茶饭不思啊。"夷生犹犹豫豫,拿起筷子又放下。李凯急了:"搞不懂,搞不懂,从来没看见夷生这副吃瘪腔调。"夷生说:"绕不过去了,李凯,见过历史系的文娟同学吗?""嗯,美女,低两届的。""我跟文娟出事体了。"李凯放下筷子:"哦——原来如此。怪不得神情低落,摄影系男生的招摇,终于弄出好事。讲,现在如何面对?"夷生说:"李凯,搬放大机,没看到文娟照片?""看到的,美女,蛮正常。""文娟到我屋里,告诉我姆妈了,我姆妈大发雷霆,一顿臭骂。""骂廖大公子?"夷生点头,说:"也讲了几句文娟。"李凯一惊:"不好!"夷生问:"为啥?""这是女人最后一根救命稻草。""是吧?""依我看,文娟敢上门,也是敢做敢当的人,只要文娟认为还有希望,会去争取。夷生,女人跟男人不一样,尽管大家讲,现在是文明社会,风气开化,毕竟女人要承担后果,不像廖大公子,可以拍拍屁股走人。"夷生:"我已经安排文娟去堕胎。""文娟的态度?""模棱两可。""廖大公子完全是男人思维,女人反而觉得男人有意掼包袱。""有啥办法可以救文娟?""夷生,对天发誓,爱文娟吧?""爱!""堕胎等事体一律次要,只要廖家姆妈接受文娟,一切即可以柳暗花明。"

3

　　陈阿香出院,手续办得拖沓。上午十点,电车公司稽查张保罗,带了支票,准时到住院部,阿六也来了。阿六借了朋友老旧柴油车,停放金神父路医院大门口。一早,阿香吃完最后一顿营养早餐,护士给阿香换了平常衣服,梳了头,梳头的时候,阿香眼泪流下来。护士说:"陈小姐应该开心呀,不要流眼泪,现在身体恢复了,怀孕机会总会有的。"阿香连声:"谢谢护士小姐,我不是难过,不晓得为啥,眼泪就落下来。我还以为,我会死了医院里,再也出不去了。""昨天报告出来了,陈小姐,红血球,各只指标正常,跟健康人一式一样。陈小姐左手石膏,十月头上来一趟医院,拆脱,就完全恢复正常了。"梳完头,护士拿方镜给阿香照,说:"陈小姐白白胖胖,老公看到要不认得了。"阿香一笑,神色又转黯然,想到阿六,又想到未来婆家的康汝恒。一歇,有护士来,说:"陈小姐,医生还要做一趟检查。陈小姐当中离开医院两天是吧,病史缺一块,法国临床医生讲,健康鉴定书上,还不可以签字。"阿香乖乖坐床沿,左臂上石膏,已经不碍事,像轻了很多,眼看太阳照得房间白亮,阿香两只脚一晃一晃,心情好起来。

住院部,张保罗跟阿六说:"谭先生,陈小姐医药费,电车公司会划账的,陈小姐受伤赔偿,我已经带支票来了,根据公司核算,赔偿费加营养费,一共九十六块。此地的法国兴业银行,陈小姐可以提现钞。也可以到外滩中国银行提取。"阿六道谢,说:"张先生费心了。"张保罗说:"流产打官司,就看陈小姐有没有决心,我认为可以打,胜算是大的。不过,要打就抓紧,这种案子有追诉期。""啥叫追诉期?""就是时间限制,拖了长,法院不受理的。"阿六点头。过了半小时,护士陪阿香出来了,手里网篮头,布包袱,藤箱一样不缺。张保罗接过出院证明和健康鉴定书,和阿六阿香讲再会。张保罗唇边豁口,给阿六留下深刻印象。

阿六接过阿香手里包袱,出大门,准备上车,正好安南巡捕来抄牌,阿六赶忙上前打招呼,塞过去一把小票,返身扶阿香上车,朝十六铺码头,一路开过去。街景后退,旧车前盖上,阳光跳跃,阿香流泪,阿六问:"哭啥?"阿香喉咙哽咽:"我也不晓得。""康家有人来接,是吧?""同乡人关照,十六铺对过,杨家渡,康家有人接船的。"阿六说:"电车公司赔了九十六块洋钱,一张支票,放包包里了,抵我四个月工钱。"阿香眼泪一串串滚下来:"阿六,这世不好做夫妻,只好下世了。"阿六一言不发,车子过了吕班路,说了一句:"跟康汝恒结婚,养大胖儿子,太太平平过日脚。""我认命了,人是犟不过命的。""阿香,开心点,开酱园,做老板娘,酱油西施,不讲大富大贵,一世吃穿不愁,可以了。"阿香头靠过来,哭得像个泪人,阿六突然觉得,阿香不是那个撒泼的女人,纱布缠吊左手,左右两鬓,头发梳理得整整齐齐,如果前襟别一支钢笔,就是个女学生。

渡船汽笛一响,水手解缆,混黄江水被铁桨搅动起来,浊浪翻滚,江鸥穿过浓烟,水腥和焦油味迎面而来,破旗在熏黑的桅杆上,看不清颜色。船缓缓向江心移动,阿六看到石膏的白,一晃,被一大片灰色吞没。

法商电车公司张贴八月十三日行车时刻表,在开车卖票中引起一阵骚动,预计八一三当天,市面上商店关门,出行的人会减少,新时刻表拉掉不少班次,一部开车卖票等于停一天生意。已经有人在新公布时刻表下面写字,笔画潦潦草草:反对无理停工!法国佬补偿损失!甚至有人画了一把刀,戳向象征法国佬的大鼻子人头。豁嘴张保罗接到开会通知,已经是中午,急匆匆赶回电车公司,一看手表,过了两点。

会议放在戈思默办公大洋房楼下。大洋房客厅,朝南一排落地窗,东西两个石砌高架壁炉,适合宴会跳舞。张保罗推开柚木门,只见围坐桃花芯木大餐台的,大部分是高鼻头外籍高管,中国籍的,算上张保罗,一共四人。副督戈思默正好发问:"各位,预计八月十三日,上海出行人数减少,依据是什么,会不会反而增加了。"法籍总调度,一个精瘦四眼胡须佬回答:"戈思默,我们并没有依据,依据只有上帝知道。我们是参照巴黎战争纪念日出行情况估算的。像这种特殊的日子，当天巴黎人的出行，只及平时的一半。"总调度助手，红毛荷兰人，拿出一张中文报纸，为了显示他的中文能力，读得结结巴巴："据今天出版报纸说，上海各银行，钱庄，十三号，歇业一天。报纸休刊。机关及各团体，均停止办公。邮政管理局决定，十三日完全停止办公。各游艺场所，如大世界、大舞台，将连续停业三天。各跳舞场，决定，十三日休假一天……"法籍稽查庞莱不耐烦，鼻子涨得通红，打断总调度助手："戈思默，我并不认为当天的时刻表有问题，我认为，是工人中暗藏的共产党在煽动，你们都看到那张漫画了，黄猴子……"庞莱看了一眼在座的中国职员，继续说，"中国工人把我们外国人看成死敌，要拿刀来对付我们。"戈思默说："等一等，庞莱，听听中国职员的意见，你们听到工人中有些什么说法。"坐在张保罗旁边老稽查说："也有工人希望放假，怕当天会有意外暴力行为，特别是运行霞飞路的开车卖票，路上听到消息，八月十三日可能会有游行，巡捕房势必弹压。也有人担心，激进分子会袭击日本人商社和住宅，电车公司出勤人员生怕无辜波及。"豁嘴张保罗再次瞥过客厅，外籍职员，几个法国人，一个俄罗斯人，一个荷兰人，交头接耳，八一三，跟这批吃半生牛排的外国人，没啥大关系，说话起劲的，只有庞莱。戈思默侧过身来，问："张保罗，你有什么意见？"张保罗实在没有进入会议气氛，脑子一转，说："工人留言和漫画，不必计较，和厕所门板上乱写乱画，差不多。"交头接耳的人都笑起来。张保罗继续说："现在关于八一三的传说很多，我们知道，公共租界，万国商团，美国骑兵队已经上街。法租界，各个巡捕房早有布置，主要路口设置路障，大家看到，铁甲车队开始巡逻，我以为，基本闹不起来，现在大家的焦点在武汉，眼睛盯着中日战事发展。租界里的上海人，归根结底是怕闹事的，最好天下太平。既然有部分工人愿意休息，部分愿意上班，不妨让工人自愿登记，届时再派班也来得及。"戈思默点头。后面大家交头接耳，纷纷赞同，空气一下松弛，庞莱叫起来："我不同意，戈思默，给工人自己选择，等于放弃原有人事用工原则，放松工人的纪律约束，会造成严重后果。"戈思默说："庞莱先生，请轻一点，我们还在商量。"张保罗心思不在此，到四点钟，会议总算结束。

张保罗独自站立电车公司大门口，门内停车场，像没有赛事的跑马厅，空空荡荡，门外电车路，巨大绿色铁盒子，飘行于轨道，每一个钢铁零件，震动，摩擦，尖锐和低沉的声音，互不相让，随电车拖行，到很远的地方。吕班路被梧桐树拉出树荫，树荫是移动的，随心拂罩。电车路对面，香喷喷的，是西点店，旁边是单开间西服店，宁波红帮老裁缝，颜体"定制洋服"四个字，丰润安稳。木头人形，套上最时髦样式西装，有时是戗驳领，有时是平驳领。英国进口纯羊毛精纺毛料，富含一种庄严气概。豁嘴张保罗把目光投向西服店，和橱窗里西装没有关系，张保罗的心在于女人。三十来岁柜台小姐，至今，张保罗还不晓得女人全名，随老板叫阿雯。阿雯眼角已有细纹，仍旧遮不住风韵，略显丰腴的下巴，托住上翘的嘴角，笑容堆在上面，是和煦春风。在老板眼里，一个通世故，不与人争锋的女人，是老老实实做生意最好配置。

两年以前，张保罗第一次踏进西服店，穿的是制服，大盖帽顶在头上，小小店堂，没有其他客人，布匹排列整整齐齐，由浅到深。阿雯微笑，任由客人浏览，张保罗也笑，眼神对上，阿雯说："先生衣裳合身的，到底是法国人版子。"张保罗不需要自我介绍，电车公司制服，已经亮出底牌，张保罗顺势搭上："小姐认为啥式样西装，我穿比较合适？"张保罗眼睛里，阿雯一步裙，束紧腰身，更显胸围丰满，外套西式深V薄形女装，一粒纽子，轻轻巧巧，将V字底部，收于腰上，端庄里平添几分妩媚，也是老板活广告。阿雯说："要看先生啥场合穿。""假使参加朋友婚礼？""哦，先生晓得，婚礼是不可以跟新郎别苗头的，式样保守，比较得当，先生体型修长，青果领深色西装，应该合适。"阿雯打量张保罗，目光在张保罗嘴角处略作停留，这是张保罗一生最敏感区域，能接收到对方目光，哪怕最轻微的关注或瞬间的探视。老板从店堂后面探出身体，类似的西服店，老板就是师傅，一口宁波口音："阿雯，该外国客人，留落来尺码，再对一对啦，其该袖子管尺寸，冒弄错。"阿雯应声查找数据，迅速报给老板，回过头来，说："做西装，一般试穿三趟，先生对过上班，顺便多来几趟，不碍的。"张保罗心里犹豫，穿西装机会不算多，自己西装有好几套，最后还是下了决心，没有朋友结婚，也定了一套青果领。

　　约阿雯吃饭，是在试穿衣服两次以后。西装半成品，插满针头，张保罗挺胸收腹，像套一件盔甲，老裁缝仔细调整衣片拼缝，阿雯站开，微笑，似乎认真欣赏，嘴里不断说："赞的。合身的。先生体型真灵。"张保罗看镜子里自己，带点自嘲，这套西装，就是无心之物。"先生，请问，西装，法文哪能讲？""小姐要学法文？""电车公司法国人时常来兜兜看看，我一句闲话也搭不上。""有机会，我可以教小姐。""先生法语一定灵的。""马马虎虎，老早在劳神父路口，震旦大学学过两年。""所以做电车公司稽查。"老裁缝在一旁说："先生，冒动啦，该线脚要豁开嘞。"阿雯朝张保罗笑笑，皓齿丰唇，笑靥从白皙脸上泛起。张保罗板直身体，任由老师傅摆布。

　　张保罗已经忘记，第一次约会是在什么季节。好像是穿了新做青果领全毛哔叽西装，意思包含对阿雯赞许。阿雯的衣服，记得很清楚，香烟灰一步裙，条纹真丝衬衫，外加淡灰法兰绒女式小西装，年过三十女人，丰满身段更加凹凸有致。咖啡馆是张保罗选的，霞飞路国泰戏院对过"小男人"，咖啡馆不算大，奥地利犹太老板，一派维也纳Art Nouveau（新艺术）风格，穆夏（捷克新艺术代表人物）的西洋美人图,复制在卡座间玻璃屏上。侍应生是年轻漂亮女白俄,只会说俄语和法语,张保罗一通法语,点了单头马车咖啡,沙哈蛋糕。

开始,两个人面对面不说话,阿雯手伸过来,抚挺张保罗新西装领子,眼神还是柜台小姐看客人的模样。张保罗说:"试试蛋糕,点心师是犹太人,听老吃客介绍,正宗奥地利味道。""张先生经常孵咖啡馆?""一个人,方便,有辰光,咖啡馆解决早饭。""夜饭呢?""我欢喜吃西餐,此地几家西餐馆,吃得老板也认得了。一客罗宋汤,要么乡下浓汤,两片面包,葡国鸡或者煎鳕鱼,不要多少钞票。阿雯呢,自己弄夜饭?"两个人不绕圈子,实话实说。阿雯说:"张先生开心的,轻轻松松,我不一样的。""啥不一样?""我有个女儿,七岁,平常跟外婆外公一道。礼拜六学堂放假,接回来。""蛮好的。先生呢……""先生四年前头肺痨走了。""噢。""所以我就出来做。"阿雯一脸平静,收拢笑意,她感觉,张保罗举止得体,除了豁嘴,应该是个正派人。张保罗市面上女人见得多了,一惊一乍的美女,过目即忘,反倒是平静如阿雯,成熟稳健,让张保罗觉得舒服。"电车天天门口经过,吵吧?"张保罗问,阿雯抿一口咖啡:"没有电车开来开去,倒不习惯了。最怕是修轨道,马路掘开来,水泥黄沙摊得一塌糊涂,电车公司门口,轨道横一根竖一根,时常要开挖,一挖就是一个月,上趟,有个客人来拿衣裳,跌一跤,西裤豁开,新衣裳还没着,就要请人织补。"张保罗说:"哟,实在是抱歉的,我回公司,要跟老板汇报的。""还是张先生有良心。""不是。阿雯不晓得,路轨维护,跟电车公司,不是一家人家。德国西门子下头的公司,只只冷面孔,态度埋闷。""是吧?""我吃过交关苦头。""张先生也会吃苦头。""吃,吃得当补药。"两人相视而笑。"阿雯,跳舞欢喜吧?""老早有一个男朋友,欢喜跳舞,带我去过舞厅的,像仙乐斯,大都会,我要人带的。"张保罗面色柔和:"我来带好吧?""张先生不要嫌贬我木。"

阿雯:"上海,我最欢喜这条路,可以从内廊慢慢走,一点不厌气。""我也欢喜。"张保罗亲她光洁前额。两人走得慢,在每个橱窗前驻足,巧克力店,时装店,西饼店,葡萄酒雪茄店。

不觉两个小时过去，两人走出"小男人"咖啡馆，天色暗下来，迈尔西爱路，法国总会对过，橱窗连橱窗，灯光透亮，带出人行道一地迷幻色彩，就像从巴黎整体切过来一块，让人怀疑这里是欧洲。张保罗轻搂阿雯肩膀，宛若一对蜜月期男女，阿雯："上海，我最欢喜这条路，可以从内廊慢慢走，一点不厌气。""我也欢喜。"张保罗亲阿雯光洁前额。两人走得慢，在每个橱窗前驻足，巧克力店，时装店，西饼店，葡萄酒雪茄店。张保罗问："此地西装店正宗吧？阿雯是内行。"阿雯仔细看，橱窗里样装，版型、针脚、硬衬、软衬、胖势、接缝，说："这个难讲，上海做西装师傅，就是奉帮，要看衣裳落了啥师傅手里，我现在店里师傅，跟这家人家比，手艺也不坍板。""老板请着阿雯这样的柜台小姐，也是福气，男朋友面前，还帮自家老板做广告。""瞎话三千。"阿雯笑笑，手指橱窗里名贵雪茄："哟，大价钱噢。张先生雪茄烟吃吧？男人吃雪茄，老有派头的。"张保罗说："吃雪茄规矩大，我只晓得古巴雪茄最好，不过，有人讲香，也有人讲臭。老早公司里，法国领班送我一支，牌子叫啥大卫杜夫，吃不来，要引火片，剪刀，一大套行头。雪茄还要保温保湿，又怕霉，又怕串味道，我还没入门。"张保罗难得谦虚。平时，讲述自己的"海派知识"，似是而非的繁文缛节，张保罗娓娓道来，是显示斯文和时髦。今晚，微笑的阿雯，成了最耐心听众，张保罗反而不敢卖弄。阿雯喜欢张保罗的上海话，带一点点苏州口音。

华懋公寓，体量巨大，像一座悬崖，迈尔西爱路沿街商店一直到国泰戏院，是它的势力延伸，商店曲尺形立面，富于明暗变化，浅栗色拉毛面砖，仿佛炼乳咖啡流泻。一路之隔，法国总会大花园，绿篱后面，花草香气僭越，暗示它们美丽的存在。两个人春日里散步，远处的战火与其无关。张保罗说："去跳舞吧。""好呀。"她向他靠过去，他把她搂得更紧。

法租界朱葆三路（溪口路）小舞厅，原来是外国水手上岸消遣之处，近年来，百乐门仙乐斯新派舞厅开张，小舞厅日趋老旧，却有一般舞厅没有的惬意，音乐悠闲，气氛懒散，乐手半梦半醒，阿雯脱下外套交给服务生，饱满胸围，对男人有压迫感。昏暗灯光下，旋律缓慢，张保罗搂着阿雯，仿佛驾驭一辆崭新跑车，低速，顺畅，轻盈。旋转中的阿雯，灵巧，顺从，还有女人被操纵的快感。好几段舞曲，张保罗和阿雯几乎闭上眼睛，节拍对于这一对男女没有限制，仿佛脚下不是地板，是冰和溜滑无阻的空气。张保罗没有卖弄，阿雯动作幅度也不大，两人清空脑子里的所有杂念，只有音乐和旋转。上海的夜，有酒浆的成分，昏黄光线里，随处的诱惑，终不知从何而来，整个夜晚后半段，两人很少说话，好像认识很多年的老朋友，张保罗送阿雯回家，已经很晚了，两人在环龙路小弄堂口说再见，阿雯仰起头，轻吻了张保罗，嘴唇温热，阿雯很久没有和男人接吻了，舌头进来，带着一丝颤抖，张保罗有些感动。

4

"郭师太！郭师太！只死老太婆到哪里去了，郭师太！"长乱叫，叫得痛快。"郭师太！"长乱猛拍底楼郭师太的门，震得石灰粉落下。二楼卖鱼娘子伸出头来，说："阿哥啊，郭师太没走开咪，还即看见洋风炉挪进房间。"长乱再敲，长乱要把几天前郭师太的气焰奉还。门呼的一声开开来，老太婆挂满横肉的脸，涨成茄子色："寻死啊！报丧啊！死不掉的瘟生，啥事体啊？"长乱挖出五块钱，拍进郭师太手心里："房子不退了，涨价就涨价，一分不少的！"郭师太也不客气，拿起五元法币左看右看，一把塞进口袋里："好的，长乱，有钞票嘴巴老了是吧，还是一副穷相，我是收人钱财，替人消灾，下个月，拿不出十块洋钱,我是翻面孔不认人的。"说完啪一声关上门。长乱就气在老太婆黄牙加唾液的腔调上,长乱爬回三层阁,狠狠踢开板门,前几天,长乱拾到一个旧竹榻,断了两根竹排,凭长乱吴江黎里的手艺,补上两根竹排,不要一刻钟时间。现在的竹榻,成了长乱的贵妃椅。长乱开心,倒在竹榻上,两个脚跷到老虎窗沿的椽子上头,这钞票来得爽快,比他妈的百乐门还要爽。

昨天,赤发鬼带一班人去砸土行,长乱第一次同行。离开忻康里,就长乱和赤发鬼两个,长乱奇怪,两个人,无非去送死。赤发鬼看出长乱心思,说:"嘻嘻,慌了?不要急,弟兄们就来。"没几步,乱哄哄曹家渡五角场,一个黑衣人从中心岛茶楼闪出来,隔壁浴室,又有人朝赤发鬼点头,还没走到西北角奥飞姆电影院(沪西电影院),已经集齐六七个男人,一律黑衣黑裤,大多烟容满面,一个头上还有癞疮,一人一把铁尺,朝永乐邨大摇大摆过去,长乱后面尾随。周围店家伙计,知道来者不善,眼神冷冷看过来。穿过卖锡箔冥纸的香烛店,大写"雲天閣"三个字的土行就在前头,一块方匾,悬吊铁架链子下面,画一个半身摩登美女,四个角上分别写了"南北膏土"四个大字,也可以读成南膏北土。赤发鬼一句吆喝:"妈皮的,上!"一手扯下方匾,哐当一声,方匾裂成几块。土行的保镖大概早已听到风声,消失无踪。六七个男人,一拥而入,挥起铁尺,看到东西就砸,长乱左右观望,只见店内伙计和账房吓得面无人色,柜子上,一樽樽写着"云土上等,波斯一等,印度顶上,热河土,暹罗土"的大瓷罐,顷刻稀里哗啦,翻倒下来,铁尺到处,瓷瓶开裂,黑乎乎黄澄澄膏块散乱一地,长乱无从下手,眼看赤发鬼趁乱,抓起几块,藏进口袋。头上有癞疮的男人冲上楼梯,干瘦的账房先生想拉没有拉住,长乱也快步跟上。二楼,几个烟鬼正吞云吐雾,听到楼下喧哗,一个个坐起身,旁边烧烟女人吓得尖声乱叫。癞疮男人一伸铁尺,挑起鸦片烟枪,顺手一甩,砰一声,云铜嘴、翠玉杆烟枪飞上吊灯,弹回长乱脚下,碎成两截。铁尺横转一扫,托盘烟灯落地,烧烟女人簌簌发抖。一个烟客说:"兄弟,该相貌好像不合江湖规矩嘛。"癞疮男人喝道:"今朝老子心情好,不想让先生受皮肉苦,下去!"长乱没动,手持铁尺站立一边,烟客从烟榻上下来,套上皮鞋,慢吞吞下楼梯,另外几个烟客见势不妙,爬下烟榻,纷纷下楼。癞疮男人,一把抓住烧烟女人,扯开女人旗袍,女人弯下身去,弓成虾米状,尖叫不止。长乱上前,拉开癞疮男人,让女人下楼,那女的踮脚掩胸,慌慌张张,高跟鞋撞楼梯木板,一连串嗵嗵嗵,滚落一般。长乱挥起铁尺,朝烟榻拍几下,踹一脚烟灯,鸦片烟香甜气味,弄得鼻子痒痒,长乱打了一个喷嚏。

"快,快跑!巡捕来了!"不知道谁叫了一声,远远听到哨子,长乱紧跟赤发鬼,朝三官堂方向猛跑,气喘吁吁,一直跑到身后没有人影。

"拿钱,拿钱!不拿钱勒妈妈猪头三。老板高兴,加十块,每人三十!"赤发鬼招扬手里一叠钞票,"长乱,哆不死,拿去!"长乱疑惑:"你老板自己开烟馆,砸人家烟馆?""嘻嘻,管他妈的,过两天,还有一单生意哦。等老子赚够了钱,这房子重新弄一下子,挂上黄道会牌子,请一幅刘关张桃园三结义,乖乖,我就是会长上任。"六七个男人显得很高兴。赤发鬼回过头,对长乱耳语:"狗屁会长,鬼才信,这个世界,只有钞票是真的,你看看手下这帮人,哪一个不是地痞流氓。我承认,我是瘪三出身,委员长,杜老板,出身就比我好?长乱,说实话,你比这批家伙正宗,跟我混,弄出点名堂。"长乱一句话不说,赤发鬼一伙人,不是同道,现在最要紧的是,把眼前对付过去。

老虎窗有云飘过,鱼贩子的孩子哭起来,女人在煎带鱼,油烟腾上三层阁,焦香和老油刺鼻味道一起漫开,长乱一算,昨天一单,就超过百乐门一个月的工钱,这样的好生意,不做真是亏了。长乱暗暗给自己定一个规矩,老实人不能欺负,女人小囡,当然也不能欺负。

楼下传来郭师太的嘶叫:"钞票呢?钞票生脚跑脱啦?碰着鬼了。长乱!五块洋钱弄到啥地方去啦?"楼梯咚咚咚响,郭师太冲上来:"长乱做手脚是吧,钞票呢?""老太婆想钞票想疯了,钞票自己拿手里横看竖看的,问起我来了。"老太婆手指到长乱鼻尖上:"长乱,骗我郭师太是吧,啊!变戏法对吧,钞票呢?""钞票交了啥人手里,二楼小阿姐看得清清爽爽,老太婆来诈人,老缺死,真的想钞票想疯了。"底下传来郭师太家小佣人呼叫:"师太,师太,五块洋钱寻着嘞!落矮凳底下啦。"郭师太一边下楼,一边气鼓鼓,说:"这间房子不太平,就是有了这只贼骨头。"长乱也不示弱:"老缺死,当心掼煞!"二楼卖鱼娘子伸出头来,和长乱一起偷笑。"妈呀,痛,痛!"底楼小佣人尖叫。"小娘皮,叫,叫个魂灵头,再叫,再叫!"郭师太又在拧小佣人耳朵,长乱和卖鱼娘子瞪大眼睛,面面相觑。

这一天,联义山庄来了一对老夫妻,看得出,从市区走来,风尘仆仆,共和新路灰尘泥浆,留在发梢眉毛上,老头一只眼白内障,像磨砂珠子,在眼眶里转得吃力。老人跟门口小工说,要寻宝元,小工木然不知,雷光头走过,看两个老人汗涔涔样子,上前问了一句,才知道是毛宝元毛腊子爹娘,赶紧让他们坐落,送上茶水。工人三三两两,烧饭老太婆厨房门口议论,又不敢大声说话。老夫妻捧定茶杯,女的先开口:"宝元长远不曾有信来,今朝来看看个囡呀。"襄理在旁边一听,急了,返身进经理室,抽屉里一大叠"生死由命,富贵在天"的工契,记得毛宝元的工契上,没有写自己父母姓名,襄理翻了半天,抽出毛腊子一张,确实没有填写。心里一阵急,默念:作孽啊作孽。阿六进来,问:"哪能办啊?是实话实讲,还是……"眼看女人们围拢两老周围,一口一句"不要急喔,坐一歇喔"帮忙打岔。襄理拉过阿六:"要么,就讲毛腊子出差去了?""没办法了。""叫烧饭老太婆进来。"老太婆一面擦手，一面问："做啥?"两人拉过烧饭老太婆，耳语一番。烧饭老太婆反应迅速，一出门，拉住女人的手："哦哟，老阿姐，宝元是乖小囡呀，乖去乖来啰，昨日，此地经理，派宝元去至青浦做生活了呀，宝元要做一个礼拜再回转来呀。"老夫妻听了，连忙点头："哦哟，谢谢，交关谢谢。"烧饭老太婆眼泪流下来，说不下去。襄理抽屉里拿出一张五元法币，跟阿六讲："要么，就这样?"阿六点点头。一个女工上前，一阵推辞，老夫妻收下五元钱，然后起身，一步步离开联义山庄大门。此时，龙根踩脚踏车从外面回来，差一点撞到门口老夫妻，开口就问："寻啥人啊?""寻毛宝元的。""毛宝元死了蛮多辰光了呀。""啥?""毛宝元死至一个多月了。""啥? 宝元啊，宝元!"两个老人的叫声，在荒野里，像孤独的老鸦，凄凉而寂寥，老头如一截断了的木桩，扑通一声跌倒在泥地。联义山庄所有人，从大门内冲出来，扶起老头，搀住老女人，慢慢回到接待室。阿六将毛腊子死因告诉了老人，省略了运毒的事情，就说毛腊子开汽车，撞在水泥柱上，伤得太重，医院没有办法。眼泪从白内障眼球里滚落，两个老人哭得哑了喉咙，女的指指自己，说："就一个囡呀，我养至六个，死光了呀。"女人们见惯死人的，也陪着哭。阿六和众人扶老人到后面坟地，绕过座座坟堆，西北角靠近水塘的地方，找到了木牌，上面毛宝元之墓，襄理的正楷经雨水侵蚀，字迹化开。做娘的扑过去，抱着土堆，像要嵌进去，老头坐在土堆旁，双手拍打泥地，举起，拍打，又举起。烧饭老太婆抱起女人，亲姐妹一样，一起嚎啕，唱起旁人莫辨的哭歌。生离死别的事情，在联义山庄是家常便饭，只有这一次，阿六也跟着一起难过。

5

刘正昌一早上班，车子经过南京路新新公司门口，时间还早，百货公司铁闸尚未升起,长衫短打,一群人围拢,有点异样。如果是临时设局赌博,胆子也太大了。尽管还没换上警服,刘正昌职业习惯,转过方向盘,车子沿马路刹停,拨开围观者,只见一个白人男子,瘫倒墙角,头颈还缠绕冷天围巾,粗看,还以为一把出缸咸菜,衣服脏乱,已经看不出本来颜色,地上一摊呕吐物,腥骚加隔夜宿气,臭味熏鼻,一只空玻璃瓶斜倒,一看就是个醉鬼。刘正昌拾起玻璃瓶,凑近探闻,一股浓烈医用酒精味道,明白了几分。刘正昌上前,拍打醉鬼面孔,那人似有反应,气若游丝。围观者议论:"罗宋瘪三,昨天吃夜饭辰光,就看见蹲了此地。"醉鬼开始便溺,一股浑黄液体,顺肮脏短裤流出,又浓又臭,路人纷纷摇头,慌忙避开湍湍尿迹。刘正昌直起身来,南京路东西两头寻觅,浙江路口,红头巡捕,包头布醒目,刘正昌大声招呼,印度巡捕急匆匆过来,一看是巡官,一个立正。刘正昌交代一番,印度巡捕一口 Yes,打开路边电话盒子,呼唤同僚。刘正昌拍了拍手,返身上车。白俄醉鬼,刘正昌不是第一次碰到,1917 年,这帮家伙的好日子彻底结束,流落到上海,成了身无分文的瘪三,今天,即使有了两只角子,也要买甲基化酒精或者汽油,一口一口灌下去,有的就僵死街头,罗宋瘪三宁可被抓,去吃牢饭,去睡监狱里不足两平方地铺,警务处至今束手无策。

贵州路老闸捕房,刘正昌习惯吉普车高速进门,急停固定车位。现在真正棘手的事情,是和小山东摊牌。

九点一过,刘正昌和警卫布置完毕,叫小山东来办公室。小山东高统皮靴,进办公室步态,符合警队规范,大声叫道:"报告!"脚后跟并拢,发出嚓一声。"进来。"小山东一脸英气,帽檐压低,双眼炯炯有神。办公桌前,预留了办公椅,刘正昌挥手:"坐。""是!"小山东摘下警帽,置于左手。刘正昌看他气势,仿佛仪仗表演,心里有点好笑。问:"机要值班员,做得怎么样?""可以。""给自己评价。""良好。""没有过失?""偶尔反应不够及时。""没有重大过失?"小山东迟疑了一歇:"应该没有。"刘正昌注意到,对方左脚间歇性抖动,就用表扬口气说:"不错,符合警队要求。有没有转岗,去别处蹲一段时间的想法?""请问巡官,去什么地方?"刘正昌放低声音:"提篮桥。""是不是去杨浦汇山捕房?"刘正昌冷笑一声:"去监牢。小山东,不要兜圈子,毒品贩子给了多少好处费?"小山东左脚抖得更明显,上身依然装得笔挺,说:"不懂巡官的意思,请巡官解释。""你应该比我清楚,给黑帮通风报信,从去年八一三开始,你的电话记录,你自己看一下。"刘正昌手里一叠报告纸,放上桌面,说:"同一个电话号码,你打了几次,说了什么。你最好原原本本讲清楚,我也可以为你减刑找理由。"小山东:"巡官,巡捕房不是干净地方,请不要把别人的事情推在我身上。""别人的事情?我就讲最近的,六月二十一日,警队出动以前,你就把消息通知了毒贩,我们在四马路扫毒行动扑空,七月六日,你用密语泄露我们在老垃圾桥的行动,我们的三个弟兄受伤,一个殉职。最近,虹口港事件,一个印度巡捕重伤,艾伦巡官……""哈哈哈,巡官,我知道,警队巡捕们私下里都在做生意,我今天跟巡官做一笔生意。"小山东脚不抖了,换了一个舒服的姿势。刘正昌问:"什么意思?"小山东趋前,轻轻说:"关于您太太和艾伦巡官的事情。""就这个?""没错,比你记录我的电话还要具体。""你说吧。""您的太太仲芳和艾伦经常约会,他们,唔,这个。"小山东伸出中指,做了一个下流的姿势:"如果巡官需要具体时间和地点,我马上就可以告诉您。"刘正昌笑笑:"小山东,你真不愧是生意精。"小山东说:"我们属于情报交换,就像做生意,一笔是一笔。大家银货两讫。""看来,我要亲手送你去提篮桥。""我去了提篮桥监狱,你得到什么呢?老婆已经是人家的了,在人家怀里欲仙欲死,巡官,你在警队的名声,你的日子也不会好过。这难道是你要的人生?我只不过给了朋友一点点消息。我知道,我的老婆也被英国人搞上手了,我们头上帽子的颜色是一样的,就凭这点,我们不可以一起做一些让英国人难堪的事情?""你把我估计得太下贱了。不过,作为交换,我倒是可以给你一些东西,值得你看看,看完,我们再谈交换。"刘正昌左手招了招,很神秘的样子,小山东凑过来,刘正昌瞬间起立,右拳一个勾手,打中小山东下颚,嘭的一声,小山东整个人从椅子上翻倒下来,重重跌倒在地。"好啊,刘正昌,你打老子,你打……"小山东感觉整个下颚麻痹,头昏眼花,随即,小山东周身一抖,迅速站起来,右手伸到腰后拔枪,还没来得及出手,被一支冷冰冰枪管,抵着太阳穴,站在眼前的是艾伦,如鹰的眼睛,紧紧盯住小山东:"Hands up!"刘正昌大叫:"警卫!警卫!"两名警卫慌忙跑进来,下了小山东的枪,拧住双手,戴上手铐。小山东大叫:"艾伦,英国瘪三,刘正昌,走狗,老婆被人操的王八蛋,我会找你们算账!"刘正昌:"关起来!"

　　刘正昌面无表情。艾伦扶正倒下的椅子,坐下,和刘正昌面对面。艾伦一身警服,左手已经恢复,武装带扣得紧紧的,一副大事临头状态。两个人,很长时间,没有一句话。艾伦先开口:"刘 Sir,日本人肯定要进租界,租界的好日子就要结束了,我已经办好了 transfer,下周去加尔各答,刘 Sir,我要告诉你的是,我要把仲芳带走。"刘正昌:"什么?带走仲芳?不可能!""是的,我们都是现代人,我们可以让仲芳自己选择。""不可能!"艾伦说:"给仲芳一个选择的机会,我求你,无论如何,你不能伤害仲芳。答应我。"刘正昌一时说不出话来,血往头上涌,半天,说了一句:"艾伦,你不能遇到中国女人,见一个,爱一个。""我对天发誓,仲芳是我唯一所爱的女人。"刘正昌猛戳自己胸口:"她是我的妻子!""所以就有障碍。""你知道她有病,她永远不会生育的。"艾伦睁大眼睛:"是吗?""她自己都不知道,德国医生刚把结论告诉我。"半天,艾伦低声说了句:"我们,我们都应该对仲芳好一点。"

警卫喘着粗气跑上二楼，大声报告："刘 Sir！黄道会的人，在盆汤弄桥杀了人，向警队开火。""走！"刘正昌和艾伦一起冲出办公室。

警笛一阵紧似一阵，警车开到山西路北京路口，车辆被堵，很短一段，前面就是苏州河，连接两岸的盆汤弄桥，又脏又陡，居民慌乱涌出，枪声从前面传来，持枪巡捕借路边变电箱、消防栓作掩体，一点点朝河堤靠近。"报告！"有巡捕上前敬礼，说，"一个记者被杀，留下字条：'抗日分子之下场。'凶手正企图向浜北逃逸。"刘正昌对艾伦说："已经传说，日本人要放弃黄道会，他们是做给日本人看的。"艾伦命令："警队从侧翼封锁桥面，不要让凶手跑到日本人地盘里去！""明白！"巡捕转身传令。透过警车玻璃，能清楚看到对面桥堍日本哨兵，枪栓拉得咔咔响，虎视眈眈，随时要开火的样子。冲在最前面的持枪巡捕，跳开洋松电线杆，已经冲到桥堍左侧，卡宾枪直指河沿。"注意，子弹不能打到对岸去！"艾伦跳下车，紧贴沿街商铺，抵近河岸不到二十米地方，大声叫喊。就在此时，两条人影蹿上桥面，手枪朝身后乱射，只差一步，就要越过桥顶中心线，所有巡捕手里的枪，准星都对准桥上两条黑影，几乎就在同时，苏州河南岸，枪声爆响，桥面的人影，如约定一般，一起倒下，像两块笨拙的木板倾覆，横在桥顶。苏州河上，一片寂静。出乎所有人意料，同时倒下的还有身边的艾伦，桥面射来一颗子弹，不偏不倚，击中艾伦左胸，他仰起身体，呼叫开枪的瞬间，被子弹击中，阳光穿越高楼缝隙，深米色制服，瞬间定格，坚持不到一秒，颓然坠落。弹头撕开结实肌肉，鲜血在熨烫整齐警服上晕化，先是一小块，接着，跟着心脏搏动，一股一股涌出来，刘正昌大叫一声："艾伦！"大步冲到艾伦身边，扶起沾满鲜血的身体，艾伦警帽掉落，一绺头发挂于前额，脸色苍白，鼻孔开始往外渗血，漂亮的棕色短髭，沾上猩红色。"快！警车！"刘正昌像

他仰起身体,呼叫开枪的瞬间,被子弹击中,阳光穿越高楼缝隙,深米色制服,瞬间定格,坚持不到一秒,颓然坠落。

戴了血手套，也许是艾伦心脏搏动太过有力，正昌无法阻止鲜血喷涌，他从来没有像今天这样，浑身发抖，对艾伦一句一句重复："会好的，会好的。"艾伦睁开眼，蓝色瞳孔，渐渐失去光泽，嘴唇动了动，说了一句："我们对她好一点。"头一歪，瘫了下去。

写完警务日志，已经是晚上十一点，刘正昌合上厚厚日志本，最后书写句子是：巡长维克多·艾伦于今日中午十二时四十五分，于山西路盆汤弄桥阻击黄道会成员时，被手枪击中胸部近心脏处，随即送山东路仁济医院急救，经外科主治医生L·麦克斯处理，于十三时十五分宣告不治。

弟兄们一阵忙乱，将满是鲜血艾伦抬上警车，艾伦已经停止呼吸。艾伦越来越重，刘正昌托紧，尽量不让颠簸加快出血速度。车子开得飞一样，到仁济医院不过七八分钟，艾伦脸色像纸，白得可怕。弟兄们纷纷要捐血，被护士拦在抢救室外，一刻钟以后，外国外科医生出来，摇了摇头，拳起左手，右手食指上下比画，说："子弹打在心脏和主动脉连接处，病人已经死亡。"刘正昌胸前手上沾满血迹，来不及清洗，面对医生，轻轻说了一声谢谢，拦住急于涌入急救室的弟兄们。门开了，担架车推出来，白布覆盖，刘正昌上前，揭开白布一角，艾伦像睡着一样，睫毛如蛾翅般闭合，短髭上血迹已经擦干净，鼻管依然笔直，带着一丝骄傲，像圣像里的耶稣，刚刚从十字架上放下来。

刘正昌离开巡捕房，天已墨黑，值班室电钟，即将指向十二点，值班警卫朝刘正昌敬礼，刘正昌忘记了还礼。此时，刘正昌的心里被一种不明思绪搅动，说不清是哀伤，愤怒还是被羞辱的感觉，搅动的幅度，足以让人夜不能寐。四大公司游乐场，还有些打烊后的余热，三轮车夫尾随微醺男女，不依不饶，讨价还价。车子一过虞洽卿路，爱文义路上空无一人，刘正昌加大油门，到戈登路口，前后不过十分钟时间。王妈边打哈欠边开的门,说:"太太已经睏了,先生要吃点啥吧?"就再也没有出声。刘正昌还是第一次打量王妈,这个三十出头的女人,除了一双手比较粗糙,脸和脖子是白净的,身子闪动的时候,还有几分风韵,大襟中装,腰收得细,更显出丰臀,刘正昌第一次疑惑,王妈这样的女人,一年到头就在东家屋里,怎么解决性欲。刘正昌要洗澡,王妈放好热水,替换衣服放在浴室门外凳子上,离开了。刘正昌浸入浴缸,水温热,瘫在浴缸里,强烈的无助感,不明思绪从大脑扩散到全身,在胃里翻滚,在下腹搅动,低级神经开始紊乱,开始想入非非,一切荒诞不经的事情,先后出现,刘正昌甚至希望王妈偷窥。果然,蒸腾的热气中,王妈悬垂一双丰乳,慢慢靠近,贴上男人的脸,小腹的黑毛,稀稀拉拉,躲在肥硕多脂的腹部下端。王妈双乳柔软,没有缝隙,挤压,让人感觉呼吸困难,刘正昌没有想到,平时低眉顺眼的女人,如此放荡,既惊讶又合理。一阵温热,下体越发急不可耐,王妈越挤越紧,刘正昌几乎窒息,想发出尖叫,可是没有声音,刘正昌沉入水里,水没过头顶,刘正昌大声呛咳,从浴缸里直起身子,整个房子寂静无声,王妈早已入睡,女人轻微鼾声,均匀,似有似无。刘正昌回卧室,一侧床头灯亮,光线调到最暗,染黄一小圈床沿。仲芳枕着自己右手,侧睡,蒙眬中说了一句:"回来了?"正昌靠在一边,看自己的女人,很长时间,一直注视。突然仲芳睁大眼睛,说:"几点了?"正昌瞥一眼台钟,说:"一点半。""噢,睏吧。""艾伦死了。""啥?""艾伦被打死了。"仲芳惊坐起来:"骗人!""真的,艾伦死在医院里。""啥医院?""仁济医院,子弹打穿心脏旁边主动脉。"仲芳跳下床,丝质睡裙,两根细细吊带,胸部以下散开,像一朵尚未开放的牵牛花蕾。正昌一伸手,没拦住,仲芳噔噔噔赤脚跑下楼,嘭一声,开了大门,声音响得整条弄堂都能听见。仲芳跑出弄堂,正昌赶快套上皮鞋,紧追下来,王妈也醒了,跟在正昌后面。仲芳跑得飞快,爱文义路空无一人,晨露刚刚洇上柏油路面,仲芳像一只出巢小鸟,头发在夜风里飘扬开来,睡裙宛如淡紫色的蝉翼,随风翻飞,一双白皙的腿,在夜色中发光,眼泪模糊了视线,没有人知道仲芳嘴里说什么,仲芳赤着双脚,拼命跑。正昌眼看仲芳跑远了,回头开出吉普车,正昌什么也不顾,油门踩到底,过了卡德路口,才把仲芳截住,一脚下去,刹车声撕破夜空,刺痛耳膜。仲芳扑在正昌怀里大哭,连声说:"我要到医院去,我要到医院去……"王妈急了:"仲芳这样不好去,要去天亮再去。"正昌抱起仲芳,像抱住一个出浴婴儿,放进吉普后座。

6

阿六问:"龙根,联义山庄啥人对龙根最好?""烧饭阿婆。""为啥?""阿婆每天早上留一只豆沙团子给我。""啥人对龙根最坏?""雷光头爷叔。""为啥?""爷叔打我头挞,讲我是小赤佬,下趟讨不着娘子。"阿六笑笑:"龙根,有欢喜小姑娘吧?""有,就是不晓得小姑娘欢喜我吧。""为啥?""小姑娘讲,我开口腔调就是乡下人,北新泾口音,不讲'阿拉',讲'伲'。""龙根哪能办呢?""阿拉要学正宗上海话。""哟!龙根本事大的。"收尸车顺共和新路一直往前,龙根一早把车子擦得干干净净,车厢尸架没有一丝灰,车皮擦得发亮,一人高"殡"字加大圆圈,白得有点惨,日本人已经不来找龙根麻烦,他们知道,除了死人,没有别的东西。龙根用标准上海话一字一句:阿飞飞得高,碰着高大炮,阿飞飞得低,碰着电灯泡,阿飞飞到提篮桥,一关关了十八号……"好了好了,"阿六说,"看看今朝收尸清单。"龙根已经认识不少字:"山东路仁济医院女尸一具,送胶州路万国殡仪馆,贵州路老闸巡捕房男尸两具,送普善山庄,法租界薛华立路停尸房男尸一具,送海格路中国殡仪馆。还有……"龙根一条一条报下去,阿六不住点头:"不错啊,龙根,上海马路熟了吧?"龙根回答:"大马路不会搞错,老城里厢,小马路一直搞不清爽,赛过摸瞎子。"阿六又问:"死人还吓吧?"龙根回答:"开始吓的,死人面孔,一只只像鬼。走夜路,不敢回头,怕撞着大天白亮里收的死人,乡下头人讲,死了不满七天的人,还没走远,夜里会活转来,踏了走夜路人的后脚跟,一回头,就拖了一道去阴间。现在不吓,就当死猪猡,每天收一只一只死猪猡,硬邦邦肉片,跟火腿店也没啥两样。我就吓吊煞鬼,师傅还记得吧,上个礼拜,老城厢收一个上吊自杀男人,舌头伸出来,一尺长,推进去,又伸出来,再推,还是伸出来。"阿六大笑:"龙根胆子比我大,我像龙根这点岁数,学生意,第一趟摸死人,手脚冰冰冷,死人脚尖绷得笔笔直,嘴巴张开,嘴唇发黑,两只门牙老长,吓得我夜里做噩梦,死人围牢我,一圈,只只眼睛盯牢我,要我赔,赔啥,我也不晓得,就是盯牢我不放,大概要我赔一条命吧,我寒热发三天。最最滑稽的一桩事体,死人已经装进棺材了,第二天棺材里嘎啦啦响,我吓死了,告诉师傅,老师傅不相信,骂我是瞎讲,调别人来听,耳朵贴牢棺材板,果然里厢有声音,这记死人真的活过来了,大家吓得不得了,叫丧家来,丧家也吓死了,又不敢开棺,开棺是要戳大霉头的。最后还是开棺了,钉子一撬,棺材板一掀,噗!窜出来一只大老鼠,死人面孔咬得一塌糊涂。"龙根叫起来:"哦哟妈呀!"阿六说:"世界上哪里有鬼啊,是人吓人呀。"龙根说:"世界上有鬼的,北新泾不到,小金更,大金更,经常有鬼出现的。""瞎讲。""真的,我外公,替人家杀猪猡,小年夜,去讨杀猪猡铜钿。铜钿讨着,回来路上,天已经墨墨黑了,碰到一个人,讲,也是回北新泾,就一道走,走来走去,走到半夜,还是没到,外公看看不对,一看,这个人是没脚板的,身体飘了路上,再一看,自己一直绕小金更坟地兜圈子,兜了三个钟头呀。外公吓煞了，看到前头有一盏灯，是人家，敲门叫救命，人家告诉外公，此地一直有鬼，有人兜不出来，就被鬼拖到坟墩头里去了，只留下一身衣裳，还有钞票，鬼是不要钞票的，阴间里没用。"阿六笑起来："外公讲啥人听的？"龙根说："当然是讲外婆听的。""哈哈，龙根，外公欢喜吃老酒吧？""欢喜的，吃黄酒。""外公吃花酒去了，啥地方来个鬼啊，大头鬼啊。龙根再大一点，就懂了。"

两个人边开车边讲话，已经到租界山东路。仁济医院停尸房是经常来的地方，熟门熟路，拿了死亡证明，开太平间门，一副担架，龙根阿六一头一尾，死尸抬上车，龙根说："师傅，看，当中一只大皮球噢！""不要瞎讲，死掉的是孕妇，一尸两命，懂吗？""啥？小囡死了姆妈肚皮里？""轻点。龙根今年虚岁是？""虚岁十七。""为啥中国人要讲虚岁，小囡孵了姆妈肚皮里，要十个月，肚皮里也是命，要算了年纪上头，长命百岁，命岁不可分。这个小囡命不好，还没张开眼睛看世界，跟姆妈一道走了，刚刚看到姆妈面孔吧，年纪轻轻，也就廿岁出头。我讲，鬼是没的，命是有的。"龙根不断点头。

车子拐到老闸捕房停尸房，两具无主乞丐尸体，一前一后抬走，孕妇送胶州路万国殡仪馆，乞丐送普善山庄。送完，又跑了一趟老城厢，运走六具弃尸，吃了中饭，接着跑。龙根说："师傅啥辰光教我开汽车？""龙根还小，到十八岁，师傅一定教。""师傅先让我晓得一点点也好。"阿六拍拍方向盘："这个简单，凡尔，克腊子，油门，刹车。英国考官，踏脚叫'攀头'。三只攀头，一左两右。龙根，记牢，现在车子不好碰，车子不是白相俉，出了事体，要吃官司。上海滩要捧牢饭碗，下趟英文也要晓得一点点。"龙根点头称是。

天气不错，天上流云朵朵，夏天酷热已经过去，法租界梧桐树叶，一年中最滋润饱满，绿得滴油。薛华立路巡捕房停尸所，看守是熟人，手续完毕，阿六龙根动手，尸床上一个中年男子，没有覆盖白布，深藏青卡其布制服，靠近裤腿撕开一大块，身上有撞击拖曳的伤痕。阿六疑惑，这身行头有几分熟悉，近看，男的面相干净，皮肤已经呈青灰色，尸蜡尚未渗出，看来死了不久，头发还算整齐，生前比较讲究。再细看，嘴角上有一道明显的疤痕，像酱油渍，阿六想起来了，这人，不就是电车公司的稽查张先生？再一看证明：张保罗，送海格路670号中国殡仪馆。

八一三周年，上海总算太平，所有人松了一口气，预料中大规模骚乱没有发生。记录在案，小规模突发事件：一、法租界与华界交界处，老西门肇州路附近，天未黎明时，手榴弹爆炸，目标是驻守西门分局的日本人，日军与伪军搜索，无果。二、小沙渡路澳门路625号日商棉植洋行制版部，被掷手榴弹一枚，爆炸而未伤人。三、劳勃生路，日华纱厂正值日夜班工人上下班，有人投掷手榴弹三枚，当场爆炸，男女工人18名受伤。四、当晚九时左右，槟榔路（安远路）戈登路日商内外棉纱厂工房，有人投掷爆炸物，轰然一声，弹片四飞。某棺材铺伙计李某在马路边纳凉受伤。一人力车夫陈某，伤左脚。五、早晨八时，大西路忆定盘路口出现三个日本便衣，开枪威胁各商店除下所有国旗，并捆绑两华人推入汽车，租界巡捕见状，即上前交涉，迫使对方放人……

八月十三日，漱芬一早就起来。昨天晚上，姆妈和漱芬妥协，允许漱芬参加摄影展开幕式。漱芬答应，当晚，爹爹朋友戚先生儿子过生日，乖乖去做人客。漱芬姆妈沈太太满心欢喜，戚家儿子留学美国，暑假回上海，这个男青年，卖相不输廖夷生，戚家的生意，那要比廖家大得多，光去年，棉纱生意，就在行业里排位第三，略低于荣家一点点。如果两家小辈多来往，说不定会有发展，对沈家来说，大有裨益。最主要的，廖家出这桩事体，沈太太心里非常不舒服，真没想到廖夷生人品。自己女儿嘛，说到底，小姑娘再犟，小姐脾气再发，还是要听姆妈的话。

漱芬跟保姆说好，廖伯母送的印度绸旗袍，隔夜就熨烫平整，吊上衣架。没想到，保姆粗手粗脚，旗袍前片，硬生生压出一条皱褶，漱芬眼泪汪汪，眼面前漂亮几何形图案，支离破碎，沈太太关照，换乔其纱连衣裙，漱芬就是不肯，说："夷生哥哥会以为我不欢喜。"一早就躲进房间发闷脾气，保姆吓得赶忙拿了旗袍，又是喷水，又是重新熨烫，烧炭熨斗反反复复，就是压不平皱褶，保姆讨饶："小姐，不好再弄了，再弄，丝绸要弄破了。"开幕式上午十点，九点半不到，漱芬从房间里冲出来，三下两下，穿了印度绸新旗袍，一边流眼泪，一边跟姆妈说："对得起人家吧？对得起人家吧？"沈太太说："没头没脑的，对不起啥人啊？闲话也讲不清爽了，这个小姑娘啊！"沈太太关照保姆司机，一刻不要离开宝贝女儿，两人一口应承。

汽车开进南京路，原本热闹非凡街道，气氛沉重寂寥，电车轨道，冷冰冰前后延伸，很多时间，没有一辆电车驶过。家家店铺关门，四大公司，铁栅栏拉紧，原先灯光耀眼店堂，变得暗影绰绰，人迹全无。整条马路，青天白日国旗连成一大片，从外滩一直到虞洽卿路。永安公司七重天，比床单大数倍两面国旗，交叉悬挂大门上方，更添庄严气氛。司机问后排漱芬："小姐，花店关门了，要不要再兜兜看看啊？"漱芬眼圈变红："我倒霉，没人待我好……"旁边保姆连忙安慰："小姐不要难过，是我不对，再到善钟路（常熟路）看看吧，几家老花店应该开门的。"司机动作迅速，霞飞路打弯，善钟路赛华公寓对过，单开间门面小花店，开门营业，漱芬总算有了笑容。保姆陪伴，漱芬仔细挑选，几枝细瘦石竹，花蕾又小又僵，没有中意的。保姆问老板娘："就这点品种啊？还有啥花，挪出来看看呢。"老板娘说："做花生意，最难做热天三个月,早上花还是水灵灵的,吃过中饭,就萎下来,下半天就没人要了,也不敢多进货,春月季已经落时了,百合还没上来,就靠点石竹花、茑兰花撑门面,蛮不错了。我问一声,小姐的花派啥用场啊?"漱芬说:"朋友开展览会。"老板娘说:"我帮小姐扎只小花篮吧,又别致,又好看。"漱芬点头。老板娘手脚麻利,花堆里东一抽,西一抽,没几分钟,一只孔雀开屏样式小花篮送到漱芬面前,漱芬开心了。

一大早,李凯就去按夷生家的门铃,开门的是花匠老梁:"哟,小滑头,来得也太早了,夷生还没起来哎。""睏懒觉嘛。""听娘姨讲,昨天跟廖太太讲事体,讲到十二点钟。""廖家伯伯,伯母起来了吧?""好像吃早饭了,我看烧饭娘姨端了点心到餐厅。""好,我进去了!"李凯熟门熟路,没有走正门,绕过花园,从佣人楼梯上二楼,打扫房间的女佣认识李凯,笑笑:"少爷还没起来。"李凯点点头,轻手轻脚,走到东面夷生房间门口,门缝里,夷生抱紧毛巾毯,赤裸上身,头侧向一边,李凯一个箭步冲进去,拉开毯子,夷生惊醒,本能地护住胯下。"哈哈哈,春梦了无痕。快看,本能反应,大夏女生速来围观。"夷生睏势懵懂,眼睛张不开,一连串:"做啥?""起来了,今朝要紧事体,缺了廖大公子,戏就唱不下去了。""啥事体啦!""八一三摄影展览。""真是啰唆,讲好不去的,让我再睏一歇。"夷生说完,拉过毯子,裹住身体。李凯凑近夷生,问:"文娟的事体,昨天晚上,跟廖伯母谈过了?"夷生坐起来,一脸严肃:"谈了。""结果呢?""讲了半天,姆妈讲,这家人家不错,小姑娘也是有教养的,为啥开始不告诉姆妈,一直拖到小姑娘出事体了,让对方告上门来?""没一口回绝?""姆妈讲,既然是结亲,也要为人家想想,女方爷娘的意思,也要听听。姆妈讲再考虑考虑。估计要跟老头子商量。""有苗头啊,廖伯伯是宽宏大量的人,这桩事体应该可以圆满解决,廖大公子光明正大迎接新娘子进门,大夏大学一对璧人,终成眷属。真可谓,风流才子,先奸后娶,终于得手啊。"夷生拿起枕头,狠命扔过来,李凯手一挡,枕头滚落,李凯来劲了:"荣国府里,王夫人是讲了算的,王夫人意中,宝钗为淑女,袭人为良婢。不过,宝钗有先奸后娶之讥,袭人更明明白白,是诱导宝玉的教唆犯,宝玉童男之身,从此结束。可谓淑者不淑,良者不良。没讲错吧?廖大公子一生中,宝钗已经有了,哪里一位是袭人,不妨如实说来。"夷生找衣服:"我这辈子最不想跟国文系的人打交道,一股酸叽叽味道,少讲几句可以吧?""好好好,讲正经事体。摄影展览会,去,还是不去?""不去!""这不是夷生作风哦,现在不讲班长,廖大公子想一想,一个大型展览,布置效果如何,光线如何,展览气氛如何,难道夷生一点不想了解?毕竟有自己心血,总要有最好一面示人,真的拒绝去看一看?"夷生套上背心,床底下勾出拖鞋:"现在不谈,先吃早饭,李凯吃了吧?"

两个人坐入餐厅,餐厅不大,一门之隔,就是厨房,一张可收放圆台,八九把椅子,适合廖家平时用餐。遇到姐姐安怡跟姐夫回娘家,偶然亲家一道过来,两家人其乐融融。廖先生生意上小范围请客,也比较适合。廖先生用餐,已经结束。备餐台上,牛奶面包,白粥包子,酱菜腐乳。夷生呼噜噜吃了一点白粥,李凯一点不碰,指指自己肚皮:"饱了。哎,廖大公子有六张照片放入展览会,一点不介意自己作品效果啊?""不介意。""作品是自己心血这句话,是啥人讲的?""我没讲过。""好的。那么,沈漱芬小姐,在意吧?""啥意思?""我已经寄了邀请函给沈漱芬。""啊?为啥不问问我,瞎搞嘛。""沈漱芬一定会到现场。""好了。这记非去不可了。我的事体,十有八九,坏了李凯头上。"夷生没心思吃早饭,李凯在一边偷笑。

夷生开了自己奥斯汀汽车,两个体面人家公子,十点左右,赶到敏体尼荫路基督教青年会,八一三,法租界,路上风景稍有异样,霞飞路，三四成商店插了青天白日旗，也有关门的，西人店铺营业照旧，几条路口警车停驻，警队设岗，市面稍显暗淡。车一转弯，四四方方青年会大楼，赭色墙面，中西合璧，门口有人聚集，"沪上中西各报摄影集锦展览"几个大字，比夜晚看，更加醒目，新闻记者模样人物，手持相机拍照。电梯里挤满人，升到四楼，电梯门一开，正对展厅门口，人群聚集，展厅灯光大亮，李凯手肘顶一记夷生，说："看。"夷生朝前一望，只见班长一身西装，可能是不合体，或是其他原因，样子有点怪。最忌讳的是，皮鞋里，一双白袜子，新得戳眼，胸口别一块红布条，上面有主席二字，面对采访，侃侃而谈。班长眼睛扫过来，看到夷生李凯两人，面色有点尴尬。李凯用力皱了皱鼻子，故意做给班长看，拉了夷生，朝展厅走。照片琳琅满目，每张照片前都有人细看，外国通讯社提供，大世界，华懋饭店等处，血肉横飞，伏尸街头真实画面，聚集的人特别多。同学见夷生李凯过来，说："看，这边这边。"李凯找到夷生六幅照片：浓烟遮天蔽日，苏州河边仓库烈焰腾空，一侧有倒塌水塔，太阳变得像月亮一样迷蒙，六个角度拍摄，影调奇特，虚柔与硬朗交织，一看就是高手。夷生瞄了一眼，无意逗留，仿佛照片跟自己无关。李凯拉住夷生："哎，美国新闻处的人，盯住六张照片，夷生没有署名啊？""让人家看好了，署啥名。"扩音器里叫："开幕仪式马上开始，请来宾移步，门口恭候。"两人随观众到门口，刚好漱芬手提花篮，保姆紧跟身后，走出电梯，一众正装来宾，出现一个浅色旗袍漂亮女孩，也够醒目。班长眼看漱芬走近，以为花篮是献给他的，伸手来接，漱芬一看此人面生，缩了手，四周探视，终于看到夷生，兴冲冲上前，叫了一声："夷生哥哥。"花篮塞到夷生手里。拉住夷生手臂，靠得紧紧的，夷生接过花篮，略有几分狼狈，李凯在一边，朝漱芬做鬼脸，漱芬微笑，露一口洁白龅牙，皮肤柔嫩，也是好看。

　　班长发言："各位来宾，首先，我先介绍一位我们自己的摄影师，廖夷生先生。他提供的六幅照片，是唯一没有发表过的。"所有人的目光一起聚集在廖夷生身上，镁光灯一闪，有人拍照。李凯一想，班长此时推出夷生，也够聪明。李凯不知道，班长说话之前，眼睛扫到了联络员，这是班长期待已久的要人，盛况就是最好的答卷，那个中年人一声不响，立于远处角落，表情阴冷，他对"物质现实的还原""决定性瞬间"等摄影理论没有丝毫兴趣，他看中的是场面，调动的观众越多，记者越多，越符合他的要求。联络员的出现，足以让班长警惕，要稳住场面，不让李凯这样的人有空子可钻，然后才能滔滔不绝，人群发出赞叹，有外国记者提问照片的来源，班长一一作答，他的标准国语，像一个演讲家。

突然，人群后面传来一声怪叫："妈皮的，上！"十几个游荡在展厅里的男人，袖管里抽出铁尺，乒乒乓乓一阵响，挤在门口的观众，对于突如其来的变化，一无所知，惊悚回头，墙上镜框玻璃，随刺耳敲打声，一块块崩裂，转眼变成一地碎片，照片撕开，割痕锐利，裂纹像树根，从上到下。铁尺挥舞，大幅照片劈开，一道道挂下来。长乱混在人堆里，用力抽打，抬脚猛踩，玻璃碎裂声音，带出一阵快意，狗屁展览，还不是和百乐门一样，钞票太多。赤发鬼此次开出了高额奖励，长乱用力砸，砸的是啥，根本无心留意。人群挤向电梯，女人尖叫，为寻找楼梯出口，四下奔跑，在长乱眼里，装模作样的家伙，一律活该。

夷生护住漱芬，保姆吓得浑身发抖，花篮跌落，花瓣踩成泥浆，色泽难辨。李凯叫道："快，快到隔壁小暗房去。"拉紧夷生漱芬，往走廊跑，李凯迅速打开门，四个人惊魂未定，又有同学陆续进来，一直到外面混乱声音渐渐平息。长乱还在莫名泄愤，铁尺一上一下，砰砰作响，身后一声叫唤："巡捕来啦，跑！"敏体尼荫路上传来警车呼叫，警笛声四起，长乱这才想起，紧跟赤发鬼，往楼梯急窜过去。

刘正昌把自己关进办公室，写报告，艾伦的死，警务处需要更具体情况汇集，以便对远在苏格兰的家属做详细交代，进一步安抚。刘正昌落笔困难，该写的已经写了，艾伦的死，有偶然性，如果当时艾伦不下车，就不会中枪，下了车，依托自然掩体，也可以避开子弹，命运就是由各种巧合拼凑而成。写到艾伦的死，刘正昌的脑子里跳出仲芳的影子，刘正昌已经不能把艾伦和仲芳分开看待，自己的妻子，成为别人感情生活的部分，难道是自己做错了什么。刘正昌的教养，不可能在仲芳身上寻求报复，难道真的是性出了问题？一个东方女人，需要怎么样的性满足？有人敲门，警卫匆忙进来报告："刘 Sir，工部局警务处来电话，接到法租界巡捕房求援，一批黄道会成员，在基督教青年会大楼作案后，正往公共租界一侧逃跑。他们没有越界抓捕权限，希望老闸捕房增援。""地点？""虞洽卿路和敏体尼荫路交接口，大世界门前。""汤姆和警队人员，立刻集合，带上武器。""是！"刘正昌和汤姆同一辆警车，警队人员带上轻型卡宾枪，紧跟在后面，三辆警车一路鸣笛。五分钟后，大世界塔楼就在眼前，全体警员下车戒备，铁刺架拦在面前，和对面法租界警戒线，隔开一条爱多亚路，两边租界的警卫，都已经持枪，一时看不出什么动静。突然，人流由南面朝虞洽卿路涌来，分不清普通百姓和黑帮分子，刘正昌命令："拦住！快！"所有铁刺架拉开，留出仅容一人通过的缺口。人流在铁刺架前被堵住，一个个等待搜查。有人试图朝爱多亚路西面溜走，被巡捕截住，卡宾枪抵近，排成一条人龙。长乱被拦在铁刺架前，手里铁尺，早在离开青年会前就扔掉了，他紧跟赤发鬼，亦步亦趋，长乱相信，只要巡捕拿不出证据，就一切太平。人流一点点向前挪动，经过搜身的人，大部分放行，女人和小孩，无需搜身就过。长乱注意到，越是接近缺口，赤发鬼越是不安分，右手一直捂住腰间，差不多就要轮到搜查，恍然间，赤发鬼猛推一把身前小孩，突然拔出手枪，朝天就是

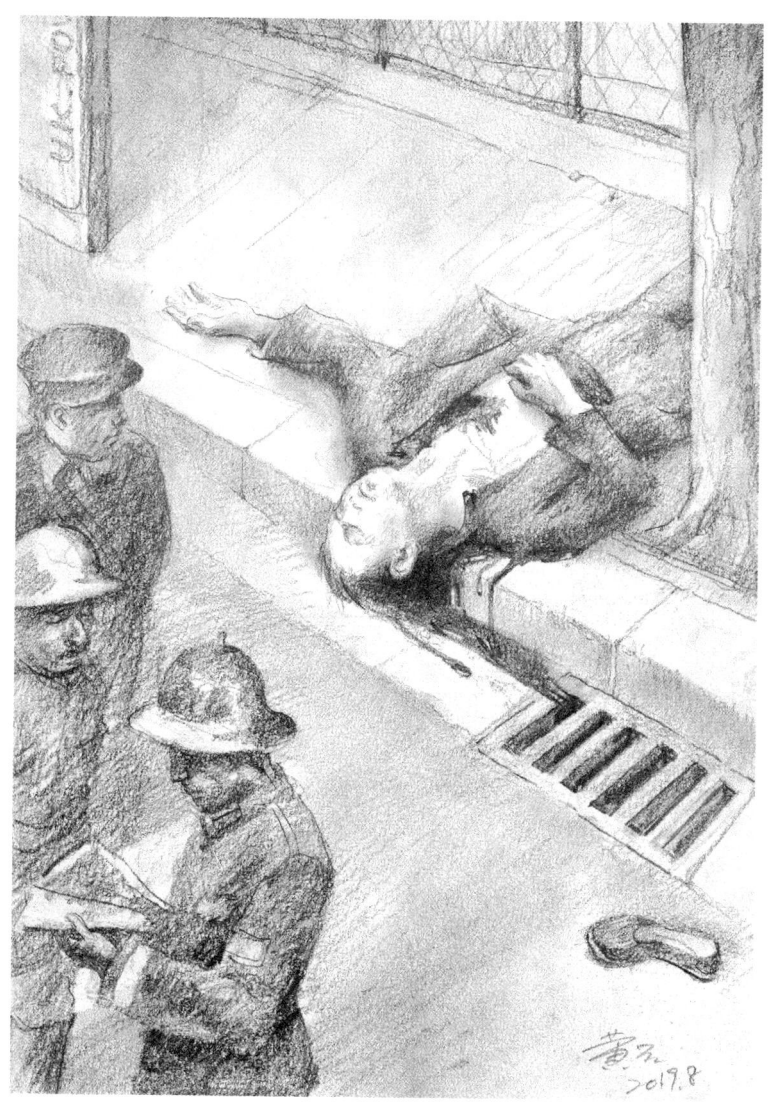

很快,血水顺人行道砌块拼缝渗出,一直流,流到阴沟里,像侧翻的酱油,又浓又黑。

一枪，人流大乱，巡捕一时没有反应过来，赤发鬼乘乱，一步跨出去，长乱紧跟其后，朝跑马厅方向狂奔。跑出几十米，身后警笛响，赤发鬼回头射击，这一射，引来一连串枪响，啸叫声就在耳旁，子弹撕破空气，带着滚烫热度，扎进前面水泥墙上炸开。长乱从来没有像此刻，感到死亡临近，大沽路（武胜路）就在眼前，跑马厅铁丝围墙，要么翻过去，凭借巨大看台，躲过巡捕追击。极度缺氧，让长乱来不及思考，只管迈动双腿。赤发鬼跑得快，已经接近马霍路（黄陂北路），再过去，就可以消失在一片密如蛛网的弄堂里。事后，专家分析，赤发鬼朝长乱开的一枪，是不想让长乱尾随，也有另外一种观点认为，赤发鬼只是漫无目的乱射。赤发鬼开枪了，瘦小身影，边跑边扣动扳机，毛瑟枪有效射程不过一百米，没有人会预料到，子弹不偏不倚，正中六十米开外长乱心脏，长乱倒向街边梧桐树荫，百乐门发的衣服，就在身上，血污喷出，黑色对襟外衣，变成紫绛色，闭上眼睛之前，没人晓得长乱想啥。很快，血水顺人行道砌块拼缝渗出，一直流，流到阴沟里，像侧翻的酱油，又浓又黑。

赤发鬼仅有的十发子弹，很快打光，在赤发鬼就要弯进狭窄的孟德兰路（江阴路）之前，一颗卡宾枪子弹飞来，洞穿头发焦红的头颅，奇怪的是，在受到致命打击后，赤发鬼又继续跑了十几步，然后倒下来，单薄的身体，像一片树叶，翻落，继续向前滚动，直到被墙角兜住。巡捕房验尸官说，从来没有碰到这样的死者，皮包骨头，体重不到一百磅。

7

化妆间嘻嘻哈哈特别热闹，舞女你一句我一句，"休息三天，美萍，陪过房爷去啦？""十三点，老头子有啥好陪？""白莉去啥地方白相啊?""啥地方不去,家家人家关门,孵了屋里搓麻将。""姓陶的小开,没来寻慧慧啊?""啥,陶小开?老早 Pass 脱了。""看见姚姚吧?""没。""姚姚现在花头浓噢。""领班只下作坯,只晓得拍老板马屁,上趟讲好加一成,空屁!""当心噢,只瘪三,壁角落偷听。"化妆镜前,丝袜,香水纸,钢丝梳,头发夹叉,丝带绢头,到处铺开,不留空隙,舞女一个个搔首弄姿,唯恐脂粉太薄,香水太淡。百乐门响应舞业倡议,八一三前后,停业三天,今天复业。

姚姚急匆匆推开门,慧慧叫起来:"哦哟小姐,总算来啦!今朝包场,姚姚不晓得啊?"领班眼泡皮虚肿,三天通宵麻将面孔,紧跟姚姚进来:"喂喂喂,早点准备了,不要一个一个像木太太。听清爽了,今朝包场,是上海滩钱业公会,邱老板出钞票,听到过邱老板吧?"有人问:"啊是金城银行邱格里啊?""不错,大家听好了,邱老板讲,要来一趟舞王大赛,嘉宾投票,选中有奖励,奖励啥,我就不讲了。""讲,讲!"舞女们叫起来。"奖励现金支票,还有珠宝首饰。""哪一趟不是内定,嘉宾评选,赤佬相信,摆噱头!"领班说:"不要瞎讲,这趟,全部现场开票,现场计票,大家做好准备。像姚姚这样,迟到,错过机会不要怪我。"领班做了个生气表情,指指姚姚,又指指慧慧,拉上门,走了。一帮女人,手里的香水纸,橄榄核,蛋糕块,旧袜子一起朝门背扔过去,"死开,滚了远!""只骚棍子,弄弄又是空心汤团!"

慧慧看姚姚闷闷不乐,轻声问:"小姐,啥事体不开心啊?""听讲,长乐死了。""哟!为啥?""不晓得,有人讲,死了跑马厅外头。""姚姚还记牢长乐啊?""我也不晓得为啥。""做舞女,别转屁股就当陌生人,这是最最要紧的,这个世界,没情分好讲。""嗯。""晓得陈曼丽吧?""晓得。""刘四爷甩脱了,名气大吧,到头来,还不是一场空。"姚姚说:"嗯,我尽量不去想。""想了也没用,姚姚去想,长乱就活过来了?再讲,长乱又不是姚姚男人,姚姚又没嫁过去,又不欠铜钿，远开八只脚的。快快，化妆，不要呆了此地。"

郁克飞心情不错，两脚支在写字台上，舞业同业公会传来风声，要让郁克飞做会长，虽然是无薪虚衔，毕竟在同行里，加大了讲话声音，威望自然提升，百乐门董事会面前，也好硬气几分，至少，百乐门总算转亏为盈，舞界上下知晓。有人敲门，"进来。"领班面带谄笑，站立门口，说："老板，舞王大赛，是不是事先定好结果啊？"郁克飞想了一歇，说："我看，钞票也到不了我手里，就让嘉宾投票，本来，我就不欢喜小动作，钱业公会，上海滩大人家，应该让几个会长董事开心开心。""假使出冷门？""冷门好啊，现在就是要冷门，老面孔有啥好看。还有，记者请好了吧？""哦，《舞影》《舞蹈世界》《舞声》关照过了，几家小报，已经答应，一定会来。""冤家《舞声》，也叫过来？""叫了。"郁克飞一下从位子上站起："今朝邱老板上门，我要准备。"

姚姚看镜子里自己，黑眼圈明显，两颊刀削一般，雀斑从皮肤下面浮出来，比以前多了好几粒。长乱死了，姚姚谈不上特别难过，最近同居的男人，也断了。慧慧讲的，是对的，天下世界，没啥好留恋，所谓恩恩爱爱，自己骗自己。旁边姊妹们，相互调笑谑浪："隔壁小化妆间，来了两个罗宋女人，没一点声音，来抢生意啊？""寻罗宋女人跳舞？真真寿头，一股狐臭味道。""瞎讲，不臭的，就是脚毛长。""有人要吃罗宋火腿的。""还有人要吃东洋萝卜腿。""陶小开要吃慧慧大腿。""神经病！不许再讲。""嘻嘻。"一边女伴看姚姚不响，问："姚姚，装啥正经啦？又是搭牢哪里个小开？"姚姚苦笑："像我现在只面孔，还会有小开看相？""难讲的，百人买百货，讲不定好运就来了，到辰光，就怕姚姚不要。"姚姚轻嗔："好了好了，粉饼用光了，啥人借我？""叫长乱去买呀。"姚姚也不示弱："翻老账对吧，坐了此地阿姐阿妹，每个人新老户头，我心里一本账，清清爽爽，要我讲吧?""讲!我倒要听听。""嘘,不讲不结冤家。""讲呀,慧慧新户头是啥人?"

当晚客人,十有八九是银行钱庄老板,老派腔调,身后跟定公子千金,油头粉面,明显两代人。姚姚化妆完毕,脂粉盖住瑕疵,依旧柳眉细眼,古典美人。一众姊妹,落坐乐池一侧。菲律宾乐队,也晓得今天晚上贵宾莅临,喇叭吹得起劲。郁克飞早早到大门口,就等邱老板光临。

也许是经常和钞票打交道,摸纸币、数银洋惯了,客人跳舞在行的不多,主动搂住舞女转圈子没几个,反而是姊妹们根据领班要求,主动寻客人跳舞。姚姚先搭了一个秃头老板,一曲《莺儿飞》,二拍节奏,老板跳得硬邦邦,曲终,姚姚松手一看,秃头亮光光,汗也出来了。姊妹们拉拉扯扯中,各自完成任务。灯光转暗,乐队曲风一变,美国名曲《水兵歌》,节奏强烈,几个年轻公子哥儿窜入舞池,拉了舞女,扭动胯部,动作泼辣。向姚姚邀舞的长发男子,已经瞄了一段时间,姚姚之前的一段舞蹈,中规中矩,收放到位,对待舞步生疏秃头,一点没有敷衍,引起长发男子注意。对方搀了姚姚,右手轻抵姚姚背部,食指第一关节稍稍一点,一起随《水兵歌》扭动,姚姚感觉,客人主动发力,腰部移送到位,收拢也快,脚踝灵活,吃准节拍,随音乐情绪变化,有疾有徐,不是一般舞客能够达到。舞曲结束,又搀起姚姚左手,送回座位,欠欠身体,给几分礼数。分开距离,姚姚细看这人的长相,眉目干净,细细的八字胡,贴在白净的脸上,俊朗中带几分老练。这样的舞客,姚姚经常遇到,大多有海外留学背景,舞步如此娴熟,倒不多见。

三辆轿车,百乐门门口停下来,郁克飞迎上去,郁克飞印象里,银行钱庄的人,面相差不多,一股算盘味道。邱老板从黑色别克轿车下来,随行扈从一个个恭恭敬敬,郁克飞虽然没有和邱某见过面,报纸上照片是看见过的。邱老板相貌堂堂,不讲,还以为是军政人员,就是人矮了一点。彼此寒暄,迎入贵宾休息室。邱老板开口:"一年多来,战乱不息,钱业同侪如惊弓之鸟,币制混乱,以致资金融通困难,弊害丛生。会长如我,一时也无万全之计。阿拉只好以联谊方式,互通声息。"一番冠冕堂皇说辞,大小银行钱庄老板点头称是,郁克飞一时插不上嘴。邱某继续说:"此次百乐门包场,一来,大家放松,尽情白相,二来,各个银行钱庄借此,彼此沟通。再讲,会员年费红利提成,还是要用于各个会员嘛。我让几位副董听取各位意见,听讲,摩登游乐场所,比较受欢迎,为此选定上海滩第一乐府,百乐门,所有节目,由百乐门经理郁克飞先生安排。"邱某一伸手,示意郁克飞讲话,郁克飞也是场面上老手,谢谢邱会长捧场,类似赞词,一轮过后,介绍舞王评选:"各位,欢喜任何一位小姐,可以尽情邀舞,投票。"大小老板如得了便宜,兴头十足,交头接耳。

等到老板们舞池周围入座,领班已经安排妥帖,中西名点,咖啡酒水,应有尽有。一众舞女,花枝招展,笑意盈盈,聚集乐队周围,菲律宾乐手不敢怠慢,乐器擦得精光锃亮。慧慧指尖点一下姚姚:"刚刚拉姚姚跳舞的男人,啥个来头啊?""没看见过。"慧慧又问旁边白莉,白莉说:"哦,长头发是吧,大东银行小开呀,美国留学回来,每天跳舞厅寻搭子,一礼拜七只跳舞厅团团转。"慧慧说:"这只男人有意思。"眼睛朝角落里瞟过去,发现对方目光抛过来,眼帘下垂,展开檀香小折扇,左右拂面。

餐舞时间到,郁克飞难得出场,步入聚光灯下,头发根根拉直,涂满发蜡,像上足鞋油的皮鞋:"各位来宾,今朝,舞王大赛正式开始!"鼓乐齐鸣,南美骚萨舞曲,男男女女从凳子上蹦起来,旋入舞池。姚姚被一个中年舞客拉到舞池中央,随节奏剧烈摆动。骚萨,带有土风的求偶意味,男女互相逗引,你来我往,亦步亦趋。姚姚随机一瞥,长发男人目标正是慧慧,两人贴身扭动,胯部一耸一收,频率繁密,令旁观者想入非非,几个老式账房先生,更是看得目不转睛。曲终转换瞬间,姚姚问慧慧:"搭上了吧?""只晓得跳,闷屁不放一只。""看,盯牢慧慧了。""不睬。""真的跟慧慧一句话没讲?""就讲了一句,要带我去兜舞厅,问我有空吧。""有苗头噢!""要我陪跳,仙乐斯,丽都,大都会,维也纳一家家扫下去。""慧慧答应了?""这种男人,哪能可以马上答应。""慧慧意思是……""钩子放出去再讲。"

邱老板看得津津有味,哈哈大笑:"开眼界开眼界,到底是百乐门,男女情事,亦可舞之蹈之,真真乐而不淫,难怪上海滩,人人趋之若鹜。"周围大小老板点头称是。郁克飞插上一句:"邱会长,要不要也跳一圈?""不来事不来事,跳舞我是一窍不通。""这里小姐,可以带邱会长跳,我帮邱会长选一个,保证一跳就会。"旁边人跟着起哄鼓掌。郁克飞站起,手指朝姚姚一勾,姚姚施施然走过来,邱某一看,玉骨香肌美人,浅笑盈盈,一时兴起,握了姚姚玉手,起身。舞女之中,姚姚最为娇小,邱某不过比姚姚高半个头。郁克飞又朝乐队示意,一曲南美 Angelina 恰恰舞,简单鸭子步,节奏幽默诙谐,姚姚拉起邱老板,摇摇摆摆,一个古板,一个活泼,舞池里旋动起来,邱某居然步步踏准鼓点,跳得有模有样,结尾处,更有大段发挥,搂紧姚姚转圈,互钻肘拱,引来掌声一片,邱某更为起劲,与姚姚贴面,一开一合,直到曲终。喇叭手有意,休止后拖几个滑音,引得哄堂大笑。姚姚搀紧邱老板手,送回座位。邱某心情大好:"好白相好白相,今朝骨头轻一记。"姚姚说:"邱会长跳得真好。""献丑献丑,哟,请问小姐芳名啊?""不好意思,我叫姚姚。""姚姚,好听的,好听的。来来来,我帮姚姚小姐投一票。"邱某兴冲冲拿起笔,精印烫金舞王选票,写下姚姚二字。旁边大小老板一看会长落笔,也纷纷拿出手中选票,写上姚姚。郁克飞躬身上前,递上点心碟子,说:"邱会长第一趟跳舞?""娘胎里出来第一趟呀。""灵的灵的,看来邱会长要经常来白相。""是的是的,我认准姚姚小姐。另外几个甜芦秫样长脚小姐,好看是好看,跟我配不拢的。""邱会长客气,多寻几个跳跳,会习惯的。此地跳舞,罗宋小姐,东洋小姐,暹罗小姐,只要会长欢喜,随便选。当然,会长欢喜姚姚小姐,我保证,每趟来白相,一定让姚姚跟牢会长。""好好好。"郁克飞示意姚姚坐邱某旁边,陪会长讲话。

当晚的开奖,众多姊妹噘起了嘴,混迹江湖多年的舞女,没有一个想到,最后的舞王桂冠,会落在姚姚头上,慧慧更是气得摔了杯子,吓得姚姚不敢回化妆间。慧慧叫道:"凭啥,啊?凭啥让这只矮脚鸡拿大奖,算跳得好,还是人漂亮。要卖相没卖相,要舞技没舞技。册那,跟老头子勾搭,擦着外快啦?"其他几个舞女也叫起来:"瞎搞嘛!姚姚这记赚进,五千只老洋落袋,飚劲摆足,下趟还了得。""慧慧,侬不错了,一套首饰,阿拉,屁照镜!""要矮脚鸡出点血,叫矮脚鸡拉圆台面呀。"

姚姚靠墙,金城银行五千元支票塞进乳罩,走廊里,难听闲话,句句听到。姚姚没有想到会得奖,对姊妹们的冷言恶语,反而是早就预料到的。喧嚣已经散去,姚姚呆立走廊阴影里,很长时间,一直没有回化妆间。有一歇,姚姚想到长乱。每次,哪怕是最后一个离开百乐门,长乱会在门口等,长乱究竟是为啥死的,姚姚不清楚,大概永远也不会清楚。跟自己睡过觉的男人,为啥只想到长乱,可能是长乱最直爽,在姚姚面前最没有羞耻心,也最本能。

化妆间一堆女人,表面嗲里嗲气,一个个心里的算计,就是一把刀,恨不得背后戳过来。风头如慧慧,也不过用足力气,百般手段,就等老板小开上钩,乘时鲜货,早卖早安生,否则,还不是一堆烂肉,一块削价也没人要的臭肉。姚姚背过身,朝化妆间反方向十来步,一扇小门,推开来,连接铸铁消防梯,酷夏已近尾声,空气清凉沁人,百乐门灯塔霓虹依旧透亮,姚姚不再回头,就让手袋皮夹子留落化妆间,姚姚顺螺旋消防梯走下去,几次,皮鞋后跟嵌进铸铁踏步里,稍稍用力拔出来。出了边门,静安寺一带灯火通明,电车叮叮当当,姚姚朝愚园路胶州路走去,姚姚不晓得,可以安顿自己下半生的男人,在啥地方。

8

"保罗啊,咖啡煮好了。"每天七点敲过,房东老太太准时敲门,前后不会相差五分钟。上海话里,"煮"这个字是不用的,房东太太是广东人,说粤沪夹生上海话。豁嘴张保罗放开怀里阿雯,套进汗衫,坐床边凳子上。阿雯也醒了,面带羞赧,问:"几点钟了?""七点。"昨天晚上,两个人去看了一场电影,宁波路新光大戏院新片子《艺海风光》,阿雯是陈燕燕影迷,自从看《三个摩登女性》迷上陈燕燕,小家碧玉模样,多少有点阿雯的自我投射。张保罗不喜欢电影里人物腔调,一句一个大道理,也由此经常出戏。张保罗喜欢看大块头殷秀岑瘦皮猴韩兰根滑稽舞蹈,两只活宝银幕上出现,哈哈一笑。女人看电影,难免一条手绢,看到动容处,就要擦眼睛,阿雯也一样。张保罗宁可低头看阿雯胸前丘壑,银幕反光,亮晃晃一片。

电影结束,两个曾经沧海的人,一句闲话不讲,默默走了很长的路,两人有预感,今天晚上会发生事体。本来,张保罗建议去咖啡馆坐一歇,阿雯说喝了咖啡晚上失眠,于是作罢。上海夏末夜晚,适合散步,从宁波路返回法租界,路边零零星星书场,咖啡馆,舞厅依旧亮灯,已经不如刚刚入夜时闹猛。弄堂深处"芝麻糊,伦教糕……""檀香橄榄卖橄榄……"叫卖声调,拖长长尾音,夹杂噼里啪啦木拖板声音,是人世间图景。阿雯说:"就走回去吧。"张保罗问:"不怕吃力?""难般荡荡马路,惬意的。"接近环龙路,阿雯突然停下脚步,张保罗问:"做啥?""我的老板。"马路对面,老裁缝弓腰慢慢走过。张保罗问:"刚刚歇工?""是的,每天做到夜里十点钟,不要让老板看见我。"阿雯乘势,转身到张保罗里侧,张保罗搂紧阿雯,像有电流传递,阿雯浑身一颤。

到了张保罗家门口,张保罗没有松开手的意思,阿雯脚步停顿,站立不动,抬头看张保罗,张保罗仍不松手,抚推阿雯,阿雯顺从,进门上了楼梯。张保罗开门,二楼朝南一大间,收拾得干净,红木方桌居中,四把骨牌凳,靠墙一个大床,五尺细篾席,一尘不染。一侧小书架,除了《七侠五义》《青城十九侠》《姑苏弹词集锦》等套书,显眼的是厚厚一本《法汉词典》,墙上除了泛黄的老人照片,还有一张旧版法国地图。唯一有女人痕迹的,是镜子面前一盒百雀羚,几瓶不同牌子古龙水。也许是阿雯多想,张保罗是注重个人形象的。两人无话,古董座钟敲了十一下,经历过的男女,反而觉得无从做起,就怕某一步不合对方心意。张保罗帮阿雯卸了外衣,阿雯偎入张保罗怀里,问:"经常带女人来?""以前是。""还记得这点女人名字?""记得一个叫阿兰,其他忘记得差不多了。""为啥是阿兰?""阿兰会讲法文,N'oubliez pas les lumières s'il vous plaît." 阿雯问:"啥意思?""不要忘记关灯。""是那个女人讲的?"张保罗笑笑。天花板中间,带升降葫芦的吊灯,荷叶边磨砂玻璃灯罩,小康之家的配置。张保罗关了灯,窗外月光依然冷亮。阿雯叹了一口气:"大概不要一个礼拜,就会忘记我了。"张保罗无言以对,好像所有的甜言蜜语,对于一对年过三十岁的男女,都显得假。张保罗右手抱紧了阿雯,丰腴的身体,隔着真丝衬衣也能感觉到。默默相靠,一直寻不到话题。张保罗还是开口了:"阿雯不会晓得,我一直是危险的。""啥?""有一种不确定,或者讲,是威胁。""不懂,看不出来呀。""等看出来,我就离开此地了。""越讲越吓人了,电车公司,不是做得蛮好嘛。""是啊,一时头里没办法解释,我就想今后太太平平,过了这段辰光,正正式式,讨阿雯做老婆。""不要开玩笑。""绝对不是。"月光下阿雯的脸,没有表情,只是和张保罗靠得紧。古董座钟敲了十二下,凉风顺门上气窗,穿堂而过,阿雯慢慢脱了衣服,张保罗眼前一亮,月光下,近窗处一片银白,阿雯胸前,两团迷蒙白光漾开,整个房间融化,张保罗不由自主伸出双手,想去触碰,白光耀眼,张保罗不是新手,依然为眼前景象迷醉,张保罗双手嵌入一堆柔软,即使明知是陷阱,万丈深渊,张保罗也会心甘情愿,为眼前温柔陷进去,宁可让这具肉身,陷入无底的渊薮。

晨光照到簟席一角,房子安静,楼下传来大门合上的声音,房东老太太关了后门,去买菜。大约九点,会上来打扫张保罗房间,每天如此。阿雯洗漱完毕,拿过蓝盒百雀羚,涂了手和脸,和张保罗说了句:"我走了。""早饭不吃了?""路上看看,买块松糕,或者双酿团。老板关照,今朝有客人上门。"张保罗抱紧阿雯,讲不出的感慨,既空洞又充实。已经有一段时间没有触摸女人身体,张保罗的这个夜晚,唤起了新的活力,所有的被人利用或被人嫌弃,在爱的面前,都得到了补偿。

"娜莎,你最近变了。"戈思默对自己秘书说。"什么变不变的。"娜莎有点不耐烦,撅着屁股,手里一叠卷宗,抽出一份,说,"戈思默,七月份票款收入有所上升,签字吧。""小姐换了香水,发型也变了。""没错。""娜莎,最近法国《新闻报》有一个统计,办公室秘书和老板上床的比例占百分之六十五。""我知道,你很开心,解脱了一点负罪感,也不用去神父面前忏悔了。""神父?我才不信那个鬼呢。剩下的百分之三十五,都是老太婆吧。""下流。""娜莎,上床的发生地,要不要我告诉你?""你尽管说,不说你会难过。""百分之七十,在办公室。只有百分之三十在住家或者旅馆。""这说明什么呢？法国人随处交媾，就像中国人随地吐痰。""娜莎，不要在我面前说法国人的坏话，俄国人也好不到哪里去。""没有，我在赞美。""娜莎，过来——"戈思默仰坐办公椅，他对娜莎的伶牙俐齿有一半是欣赏。娜莎在上海过得不错，据说租了不小的房子，有固定男朋友，一个在海关上班的瑞典人。"签字了吗？"娜莎问。"签了，签了。过来，让我抱抱你，宝贝。""停，别碰。"娜莎收起文件，推开戈思默的手。"娜莎，如果我和你的瑞典人来一场划船比赛，你觉得怎么样？""你没见过他，见到他，你会认输的。""哦，哦，瑞典佬有蛮力，我懂。"戈思默带几分讥嘲，笑笑。

电话铃响起来，娜莎接电话："您好，电车公司总裁办公室，他在，好的。"娜莎手捂话筒，说，"巡捕房来电话，要你接。"戈思默懒洋洋伸出手："你好，谁？警官先生，怎么？又要我过来，你们巡捕房以为我们一天到晚没事干是吗？噢，我已经烦了，在你们眼里，所有的人都是嫌疑犯。你不用跟我解释法律，警官，法国法律规定，嫁给一个死人是合法的，这就是议会老爷们的奇思妙想。好吧，我也会说，屈尊大驾。我过来。"戈思默放下电话，说："娜莎，巡捕房让我过去，说是什么，一颗纽扣的事情。""还没完？""天晓得，他们那副着急的样子，看来还有麻烦。""戈思默，自来水公司和电灯公司下午等你开会，还有，另外的四份文件，回来再看吧。"戈思默一边套上西装外衣，一边说："我知道，有一个笨蛋，投诉说，所有买回家的电灯泡，全部爆裂，怀疑是电灯公司的问题，上帝，法租界和公共租界的电压是不一样的，鬼知道他从哪里买的灯泡。连这样的事情都要烦我。""好像不是这个事情。""管他，电车公司不是电灯公司！一帮饭桶。"

巡捕房在薛华立路，离电车公司不远，戈思默的司机踩了两脚油门，就到了。门口的卫兵都是老面孔，戈思默径直到三楼政治处侦稽科，推门，一屋子的人都在抽烟，整个房间烟雾腾腾，警官一见戈思默,张开两手,做出拥抱手势,戈思默敷衍抱了抱,说:"警官先生,你们不是在野餐烧烤吧?""戈思默,两个礼拜不见,你好像更年轻了。""你也没变得老态龙钟啊。""嗨,我可没有你的好运气,瞧,一屋子的人,正在发愁呢。""说吧,我能做什么,可以让你们高兴?"警官郑重其事拿出一份资料,说:"戈思默,福开森路杀人案,有了一点进展,所以请你来。""指望我来破案?"警官:"我承认,关键时候,还是请您上场。""一个警务处,养了两千多个职员,比我们电车公司人还多。"屋里的人一片哄笑。"这话可不太好听哦。"警官抽出一张书页大小照片,一个中国男人,颧骨高耸,腮帮塌落,小眼睛,不知道是木然还是藏着狡黠,底下有一行法文和一行中文"Rulong Ma(Antiquaire)馬如龍(古董商)"。戈思默向来觉得,中国人的脸都差不多,不过,这个男子,确有几分眼熟。警官说:"根据福开森路凶杀案现场人士指认,这个古董商人,参与了凶杀案件。""警官,我们是电车公司,没有古董商人,是要我们到乘客里去找吗?""不,耐心一点,戈思默。你还记得那颗纽扣?""记得。""它可能是解开凶杀案的引子。""先生,你已经说过一次了。"警官用食指拨弄照片:"我们需要你在电车公司内部查找类似的脸,也许……""也许一辈子都找不到。""也许这个案子就了结了。""谁知道呢,我尽力而为吧。"

咖啡还是原来的味道。如果没有阿雯出现,豁嘴张保罗的一天,按部就班,从房东老太太咖啡开始,苦味,涩嘴,直到今天,张保罗依然认为,说咖啡好喝的人,大部分是装模作样,咖啡对张保罗来说,是药,可以让张保罗在四个小时里精神焕发,孵咖啡馆,是气氛,很多时候,和咖啡本身无关。今天不同,一种浓烈的情绪,被阿雯丰腴的身体重新激发,张保罗放下咖啡杯,眼前细篾席子,什么痕迹也没有留下,早上的阳光,缓缓移过来,将篾席划分成两个区域,一小块金光灿烂，一大块森森细细，像古典的织锦。篾席上，曾经有多少翻滚缠绵，亲昵放纵，张保罗无法一一回忆，可是，阿雯的无言，无词，无声，只有呼吸的粗重与急促，只有合拍的拥抱与亲吻，刻在张保罗心里，他生命里需要一个女人，也许真的就是阿雯。张保罗将垂吊了一晚的深藏青制服穿上，镜子面前，除了嘴角棕色的疤痕，一切都是体面的，按照职业要求，胡子刮得干干净净，发蜡让头发流畅整齐，带着弯曲，倒向一边，张保罗拿起帽子，压上头顶，电车公司帽徽，像左右镶缀草叶的花，一张祖籍苏州东山的脸，平静柔顺，没有任何粗豪气象。张保罗拉上门，沿吕班路，跳上第一辆电车，移动的车厢里阳光跳跃，斑斑驳驳，带着一丝莫名的欢欣，工作开始，查票，既是查乘客也是查卖票。张保罗可以精确算出，每一辆电车来往电车公司门口的时间，每一个司机售票员的工号。电车缓缓停下，贴住前面电车车尾，不动了。张保罗探头张望，一百米外，一根架空线断了，南向电车堵死，电线一头垂悬半空，绷紧的线条组合中，不合时宜多出一根曲线，随架空网络颤抖，来回晃荡。张保罗下车，沿线报警电话距离不远，抢修车转眼即到，升起工作平台，两个戴藤制头盔工人，手脚麻利，短短一歇，恢复送电，电车马达一激灵，车铃又叮叮叮响起来，张保罗站立路边，不断扬手，示意司机快速通过，姿势老练而潇洒，每一辆电车经过，朝张保罗打铃致意。

张保罗沿吕班路踱步，日头慷慨，四条铁轨像镀了银，伸向远端梧桐茂密处。夏末阳光不再刺人，阿雯西装店在马路右侧，张保罗眼里，西装店已然成了小小圣地，张保罗从来没有像此时此刻，有一种异样的想法，不能让他人染指。西装店再小不过，单开间门面，四分之三是玻璃橱窗，一侧是入口，店招上字迹开始脱落，两具木头人形已经老旧，套在外面的样装，始终笔挺如仪，张保罗看到阿雯被遮挡的身体，有顾客在，阿雯的半张脸，笑意明显，换一个视角，只能看见阿雯的腰，阿雯的腰纤细柔软，手持软尺，左右比画。张保罗不能再靠近了，再靠近，张保罗会情不自禁走进小小店堂，没有理由，无所事事，站在那里发呆，是不适合的。

张保罗迈步穿过马路，铁轨交叉，地上画出大尺度的弧，弧和弧套出复杂的图案，电车公司老年门卫，看到张保罗，连忙招呼："张先生，总裁室外国女人，打电话来关照，喊张先生到办公室去一趟。""有数了。"张保罗走到大洋房门口，跨上台阶，法国稽查庞莱也刚好赶到，微笑和张保罗打招呼："早饭吃过吧？"大鼻子庞莱卖弄一句上海话，说得十分标准。张保罗回了一句："J'ai bu du café."（喝了咖啡）两人笑笑，上楼，推开戈思默办公室门，戈思默一个陷在办公椅里，手里一张 Le Journal de Shanghai（法文《上海日报》），见人来，连忙起身，说："两位稽查来得正好，我们总是接到一些跟我们无关的奇怪任务，庞莱，保罗，你们看，在别人眼里，我们真的闲得没事干。"戈思默拉开抽屉，拿出牛皮纸信封，说："天晓得，巡捕房要我们协查这个人，说是一个卷入谋杀案的危险分子。"豁嘴张保罗的心，一下揪起来，不良预感，在肋骨下面某一个脏器里郁积，黑白照片缓缓从信封里抽出，张保罗紧张得差一点叫出声来，这张照片，一个半月前，在哥伦比亚路破旧老洋房里第一次见到，就让张保罗想到小薛，就是自己，向特别行动小组推荐了小薛，这个世界，再也没有比这两个更加相像的人了，张保罗竭力控制自己情绪，手心冰凉。庞莱站在一旁，照片正好反向，庞莱伸出粗壮多毛的手指，转过照片，仔细看了看，说："古董商。这是做古董生意的？他不就是4423号售票员吗？"戈思默问："你能确定？"庞莱说："我注意他很多时候了，就是他。"张保罗的心就要从喉咙口跳出来。一个人，要保持镇定，是需要生理成本的，要启动身体另外的物质，浇灭蓬勃的肾上腺素。戈思默："如果真的确定，我就通知巡捕房。"豁嘴张保罗侧过身，看了看手表，还好，有足够时间，寻机会告知小薛，就等老严和小薛的车，从电车公司门口经过，张保罗努力控制情绪。小薛如果落网，就是推倒多米诺骨牌，自己束手就擒，只是时间先后。以前特殊训练，用深呼吸保持镇静，好像不灵了，张保罗整个植物神经失调，心悸加剧。"我看不像4423，这个人眉毛上，有一颗痣，看上去更瘦一些。"张保罗竭力寻找他们不同之处。"是吗？要我来分辨中国人，简直是世界难题。"戈思默摇摇头。张保罗手指照片："看，他缺了半颗门牙。"庞莱说："还怀疑什么？千真万确，就是他。"张保罗知道，和庞莱争辩，等于浪费时间，不如让谈话早点结束，不再说话。戈思默拿起照片，又看了看，说："奇怪的中国人，我看都是一张脸。既然巡捕房要求协查，你们一起看一看，先不要惊动任何人，我不希望因为鲁莽让别人难堪。就这样吧，回头再说。"张保罗如释重负，从大洋房下楼，和庞莱分手，张保罗保持微笑，伸手拍拍庞莱的肚子，眨了眨眼睛，说："Fais attention à ton gros ventre, il risque d'écraser cette femme russe.（小心你的大肚子，压痛俄罗斯女人。）"庞莱骂了一句："Saloppe！"张保罗计算过，可以从从容容，步行到公司大门，给小薛发信号，让小薛悄无声息离开上海，让一切线索中断。

张保罗故意放慢脚步，保持一个电车公司高级职员的步态，张保罗甚至想抽一支烟，缓解刚才的紧张心情。在铜匠和一般司机卖票眼里，大帽花是仅次于法国老板的上等人，老年门卫一脸谄笑，张保罗报以上扬的嘴角，脸上肌肉抽紧，有意留几分矜持。

"嗨！张先生。"斜刺里有人招呼，司机978老宁波，一手提玻璃瓶，另一手工具包，迎面过来，一身制服挂在微弓的背上，穿出难看样子，玻璃瓶里黄色液体，又像茶水又像酒。老宁波咧开大嘴："碰着张先生，是福气啊，张先生晓得吧，当天夜里，手风转了。""啥手风？""还有啥手风，台面手风呀，十五只老洋，全部翻本，还赚着一票。哦哟，该相貌是挑我赚钞票，副副摸着好牌，三手俘房，一手铁支，还有一手张先生猜猜看。""猜啥东西？猜不出。""我额骨头发烫，要出大事体，阿弥陀佛，一手同花顺子！哦哟！红桃10，J，Q，K，A，我一生一世第一趟摸着，想来想去，为啥运道好得热昏，张先生是我福星唉。""啥闲话，跟我不搭界。""搭界的。八仙桥小神仙，帮我算过，我是假童子命，佛骨太轻，一生劳碌，转运要有贵人出现，贵人出现廿四个钟头里厢，星相变化，马上转运。""寻开心，我哪能算贵人，我还有事体。""不不不，我扳过手指头，张先生，就是贵人，就是财神老爷，我请张先生吃老酒，张先生愿意，还是八仙桥春醪馆，地方是小一点，实惠，老酒咪咪，我老宁波挺账。张先生是电车公司大、大帽，花，人的品相两样的，我老宁波腔调，配不上张先生，我承认，不过，我赢钞票，不好一个人独吞，是吧？"老宁波拦住豁嘴张保罗，唾沫和酒气，一起从嘴里喷出。张保罗没想到，老宁波当众人面，有胆拦住电车公司高级职员，半醉不醉，嬉皮笑脸。张保罗说："情领了，下趟，下趟。""张先生看不起我老宁波是吧，宁波人，乘柴片船到上海，还是宣统皇帝辰光，我还即12岁，睏了轮船顶顶末脚火油箱旁边，三天三夜，人佝拢来像只虾米，到上海，路也不会走，被人家讲起来是'毕地生司'（洋泾浜英语 empty cents 身无分文），袋袋里没有一分洋钿，看到人家吃吃喝喝，心里痒煞，就想啥辰光让我吃饱。进电车公司，从撬路做起（扳道工，收入很低），现在有了外快铜钿，请张先生吃一趟老酒，也不是啥大事体，张先生，定规要给面子的，这点点面子也不给，张先生就是看不起我老宁波。"豁嘴张保罗笑笑，说："好好好，就八仙桥，春醪馆。"两人一推一搡，老宁波手里玻璃瓶，乓一声落地，黄酒香气腾起："啥意思啦？张先生，耶，该算咋弄弄啦！碰着点啥啦！"张保罗："我赔，我赔。"

张保罗听到电车叮叮声，像交响乐终曲前短暂静默，等待结尾的临终一击。张保罗总算绕开老宁波,快步跑出大门,老严的车缓缓而来,小薛视线和张保罗对上,张保罗伸出双手,前臂交叉成X,这是和小薛约定的讯号。电车紧贴张保罗停下,司机老严探头问:"张先生,有事体吧?""没事体。""没事体,两只手'大叉'啥意思。"张保罗不响,没必要解释。

老严右手放开刹车,左手启动电门,电车移动,瞬间,蓝光伴随一声巨响,车顶集电杆,爆出连串电弧,滚烫火星,噼里啪啦,从天而降,正对张保罗头顶,张保罗本能反应,闪身避让,正巧,逆向交会的电车,如乐队喧腾,急驶而来,钟鼓齐鸣,卷起一阵风,车头保险杠,德国产镀锌角钢,不偏不倚,挑入张保罗卡其布裤管,张保罗摔倒,车头抵住细瘦双腿,沿轨道推行,刹车声刺破耳膜,伴随金属摩擦的尖厉啸叫,滑向休止符。

电车总算停稳在西装店门口。

此后发生两件事情,在电车公司引起不小震动,老严驾驶的电车,到达总站之后,售票员4423失踪,不知去向。有人说他弃车而去,是携票款潜逃,也有人算下来,他刚刚上班,手里并没有多少钞票。另一件事,关于豁嘴大帽花的死,不少吃过豁嘴"卵泡凸"的人说,是报应,死得活该。也有人觉得蹊跷。传得最离谱的是,对过西装店女人,呼天抢地,扑在豁嘴尸体上大哭,救命车确定豁嘴已经死亡,尸体送巡捕房停尸所,那个女人一直陪在旁边,因此有人讲,女的是豁嘴的姘头,"贼难看。"

1938年8月15日,是一个晴天。八一三周年的余波已经平静,市面上青天白日旗大多收起,银行、钱庄、票号开市,大世界、百乐门等游艺场所恢复营业,四郊水陆交通基本恢复原状,米船入沪也已放行。四行仓库孤军,自去年被禁锢胶州路公园,昨天开始，停止了四天绝食。刘正昌手里的警务报告，没有特别触目惊心的事件发生。唯一留心的是，昨日有二华人，企图游过苏州河进入闸北，被日军击毙，尸检发现手枪二支，手榴弹二枚，还有不少弹药。

刘正昌合上报告，令人头痛的事情，总是突然发生。昨天下午，万国商团在浙江路南京路口拦下一辆横冲直撞日本军车，就近送来老闸捕房。这样的事，刘正昌只好亲自过问。日本军官鼻下留方块小胡子，非常傲慢，拒绝回答刘正昌一切提问，连汉名都拒不肯讲，只有执照上的拼音Kaneko，又像是一个女人的名字。纠缠了一个多小时，警务处来电话说，上海日军新闻检查局局长滨田，向工部局总办樊克令提出强烈抗议，要求立即放人。像樊克令这样，美国律师出身，工部局第一号人物，对日本人都忍让三分，刘正昌也没有什么好坚持的，客客气气，放了日本军官，那个军官临走，咬牙切齿骂了一声"八嘎"，弄得刘正昌很恼火。

下午是艾伦葬礼，隔壁艾伦办公室还保持原状，淡幽幽香水味道未消。估计过几天，会来新的外籍巡官。没有出勤的警员，陆续在捕房空地集中，好几个英籍警员换班，专门去参加葬礼。警卫来报告："刘Sir，英国商团派人送来花圈，放在什么地方？""送花圈的走了没有？""还在。""请他们直接送静安寺外人公墓。""Yes！"葬礼在外人公墓举行的事，刘正昌前天接到电话，通知了捕房人员。警务处为艾伦买下墓地，据说价值不菲。尸体是前天从医院送外人公墓的，负责运送的是殡葬公会运输处，结算单已经送到刘正昌手中：司机谭阿六，押运季龙根。过了一歇，警卫又来报告："刘Sir，刘太太来了。"话音未落，仲芳进来，后面王妈尾随，手捧一大束白花。仲芳一身黑色衣裙，让刘正昌吓了一跳，结婚七年，第一次看见仲芳这身打扮，仲芳面色哀戚，说了句："正昌，让我跟警队走，好吧。送送人家，也是应该的。"刘正昌连忙拉开座椅,说:"先坐一歇,车子两点钟开,其实,仲芳直接过去,近的。""是的,我去新新公司买了这套衣裳,平常衣裳参加葬礼不合适,想想,还是过来吧。"正昌明白,仲芳有这份情感,拦是拦不住的,仲芳衣裳确实花花绿绿,没有专门丧服。这几天,刘正昌一直反省自己,到底做错了什么,哪一个细节出了问题,也许自己根本不理解女人。两人没有继续说话,正昌不敢正眼相望,怕仲芳看出自己的局促不安,眼角里,一大块黑色,衬出妻子苍白面容,仲芳无言悄坐,自凝远神。无论什么角度,仲芳都好看,好看得陌生遥远。王妈无声无息,捧定白花,站立一边。刘正昌突然冒出一个念头,如果自己死了,仲芳会不会是这身打扮。

从老闸捕房到静安寺,不过二十分钟,一路闹市,汽车里,大家一言不发,巡捕个个表情凝重,正昌眼角瞟向邻座仲芳,全黑套装,半透长袖覆一层镂空黑纱,庄重里带一点女性轻盈,黑丝带束拢卷曲头发,哑黑裙摆,盖到膝盖以下,眉眼低垂。虽然紧靠,正昌却似仲芳不认识的陌生人。正昌想起刚刚入警队考试,一份表格,在"生命受到威胁的时候"选择:1.勇敢面对。2.合理回避。3.逃跑。正昌选择了勇敢面对,听艾伦说,艾伦选择的是合理回避。也许都是发自内心,也许只是态度,中国人的态度,不一定发自内心。现在,这个选择合理回避的人,反而死了。

车子开入静安寺对面外人公墓,长长甬道尽头,几辆巴士和警车,各个捕房同事,难得聚首,大家放低声音说话,如果不算王妈,仲芳是唯一亚洲女人,相对醒目。艾伦平卧鲜花丛中,白绸衬里的西式棺木,紧套尸身。艾伦一身警服,没戴帽子,唇上短髭依旧漂亮,面色如常,只是皮肤如蜡。正昌一直注意仲芳,眼睛没有一分钟离开,仲芳面色凄然,接过王妈手里鲜花,放在艾伦脚跟,细观遗容,绕灵台走过。牧师开始祈祷,拉长声调,宣说艾伦将回上帝怀抱,灵魂与天父相聚，满怀人间爱恋温情，死亡不值得恐惧，皆因上帝慈悲，将艾伦召回。正昌默然，牧师的话随微风飘过。葬礼上没有暧昧，一切都是冷冰冰的。艾伦不会再起来，用肉体呼唤另一具肉体。有人低声抽泣，仲芳没有眼泪，她呆立一边，闭上双眼，仿佛与这场葬礼无关，沉湎于自己世界。艾伦的尸身就要火化，小礼堂隔壁有焚化炉，烟尘飘向空中，有一部分会流散于静安寺百乐门上空，如果热风沉滞，空气黏腻，会吸入途经人士鼻孔，撒落电车轨道凹槽里。

来宾参观新修穴位，紧密坟台中，一小块空地，一块花岗石墓碑，已经镌刻完毕，竖立于穴位正后方，正昌望过去，也就高八十公分模样，比前后左右墓碑矮一截。仲芳在穴位旁边站立很久，带着几分恍惚。一阵微风吹过，正昌心里发凉，视线投向甬道两旁悬铃木，枝干高耸，阔叶重叠，据说左右一共三十二株，正昌无聊，对树干数数，总是或多或少，最终放弃。正昌重新将目光投向仲芳，既不接近，也不离开。正昌心里有一种奇异的感觉，无论从何种角度，自己和艾伦距离最近，今天却成了局外人。

In Loving Memory
Of

Victor Allan

Son of Scotland

6 April 1904
10 August 1938

*"Just whisper my name
in your heart
and I will be there"*

深念于怀

維克多·艾倫

蘇格蘭之子

生于一九零四年四月六日
卒于一九三八年八月拾日

"輕喚吾名 即在汝心"

9

　　李凯一直犹豫，要不要把文娟的死讯立即告诉廖夷生。

　　摄影展当天，黄道会一通敲打，几乎所有镜框照片毁坏，玻璃碎片一地，好端端上百幅照片，大部分是各大报馆外国通讯社提供去年八一三战争场面，瞬间支离破碎，黑白纸片，到处都是，万幸没伤着人。众多同学躲入临时暗房，等到外面敲打声音渐渐稀落，李凯第一个探头张望，走廊已无人迹，同学纷纷走出，看到眼前场景，有女同学哭泣，夷生面色平静，拉紧漱芬，踢开玻璃碴，一步步挪向楼梯。李凯大声叫道："同学，这里不要管了，赶快离开，嗨！这位女同学，不要去找照片，快走！"有巡捕上来，皮鞋踩踏玻璃碎片，嘎吱嘎吱响，巡捕一脸警觉，手持警棍，四处张望。电梯停开，四楼到一楼，十几个同学一路跌跌撞撞，走出大门，敏体尼荫路一带，警笛声四起，铁甲车停驻大世界门口，铁刺架横堵，巡捕手持武器肃立，北向行人车辆全部拦停。李凯夷生漱芬三人，云南路口钻入奥斯汀汽车，漱芬跟贴身保姆说："我要跟夷生哥哥一道，阿姨跟司机先回去。"保姆不肯："小姐，太太要骂的。"漱芬发脾气："走呀！怕太太骂，就不怕我骂！"保姆犹豫了半天，进也不是，退也不是，一转身，让司机驾驶汽车，紧跟奥斯汀后面。

　　青年会后门，菜市街照样熙熙攘攘，小贩夹家庭主妇，前后穿梭，对青年会大楼发生事体，浑然不知，除了街口多了两个安南巡捕，其他一切照旧。奥斯汀猛揿喇叭，好不容易人堆里开出，上霞飞路，路过八仙桥，隐隐约约听到北面跑马厅一带有枪声，又像是鞭炮。有巡捕拦车检查，一看车里三个规矩青年，还回夷生执照，随即放行。夷生说："先送漱芬回去。"漱芬莞尔一笑："随便。"李凯问："漱芬，今朝事体,怕吧?""跟夷生哥哥,李凯哥哥一道,不怕。""假使只有夷生哥哥呢?""也不怕。"车子在霞飞路上兜,好几个通向公共租界路口,都有封锁,只好继续绕路。漱芬想起来了,说:"夷生哥哥,今朝事体,不要告诉姆妈噢,姆妈晓得,下趟就不让我出来了。"李凯插嘴说:"要讲的,不讲就是说谎。""李凯哥哥坏。"夷生闷头开车,没头没脑说了一句:"我怕的。沈家姆妈眼睛睁得大,样样看到。"

得到文娟离世的确切消息,是一周以后。一份小报角落,李凯读到一条花边新闻:《名导文鲁爱女自杀》,类似自杀消息,无日无之。此类小报,经常制造艳闻,捕风捉影,李凯并没留意,文鲁一词跳入眼帘,李凯才捧起报纸,从头到尾,细读一遍:

> 艺联电影公司具状特二法庭,诉名导文鲁,撕毁合同,中断电影《阴间探艳记》之导演工作,至艺联公司损失巨大。被告辩称,因其女不堪精神压力,于月前自寻短见,剜心之痛,实难继任导演工作。庭上宣告审结,于一周后宣判。原告律师称,被告之理由不足,追偿可至其破产……

片言只语,读到文娟死讯,李凯大吃一惊,不敢确认,又无从证实,打了好几个电话,同校女生中探听文娟近况,没有一点确切消息。还被女同学嘲讽:"寻文娟做啥?又想搭讪是吧?"文娟一向独往独来,大夏大学出名冰美人。大夏大学几个妖精,还有所谓校花,个个招摇,恨不得天天被人围观,文娟不是。

李凯找回报纸,寻找信息,新闻里有辩方律师俞恩良名字,一查电话黄页,俞律师开业于河南路五零五号,李凯没有犹豫,立即寻访。五零五号三楼,没有电梯,楼层高,楼道昏暗,靠中心天井一小方亮光,过道衣服滴水,磨石子地坪又黏又滑,仿佛有人遗尿。到三楼,见Lawyer Yu的金属铭牌,敲门,有女人声音:"寻俞律师是吧,来了来了。"开门,一个满头发卷的女人,说:"先生,等一歇噢,我来喊。"女人朝四楼叫:"俞格里——生意来了。"近视眼男子匆匆忙忙从四楼下来,借了女人家客厅,和李凯讲话。李凯未坐定,开门见山:"我来请教俞律师文鲁先生案子。"对方警觉:"请问先生,跟文鲁是啥关系?""我是文鲁先生女儿文娟的同学,别的不想了解,只想晓得,文娟是不是已经死亡。"俞律师情绪有所松动:"是的,文娟确认已经死亡,死亡辰光是七月廿一号。这个是巡捕房死亡证明的副本,法庭上向法官出示过,旁听公众也知晓的。"近视眼从文件夹中抽出一张纸,说:"死者服'来沙尔'自尽,没有任何他杀的证据。我只能够透露这点。"李凯双手冰冷,问:"文娟自杀的原因是为啥?""我不可以再解释,请先生原谅。"李凯无心再打听细节,原来小报刊登消息,并非捕风捉影。唯一庆幸的是,小报看来不知道文娟怀孕的事情,否则他们怎么会舍弃"珠胎暗结奸情败露"这样耸动的句子。平时善于接口的李凯,此刻一句话也说不出来。道谢过后,心如铅堕,一人沿大马路走回法租界。文娟虽然与自己见面不多,聪慧美丽,娴静少语,让人印象深刻。男生们平时谈论文娟,都觉得用词不当,稍加玩笑,便觉猥琐。现在最困难的,要把死讯告诉廖夷生,实在难以开口。廖夷生与文娟走到这一步,并非门第差异,性格差异,文娟舍命而去,在李凯心里,惨烈过所有悲剧。

进也不是,退也不是,李凯还是在公用电话亭拨通夷生家电话,接电话的是娘姨,说夷生在,稍等。一歇,电话那头窸窸窣窣响,"啥人啊?"夷生不耐烦的声音。"我,李凯。廖家少爷,做啥呢?""弄照片。""哦,讲闲话方便吧?""讲。""夷生,我讲了,不要吃惊。""有啥吃惊。""文娟,文娟死了。""啥?""文娟自杀了。"对方没有声音,电话里一片死寂。李凯手持话筒,一直等回音,没有。李凯有点后悔了,不应该说，至少，不应该由自己来告知廖夷生。

李凯放下电话，怅然若失，文娟生死，事关同辈对生命的态度，新闻中屡屡报道战争死亡数字，抽象而遥远，同学选择自殁，死亡一下被拉近到眼前，一个历史系公认的才女，自带光芒的女同学，竟然如此决绝，李凯莫名惊骇。李凯顺毕勋路游荡，漫无目的，散步的路人，鲜活明艳，黑头发中国女孩，黄头发外国女孩，互相追逐嬉笑，裙裾飘飞，像鲜花盛开，一窜而过。夏末斜阳里，蓝天透明，梧桐树如圣诞烛火，列队相迎，响亮悦目。前面一片西班牙风格小洋房，陶瓦屋顶，于事无关，照样在夕照下一片艳红。

战前那一年，大夏大学年末联谊，一本正经了一年，有了放松机会，同学纷纷扮鬼搞怪，几个出名妖精，花枝招展，唯恐不够抢眼，更有装扮白雪公主，大冷天里，胸前袒露，还赤了大腿，嘴唇涂得血红，嗲声嗲气，底下簌簌发抖。有男生装哈姆雷特，从学院标本室弄来骷髅，忽出于女生前后，惹其惊叫。大夏大学年终恶作剧，尽管出格，全校师生大多一笑了之。李凯站在礼堂正中，戴一顶哥萨克骑兵帽子，贴了八字胡，手持特大瓶法国香槟，围一大圈同学。"大家想玩什么节目？""要带点刺激的！"要不，就来击鼓传花吧！""同意吗？中招的，要么讲一个恐怖故事，要么罚香槟酒一杯！""好！"李凯让同学击鼓，人人瞪大眼睛，看一朵绢花围圆圈传递。鼓声骤停，第一个中招女同学，结结巴巴，讲自己在宿舍温习功课，突然床下有嚓嚓声，叫校工查看，原来一条乌梢蛇盘踞床下，校工拿来伙房的火钳，夹出大蛇，近两米长。李凯上下摇动酒瓶，挤眉弄眼，表情夸张，大声问："恐怖吗？"一帮男同学齐声叫嚷："不恐怖，不恐怖！""假的，罚酒！"女同学不服，叫室友作证，扭捏一阵，李凯一杯香槟酒塞到女生面前，弄得女生满脸通红，勉勉强强，喝下半杯。鼓点又起，眼看绢花轮转，同学一个个眼明手快，一到跟前，赶快脱手，鼓点突然停止，满堂喧哗，起哄声一阵大过一阵，李凯回头一看，接花的竟然是文娟，终于有机会看冰美人出洋相，同学的哄闹越来越响。文娟徐徐起身，一身白衣，露出背后棉花做的天使翅膀，走到李凯身旁，接过满杯香槟酒，一饮而尽，全场顿时鸦雀无声，文娟眼目晶莹，面带笑容，说抱歉，不会讲鬼故事，改唱一首歌，德沃夏克《思故乡》。李凯熟悉，就是《新大陆交响曲》中一段旋律。文娟调整了一下呼吸，双唇微启：Going home, Going home, I'm going home, Quiet like, some still day, Goin'to fear no more（回家，回家，静谧无声，离家咫尺，不是天涯。没有恐惧，不畏黑暗，神明在指引，辰星高挂。双亲与朋友，期待和盼望，就在不远处，烛火在摇曳，大门已敞开，回家，回家）……没有伴奏，整个礼堂，喧闹变得肃然，文娟带一点西洋唱法的嗓音，柔和又清亮，气息平稳，李凯站在一边，眼看周围同学一个个无声静听，目光炯炯，有点感动，直到曲终，掌声四起。和文娟距离，近在咫尺，李凯没想到玩笑开到文娟头上，这也是亏欠最深的一次。

年末前圣诞，李凯不知为何，心里烦闷，在饭堂门口告示牌信手涂鸦："最恨同學竊食爭豬圈，可怜聖母臨盆覓馬槽。横批：瞎驴撸呀。"有人在对联下添写"妙"字，落款文娟，李凯一阵窃喜。不过大多数人认为，文娟是冒名，喜欢用女神冒名，也是大夏传统。李凯因此被学监叫去训话，处以警告。李凯垂头丧气，悻悻然从教导处离开，隔开花圃，文娟姗姗而来，擦肩而过瞬间，文娟明眸闪动，竖了竖大拇指，这让李凯兴奋了两天。一转眼，文娟已不在人世，李凯想起种种往事，眼中含泪，面对天空发呆，一缕流云，缓缓飘过，在李凯眼中，化成了纱。

毕勋路不算长，在台拉斯脱路口，有一个小小转弯，夷生家就在不远，李凯没有勇气再去敲门，难以想象廖夷生目前状态，眼看天色向晚，太阳落到普希金铜像后面，李凯回头，孑然踱步。

直到九月，一直没有夷生消息，学校复课遥遥无期，百无聊赖中，李凯还是惦挂夷生。暑热渐渐退去，法租界的烈日变得温和，在梧桐叶缝里拨弄幻影。李凯下决心去敲廖家的门。花园的柳桉硬木大门，整个夏天暴晒，绿漆烤出龟背纹样，颜色褪成霉绿。开门的是花匠老梁，老梁一看是李凯，叫了一声："小滑头。"手指放在嘴边，示意李凯不要出声，拉住李凯手臂，到花园一角工具房，说："晓得吧，少爷脑子……"食指在太阳穴边划圈。李凯问："脑子坏了？"老梁摇头："搭牢了，搭牢晓得吧？一天不讲一句闲话，盯牢小姑娘照片发呆。老爷讲，这个毛病，没医生的，太太急煞了。小滑头不来，没人陪少爷讲讲。老爷发脾气，还骂，一点没男人样子，吓得娘姨不敢劝。""夷生人呢？""自己房间里。"

李凯轻手轻脚，上了二楼，还没有进夷生房间，弯进走廊，眼前景象让李凯吃惊，大幅文娟照片，像橱窗广告，挂满整条走廊墙面，没留一点空隙，其中一张，面孔比篮球还大，如真人扑面，两只乌黑瞳仁，眼神迷离，正对来者。用中文系教授口吻形容，感秋思而含春怨。李凯来不及多想，轻轻敲夷生房门，里面是夷生声音："不要来烦我。""我呀，李凯。"门呼一下开了，夷生站在眼前，两眼布满血丝，神情委顿："晚了一步，李凯，我，对不起文娟，是我害了文娟。我胆子大一点，早点跟文娟父母讲，哪怕早一点点，事体不会走到这一步的。真的，我不晓得，我没勇气，我不会宽恕自己，不会，永远不会。"夷生眼睛发直，嘴唇不断颤抖："我是存心要害文娟的人吧？李凯理解我的，李凯讲，李凯讲一句，只要一句，存心还是不存心，讲……我跟文娟，李凯晓得，是真心的，讲我不真心，是想害文娟，李凯不会相信，害人没意思，对吧。我晓得，李凯不会害人，李凯一直是朋友，朋友不害人，害人就不是朋友。李凯，我想好了，此地，任何人不要进来，此地，是我留给文娟的，对，留给文娟，就留给文娟一个人,娘姨要来碰,也是不允许的,自说自话进来,进入私人领地,我要不开心,要赶出去,姆妈也不可以进来,姆妈也要讲道理,对吧,只有文娟可以,文娟做啥,样样可以,不要许可证的,只要文娟开心,开心就好,就是怀孕不好,女人为啥要怀孕,为啥,李凯,怀孕,表面上是生,结果是死,李凯,哪能会结果是死……死得不明不白,为啥不是我去死,让我代文娟去死……"夷生说着说着,哭起来,个头高大的男生,哭得像个小孩子,李凯眼泪夺眶而出,透过夷生的肩头,李凯看到夷生房间里贴满文娟大幅照片,有些是裸体,黑白两色,房间冰冷,像个墓穴。

后来发生的事情,李凯并不知道。

九月底的夜晚,天气转凉,云黑月暗,廖家大门不停被敲打,节奏平稳,很有耐心,花匠老梁披衣起身,拉开一条门缝,涌入六七个黑衣人,老梁想拦没拦住,来人冲进客厅,一律对襟中装,蚂蟥攀纽,西式呢帽,站立一圈,一言不发。领头的指名道姓要廖夷生,廖先生和廖太太慌忙从卧室出来,下楼梯时,廖太太脚都软了,拖鞋掉了一只。廖先生一看这场面,晓得事情不好,连忙作揖,说:"江湖上弟兄,有啥闲话,可以讲,好商量。"转身示意廖太太去开保险箱拿黄货。领头的面色还算和悦,说:"廖先生就不要客气了,兄弟来,就是要请廖夷生走一趟。"廖先生急了:"请问,各位先生从啥地方来,要廖夷生有啥事体?""啥事体,只有廖夷生自己晓得了。""先生,是不是可以让我廖某略知一二。"廖太太从内室出来,慌慌张张,红绸包好沉甸甸一块,放上台子。对方瞄了一眼,说:"好的,廖先生是聪明人,我就实讲,今朝过来,不为肉票,无关绑票,有人招供,廖夷生手里有枪。""枪?哪里来的枪啊,我廖某做规矩生意,从来不曾碰过枪。""对啊,廖先生没碰过,不等于廖先生儿子廖夷生没碰过。看来,廖夷生请不出来,要动手的。"周围黑衣人像配合表演,捋袖子搓手心。"不不不,我叫廖夷生出来。"廖先生朝一旁惊吓不已的女佣大叫:"呆了旁边做啥,啊?叫廖夷生出来!"女佣急匆匆上楼,老半天,廖夷生从楼梯上下来,面色憔悴,衬衣皱皱巴巴,纽扣错了位。领头的黑衣人笑笑,说:"廖夷生是吧,嗯?近来跟有本事人一道白相嘛。""是,我是廖夷生。请问,是文娟叫先生来的,是吧?""文娟?"那人觉得奇怪,"廖夷生,讲,枪在啥地方。""枪?""没错,想想好,现在讲,还是到里厢去讲?"廖先生廖太太瞪大眼睛,立在一边。夷生说:"让我想想。""看来,我要等一歇。"几个黑衣人冲上来,被领头的拦住,廖夷生单薄,差一点被推倒在地,衬衣扯得走了形。夷生终于想起来了,抬起修长颤抖的手,指着壁炉,说:"枪,壁炉。"众目睽睽,一个黑衣人手伸进壁炉炉膛,掏了几下,哒一声,落下一块耐火砖,再一掏,油纸包裹一团,壁炉里落出来,打开,一支簇新勃朗宁手枪,客厅吊灯下,幽蓝,冰冷,闪过一丝寒光。廖先生夫妇一脸惊愕,说不出话来,黑衣人微微一笑,叫了一声:"识相点好,走!"廖夷生跟跄中被推出大门,塞入汽车。廖先生夫妇跟在后面哭喊,眼看汽车扬长而去。

10

一年过去了。转眼就是1939年秋天,市面上,粳米涨到42元一石,是年前的三倍。煤球涨到4元一担,是年前的一倍。工部局公董局运西贡米抵沪,一次8000包,一次50000包,平抑米价。

联义山庄烧饭阿婆本地口音响起来:"龙根只小浮尸,饭量大去大来,一个人要吃两个人的量,不吃也不来事,小浮尸发育头里长身体呀。"阿六说:"让龙根吃好了,饭总要吃饱,是吧。""阿育王开天眼,老太婆不会讲闲话呀,我不是抠,我是欢喜龙根呀,小浮尸是聪明咪，我也不曾想着，小浮尸捉牢只甲鱼，阿六，看呀。"烧饭阿婆提起一只海碗大的甲鱼，青背白腹，裙边肉褶肥腴，靠近尾部穿一个洞，一根细麻绳穿过扎紧，留出三寸绳环，甲鱼倒吊，张牙舞爪，龟头伸得老长，像足男人勃起。"龙根讲，后面野浜是活水，通蕰藻浜，浜里水，早上清，夜里混，落雨天翻泡泡，定规有甲鱼。龙根跳下去就踏，一歇就踏出一只甲鱼，还讲是桂花甲鱼，补去补来啰。"阿六说："哟，甲鱼是赞货，不过，烧给啥人吃啊？一只甲鱼，一人一口也不够。""是呀，我来烧甲鱼汤，龙根讲，甲鱼给雷光头吃，雷光头每天唱山歌，要补气的。小浮尸还讲，野浜的湾头里有莲蓬，过两天去踏藕，我老太婆也可以多烧只小菜，大家吃吃。""看不出，龙根小赤佬有本事的。"襄理看这边闹猛，过来一打听，约起长衫袖子，拎起甲鱼绳环，畜生一番折腾，越发舞动四肢，襄理正反看过，说："哈哈，好货色，我有办法，保证一人一块红烧肉。""啥？""听我讲，老板女人多，一日到夜叫肾亏，现在世道乱，啥地方去买甲鱼，这只甲鱼，壮的，季节又好，我帮老板买下来，钞票去买五斤猪肉，够大家吃了吧。""好好好！""老太婆，烧红烧肉佐料有吧？葱姜，冰糖，红酱油，八角，桂皮，料酒。""烧饭间没，我老太婆变戏法也要变出来。"襄理说："阿六，今朝出车，甲鱼快点送老板屋里，夜里回来吃红烧肉。""闲话一句。"襄理说："下趟龙根捉甲鱼，捉一只，我买一只。"大家一阵哄笑。

襄理回过头来问阿六："阿六，76号去过了吧，这家人家啥来头啊？"阿六回答："襄理，外头讲起76号，市面上人还不晓得，就是极司菲尔路康家桥过去一点点，来头大得吓坏人。""啥来头？""叫啥特务委员会特工总部，门口没牌子，两挺机枪就搁了门房间，第一趟去，寻了半天，汽车开进去，被人家手枪抵牢胸口，要搜身，浑身上下摸一遍，只只袋袋翻开来，龙根吓死了，莫名其妙吃了记耳光。听讲，

76号专门捉地下党,姓汪的一手控制,日本人做后台,重庆分子,直的进去,横的出来。上礼拜无名尸首就是76号的。一车就是两个。"襄理摇头,说:"不错,一张单子两个,辣手的,76号,去年还没听到过,今朝76号有工单来了,阿六又要跑一趟。阿六,此地有一封信,浦东塘桥来的,拿去。"襄理牛皮纸信封递过来,阿六打开一看,笔墨工整,是书信代写先生的笔迹:

谭阿六大哥,见字如面,自去年一别,遂无大哥消息,不知近来是否安好?吾于去年中秋与康汝恒完婚,上月诞下一子,辈分排序,取名安培,现已满月,母子平安。夫家于三林塘镇开设"五豐酱园",生意尚可,因自有晒场,酿制酱油及咸酱等物,产出有余,有意于租界内觅一门面,沿街店铺为佳,经销自产酱品,大哥是否知悉相关事宜,望告,不胜感激。康陈氏 阿香 于塘桥娘家。

想到阿香做了老板娘,阿六笑笑,阿香在娘家寻人代写书信,也是聪明,蛮横女人,转眼有帮夫运,康汝恒福气。关于门面事,阿六想起,以前一个朋友,说起愚园路忆定盘路口,东南角子上,有三开间门面,空至蛮长时间了,现在也不晓得有没有人接手,无论如何,再忙,要替阿香去问一问。

阿六叫了一声:"龙根!还没死出来啊。走喽,今朝生活多啊。"龙根从车厢伸出头来:"师傅!车子揩清爽了,几只架子龌龊,血迹墨墨黑,赛过柏油一样。""哟,吓我一跳,龙根,老清老早就揩车子啦?车子弄得太清爽,好去接新娘子了,走了走了。""师傅,看。"龙根摊开掌心,一枚小小戒指,蒙尘里透出金光。阿六说:"摆好,不要给人家看见。""要交给襄理吧?""龙根是大人了,交还是不交,龙根自己决定。"龙根挠头皮。阿六车子开得飞快,打仗两年了,上海能够听到枪炮声越来越少,除了路口沙包,提醒占领军的存在,市面的情况,反而更加喧嚣热闹。"师傅,今朝先去哪里啊?"阿六把甲鱼换红烧肉的事和龙根说了,龙根开心,坐不定了,拍手,又拍坐垫,再拍仪表盘一侧储物箱,拍得嘭嘭作响,叫道:"浜里老甲鱼小甲鱼统统捉出来,吃红烧肉啊!""好了好了,看看工单。"龙根兴高采烈,口袋里一叠纸拿出来,读:"佛教会收露尸五具,送普善山庄,公济医院女尸一具送武定路496号安乐殡仪馆,海格路红十字医院男尸一具送昌平路990号大众殡仪馆,极司菲尔路76号男尸一具送大场露尸掩埋所……最后一张,老闸捕房停尸所露尸三具送闸北广肇山庄……"

忙了大半天,该送的尸体全部送到。龙根手脚越来越麻利,龙根长肌肉了,手臂再也不是刚刚来联义山庄样子,细细像芦黍。阿六边开车边问:"龙根晓得,现在啥生意最赚钞票?"龙根摇头,说:"师傅讲。""现在投机生意全部失败,炒棉纱,炒太古糖,炒火油,哪一个不是输得精当光,赚钞票,还是死人生意呀,龙根看。"车子经过胶州路昌平路,阿六手指窗外:"此地殡仪馆寄柩所就开了十几家。""啥叫寄柩所?""就像大癞疤爷叔,停棺材的地方。""棺材里有死人吧?""有!看,对过大众殡仪馆,门头漂亮吧,花里巴啦,里厢寄棺材三千只。分高档低档,还有样板房,名字好听唻,富贵福禄寿喜。""为啥不土葬?""等仗不打了,送回老家乡下去。龙根会摇船吧?下趟送棺材生意,真真发大财。""哦……"阿六问:"好了好了,嬉话讲到现在,还有一张单子呢?""师傅,还有一张是76号。"阿六见龙根怯怯样子,说:"龙根不要怕,正大光明车死人,又不做其他事体,碰到狠三狠四的,不要理睬就是。""76号,凶得不得了。""不怕。"

车子沿极司菲尔路曹家渡方向,过了爱文义路,康家桥,马路右侧就是76号,气派花园洋房,深藏于围墙后面,长长车道,从大门直通洋房入口门廊，门廊四角罗马柱装饰，像只西式亭子。草坪修剪得绿毯一般，青草气味隐约入鼻，美人蕉沿墙排列，花瓣艳如火舌，大红碧绿相接。上礼拜来，已经天黑，阿六今天看清楚，气派十足的大宅，屋顶两侧三座烟囱，四方正气，窗框和檐口部位，咖啡色髹漆一新。龙根还是有点怕，瞪大眼睛，等师傅交涉。门口便衣没有多盘问，看到写着殡字的收尸车，算是打过照面的。阿六放慢车速，绕几个弯，车被引到洋房后面，通常放置杂物，靠围墙储物间。厚重木门打开，龙根紧跟阿六，一阵寒气，房间昏暗，接近上端天花，一方小小气窗，光线微弱，略停顿，才看到，靠近角落，停一具尸首，微风掀起白布，露出半截尸身，龙根好奇，眼看那人睾丸肿得像皮球，碰碰师傅手臂，张口等师傅回答，阿六不响。再看，那人胸口有烙铁烧灼的疤痕，面部血肉模糊，已经辨认不清。门卫催促，赶快搬走。龙根一手扶住尸身，一手将担架插入尸床，阿六乘势一托，尸体稳稳当当，安置担架上，男尸不重，瘦骨嶙峋，阿六接过门卫递过来字条：无名男尸一具，送大场露尸掩埋所，和工单上标注吻合。阿六一句话不讲，和龙根抬起担架，身后木门嘭一声关上，阴气隔绝。担架推入车厢前，阿六照习惯，翻开尸身衣领，看到蓝色钢笔留下"廖夷生"三个字。

花园洋房依旧优雅静谧，阳光很好，奶黄色墙面，温暖响亮，看到山墙上端西洋花饰，龙根说："房子真真漂亮，啥人住啊？"阿六没回答。龙根又说："大门口天下为公几个字，我认得的。"

大场露尸掩埋所在北郊，离开市区很远，两年前是打仗的地方，现在荒芜一片，用来埋尸，也是最近的事。阿六记得，掩埋八一三国军尸首，就在不远处。

返程的车子，总是开得轻松，阿六一路开车，廖夷生三个字在脑子里挥之不去，哪里的旧事被勾起，阿六想不起来。

路越来越颠，太阳下坠之前，给北郊天空留下大片金色，驾驶室正对如壁暮云，迷幻橙红，落在方向盘上。送人最后一程，是阿六职业，如果有音乐，应该是庄严弥撒曲，低徊绵长，人声的圣咏。阳间和阴间的摆渡人，忙碌一生，来不及完善听觉，也不会凭空发展出乐句，在阿六脑子里，唯一尊崇的是，离开阳间的人，是不可以亵渎的。龙根一旁用破布擦手，说："师傅，不要忘记，今朝夜饭有红烧肉噢。"

完稿于 2019 年 2 月 14 日
校定于 2020 年 2 月 12 日
新浪微博：弄堂三姐夫

```
图书在版编目（CIP）数据

上海百乐之门 / 黄石著.—上海：文汇出版社，
2020.4
ISBN 978-7-5496-3109-4

Ⅰ.①上… Ⅱ.①黄… Ⅲ.①长篇小说－中国－当代
Ⅳ.①I247.5

中国版本图书馆 CIP 数据核字（2020）第 026378 号
```

上海百乐之门

著　　者　黄　石
责任编辑　徐曙蕾
装帧设计　张志全
出版发行　文汇出版社
　　　　　上海市威海路 755 号
　　　　　（邮政编码 200041）

照　　排　南京理工出版信息技术有限公司
印刷装订　上海新文印刷厂有限公司
版　　次　2020 年 4 月第 1 版
印　　次　2021 年 4 月第 2 次印刷
开　　本　889×1194　1/32
字　　数　250 千
印　　张　10

ISBN 978-7-5496-3109-4
定　　价　45.00 元